职业教育财经类专业教学用书

会计信息化一体化实训教程

主　审　潘爱兵
主　编　苏　勇　苏沛玄
参　编　谭林丛　刘云倩　罗　静

电子工业出版社
Publishing House of Electronics Industry
北京·BEIJING

内 容 简 介

本书以用友 T3 软件为蓝本，按照项目导向、任务驱动的创新理念，将会计信息化的主要学习内容分为 9 个项目，分别是系统管理的运行、基础档案设置、总账管理系统、报表管理系统、工资管理系统、固定资产管理系统、购销存管理系统、税收管家管理系统、财务分析管理系统等内容，旨在培养满足新形势下企业需要的会计信息化复合型应用人才。本书编写目标明确，内容丰富，具有较强的行业前瞻性和可操作性。

本书提供了有声教学视频，注重细节教学效果，每个实训都有实训账套，便于学生反复练习。

本书既可以作为各类院校，尤其是职业院校的教学用书，又可以作为各类会计信息化大赛的参考教材。

未经许可，不得以任何方式复制或抄袭本书之部分或全部内容。
版权所有，侵权必究。

图书在版编目（CIP）数据

会计信息化一体化实训教程 / 苏勇，苏沛玄主编. —北京：电子工业出版社，2022.4
ISBN 978-7-121-42645-2

Ⅰ．①会… Ⅱ．①苏… ②苏… Ⅲ．①会计信息－财务管理系统－中等专业学校－教材 Ⅳ．①F232

中国版本图书馆 CIP 数据核字（2022）第 015172 号

责任编辑：陈　虹　　　　特约编辑：田学清
印　　刷：三河市君旺印务有限公司
装　　订：三河市君旺印务有限公司
出版发行：电子工业出版社
　　　　　北京市海淀区万寿路 173 信箱　　　邮编：100036
开　　本：880×1230　1/16　印张：15.75　字数：373 千字
版　　次：2022 年 4 月第 1 版
印　　次：2022 年 4 月第 1 次印刷
定　　价：48.00 元

凡所购买电子工业出版社图书有缺损问题，请向购买书店调换。若书店售缺，请与本社发行部联系。联系及邮购电话：（010）88254888，88258888。

质量投诉请发邮件至 zlts@phei.com.cn，盗版侵权举报请发邮件至 dbqq@phei.com.cn。

本书咨询联系方式：chitty@phei.com.cn。

前言

进入 21 世纪，会计信息化正朝着业财税管一体化、处理全程自动化、内外系统集成化、操作终端移动化、处理平台云端化、财务分析智能化等趋势发展。编写本书旨在培养满足新形势下企业需要的会计信息化复合型应用人才。

本书分为 9 个项目，涵盖了用友 T3 软件的主要内容，具有以下特色。

1. 坚持项目驱动的教学理念

本书基于项目驱动的教学理念，以会计工作过程为导向，以会计工作任务为项目驱动，对会计信息化相关岗位所要完成的常见业务，配以相关的操作步骤进行实例展示，同时配以任务实训，以强化学生的实践能力、知识和技能的运用和巩固，突出以学生为主体，教师精讲、学生多练，加强学生技能培养，彰显学生在做中学、在学中做，教师在教中改、在改中教的职业教育教学特色。

2. 结构清晰

在内容编写上，本书着力体现基于工作过程的项目驱动教学法，突出实训讲解与实际操作的结合，简化了理论，都是纯实训"干货"。全书分为 9 个项目，将每个项目设计成五大板块，清晰明了，结构简洁，体现了渐进式的教学内容设计。本书的逻辑结构说明如下。

项目	学习任务	明确学习目标，便于学生明确学习内容和努力方向
	能力目标	明确学习每个项目后学生应具备的知识和能力，便于学生对照自己应该掌握的知识有哪些及掌握的程度
	任务活动	每个项目实训细分为若干任务活动，每个任务活动又分解成相关的业务活动，每个业务活动主要包括以下几个方面： 资料准备：给出业务活动的相关资料； 操作指导：给出完成业务活动的详细操作步骤； 提示：提示本业务应掌握的其他相关知识和注意事项，尤其是操作细节； 业务实训：每个业务活动紧跟业务实训，便于学生在学中做、在做中学，让学和做真正无缝对接
	项目评价	整个项目学习完毕，以小组为单位，把主要完成的业务内容给出分数，形成学生成绩评价表，由小组长负责管理本组人员的实训和学习，评定小组成员的作业成绩，形成小组评价，互相监督，互相促进，从而达到学业的提升；然后是教师评价，教师评价以学生的学习态度为前提，保持客观公正，旨在鼓励学生完成学业（本部分在附录 A 中）
	综合实训	每个项目实训细分为若干个业务活动，每个业务活动紧跟业务实训，最后为系统的综合实训，这样将项目的实训分为详细的业务实训和系统化的综合实训，实训内容由分散到整合，让学生无障碍上机练习、体会和应用（本部分在附录 B 中）

3. 知识体系完整

为适应新形势下业财税管一体化的发展，本书系列实训设计以一个核算主体的业务、财务、税务、管理分析一体化为目标，覆盖核算主体一个会计期间常见的业务活动，包括业务活动、财务活动、税务活动、管理活动，全面且充分地体现了业财税管与财务分析深度融合的会计信息化的发展理念，也是目前传统会计向管理会计转变的一次大胆尝试。

4. 体现了教学内容和国家财税政策变化的紧密结合

本书实训案例是作者参考多年国家、省技能大赛的题目设计的，还参阅了国内相关专家和学者的论著，摒弃了陈旧的教学内容，更新了相关知识，丰富了教学内容，刻意增加了实训题的难度，目的是让学生通过学习本书，掌握一些更深层次的实践知识，而不是一些简单肤浅的操作。同时，本书结合国家较新的财税政策，使学生能最大限度地与实际工作接轨。

5. 优化教学资源的多重配置

为方便教学，重难点实训均录制了操作视频，并配有讲解，注重实训中的细节讲解和操作。学生扫码即可观看，便于和文字对照学习，降低了学习难度；另外每个实训都配有实训账套，便于学生反复练习。

6. 精选案例，章节与系统练习紧密结合

本书作者作为河北省会计电算化技能大赛的辅导老师，多年来积累了大量的教学素材和教学知识，编写时作者将这些素材加以提炼，形成了本书的教学案例和章节练习题，既注重章节的分散练习，又体现知识的系统性。附录中准备了一套综合练习题，目的就是将分散的知识贯穿在一起，让学生对整个业财税管知识和操作技能有系统、完整的认识。

本书涵盖了会计信息化软件所具备的大部分内容，既可以作为各类院校的教学用书，又可以作为各类会计信息化大赛的参考教材。

本书由河北省博野县职业技术教育中心高级讲师苏勇同志编写，编写过程中苏沛玄老师也倾注了大量心血，其他老师也给予了帮助，在此一并表示感谢。由于作者水平有限，难免有疏漏之处，敬请读者批评指正。

编　者

目录

项目一 系统管理的运行 …………………………………………………………………… 1
　任务一 进入系统管理 ………………………………………………………………… 1
　任务二 系统管理的操作任务 ………………………………………………………… 2
　　业务活动 1-1 增加操作员 ………………………………………………………… 2
　　业务活动 1-2 创建账套、启用系统 ……………………………………………… 3
　　业务活动 1-3 设置操作员权限 …………………………………………………… 8
　　业务活动 1-4 备份账套数据 ……………………………………………………… 9
　　业务活动 1-5 恢复账套数据 ……………………………………………………… 10
　　业务活动 1-6 账套修改 …………………………………………………………… 11

项目二 基础档案设置 ……………………………………………………………………… 12
　任务 财务信息方面的基础档案设置 …………………………………………………… 12
　　业务活动 2-1 机构的设置 ………………………………………………………… 12
　　业务活动 2-2 往来单位的设置 …………………………………………………… 15
　　业务活动 2-3 财务的设置 ………………………………………………………… 17
　　业务活动 2-4 收付结算的设置 …………………………………………………… 28
　　业务活动 2-5 备份长江公司基础设置数据 ……………………………………… 30

项目三 总账管理系统 ……………………………………………………………………… 31
　任务一 总账管理系统的初始设置 …………………………………………………… 31
　　业务活动 3-1 "选项"参数设置及期初余额录入 ……………………………… 31
　　业务活动 3-2 备份初始设置数据 ………………………………………………… 36
　任务二 总账管理系统的日常业务处理 ……………………………………………… 36
　　业务活动 3-3 填制凭证 …………………………………………………………… 36
　　业务活动 3-4 查询凭证 …………………………………………………………… 43
　　业务活动 3-5 修改凭证 …………………………………………………………… 43
　　业务活动 3-6 删除凭证 …………………………………………………………… 44
　　业务活动 3-7 出纳签字 …………………………………………………………… 46

         业务活动 3-8   审核凭证 ·· 47
         业务活动 3-9   记账及账簿查询 ·· 48
         业务活动 3-10   冲销凭证 ·· 51
         业务活动 3-11   现金银行 ·· 52
    任务三 总账管理系统期末处理 ··· 56
         业务活动 3-12   自动转账定义 ··· 56
         业务活动 3-13   自动转账凭证生成 ·· 62
         业务活动 3-14   对账与结账 ·· 67
         业务活动 3-15   备份长江公司总账业务数据 ··································· 69

项目四 报表管理系统 ·· 70
    任务 利用报表模板编制财务报表 ··· 70
         业务活动 调用财务报表模板生成财务报表 ····································· 70

项目五 工资管理系统 ·· 78
    任务一 工资管理系统初始化 ··· 78
         业务活动 5-1   建立工资账套 ·· 78
         业务活动 5-2   通用基础信息设置 ··· 80
         业务活动 5-3   专用基础信息设置 ··· 84
    任务二 工资管理系统日常业务处理 ·· 98
         业务活动 5-4   工资变动情况的操作 ·· 98
         业务活动 5-5   工资费用及其他费用计提分录生成凭证 ···················· 102
         业务活动 5-6   汇总工资类别 ·· 104
    任务三 工资管理系统月末及期末处理 ·· 105
         业务活动 5-7   工资核算管理系统期末处理 ··································· 105
         业务活动 5-8   备份长江公司工资数据 ·· 106
         业务活动 5-9   反结账 ··· 106

项目六 固定资产管理系统 ··· 108
    任务一 固定资产管理系统初始化 ·· 108
         业务活动 6-1   建立固定资产账套及设置参数与选项 ······················· 108
         业务活动 6-2   固定资产基础设置 ·· 111
    任务二 固定资产管理系统日常业务处理 ··· 115
         业务活动 6-3   固定资产增加的处理 ··· 115
         业务活动 6-4   固定资产变动的处理 ··· 118

业务活动 6-5　固定资产减少的处理 ·· 121
业务活动 6-6　固定资产评估 ·· 124
业务活动 6-7　计提固定资产折旧 ·· 126
业务活动 6-8　固定资产凭证的处理及账表的查询 ·· 126

任务三　固定资产管理系统期末处理
业务活动 6-9　固定资产管理系统期末对账与月末结账 ································ 127
业务活动 6-10　固定资产管理系统反结账 ·· 129
业务活动 6-11　备份固定资产 10 月份数据 ·· 129

项目七　购销存管理系统 ·· 130

任务一　购销存管理系统的初始化
业务活动 7-1　启用购销存管理系统 ·· 130
业务活动 7-2　购销存管理系统基础信息的设置 ·· 131
业务活动 7-3　购销存管理系统会计科目的设置 ·· 135
业务活动 7-4　购销存管理系统期初余额的录入 ·· 137
业务活动 7-5　购销存管理系统各模块参数的设置及期初记账 ···················· 144

任务二　采购管理系统业务处理
业务活动 7-6　认知采购管理系统业务处理程序 ·· 146
业务活动 7-7　采购管理系统日常业务操作 ·· 148

任务三　销售管理系统业务处理
业务活动 7-8　认知销售管理系统业务处理程序 ·· 181
业务活动 7-9　销售管理系统日常业务操作（以先发货后开票为例）········ 183

任务四　库存管理系统业务处理
业务活动 7-10　库存管理系统日常业务操作 ·· 209

任务五　核算管理系统业务处理
业务活动 7-11　核算管理系统月末处理 ·· 219
业务活动 7-12　购销存管理系统数据备份 ·· 223
业务活动 7-13　购销存管理系统及总账管理系统结账 ·································· 223

项目八　税务管家管理系统 ·· 225
任务一　税务鉴定 ·· 225
任务二　涉税处理 ·· 227
任务三　生成电子数据 ·· 234
任务四　涉税分析 ·· 234

项目九　财务分析管理系统 ·· 235

任务一　财务分析管理系统初始化 ·· 235

业务活动 9-1　修改"报表初始"中的公式 ······································ 236

业务活动 9-2　指标初始 ·· 236

任务二　指标分析 ··· 237

业务活动 9-3　基本财务指标分析 ··· 237

任务三　报表分析 ··· 239

业务活动 9-4　报表结构分析 ··· 239

附录 A　会计信息化业财税管一体化各项目单项实训 ································ 243

附录 B　会计信息化业财税管一体化综合实训 ··· 243

项目一
系统管理的运行

学习任务

1. 认知系统管理。
2. 熟悉系统管理的基本功能。
3. 掌握系统管理的各项操作。

能力目标

1. 掌握增加操作员的操作。
2. 掌握创建账套、启用系统的操作。
3. 掌握设置操作员权限的操作。
4. 掌握备份账套数据的操作。
5. 掌握恢复账套数据的操作。
6. 掌握账套修改的操作。

任务一　进入系统管理

【操作指导】

（1）首次启用用友 T3 软件，用户要运行系统管理模块。双击桌面上的"系统管理"图标，打开"系统管理"模块，单击"系统"菜单下的"注册"按钮。

（2）在"操作员"处输入"admin"，即可以系统管理员的身份注册并进入系统。注册成功后，可以启用主菜单"账套"和"权限"。

系统管理员负责整个系统的维护工作。以系统管理员身份注册并进入，便可以进行账套管理（包括账套的建立、数据备份和恢复），以及增加操作员、设置操作员权限。

【业务实训】

认真跟着老师学习操作，并看完教学视频，完成并掌握本业务活动教学内容操作。学会进入系统管理并以 admin 身份注册。

任务二　系统管理的操作任务

系统管理的操作任务主要包括增加操作员，创建账套、启用系统，设置操作员权限，备份账套数据，恢复账套数据，账套修改等。

业务活动 1-1　增加操作员

【资料准备】

操作员资料如表 1-1 所示。

表 1-1　操作员资料

编　号	姓　　名	所 属 部 门
zg	曾月	财务部
kj	李鸿飞	财务部
cn	张长顺	财务部
cg	赵小静	采购部
xs	李海波	销售部
kc	杨柳	仓储部

【操作指导】

（1）以系统管理员的身份注册并进入"系统管理"窗口。

在"系统管理"窗口，执行"权限"→"操作员"→"增加"命令，进入"增加操作员"对话框。

（2）在"增加操作员"对话框内录入操作员编号、姓名、口令（空）、所属部门等信息后，单击"增加"按钮，依次录入其他操作员信息，如图 1-1 所示。

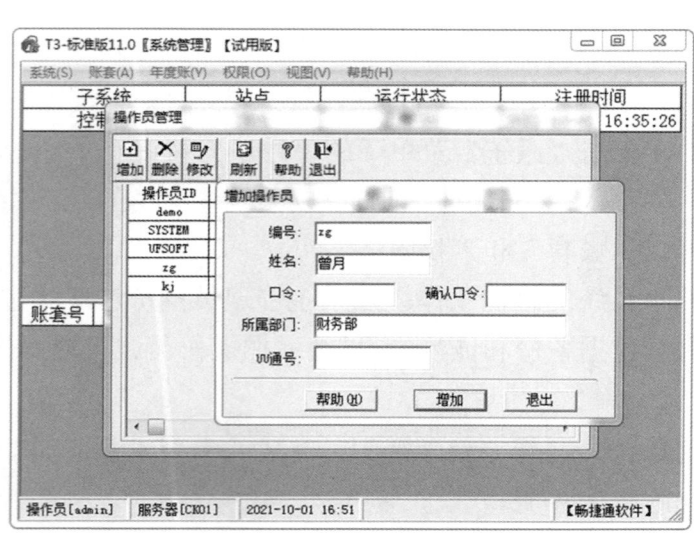

图 1-1　增加操作员

> **提示：**
> - 只有系统管理员才有权限设置操作员。
> - 操作员编号在系统中必须是唯一的，即使在不同的账套中，操作员编号也不能重复。
> - 设置操作员口令时，为保密起见，输入的口令以"*"号在屏幕上显示。
> - 所设置的操作员一旦被引用，便不能被修改和删除。

【业务实训】

（1）认真跟着老师学习操作，并看完教学视频，完成并掌握本业务活动教学内容操作。

（2）完成项目一实训一的操作，见附录A。

业务活动1-2　创建账套、启用系统

【资料准备】

长江有限责任公司为工业企业，会计核算执行《企业会计准则》，公司为增值税一般纳税人，增值税税率为13%，所得税税率为25%。

（1）账套号：003。

（2）账套名称：长江有限责任公司。

（3）启用会计期：2021年10月1日。

（4）单位名称：长江有限责任公司，简称长江公司。税号：1334562476321489。

（5）本币代码：RMB；本币名称：人民币。

（6）类型：工业；行业性质：《企业会计准则》，按行业性质预置科目。

（7）账套主管：曾月。

（8）存货、客户、供应商需要分类核算，有外币核算；采购和销售流程使用标准流程。

（9）科目编码：4-2-2-2。

（10）客户分类编码：2-2；收发类别编码：1-1。

（11）部门编码：2-2；存货分类编码：1-2。

（12）结算方式编码：1-2。

（13）供应商分类编码：2-2，其他编码采用系统默认值；数据精度定义：2。

（14）系统启用：启用总账模块，启用时间均为2021-10-01。

【操作指导】

1. 以系统管理员的身份注册并进入系统

执行"账套"→"建立"命令，打开"创建账套"对话框。

2. 输入账套信息

已存账套：已存在的账套将以下拉列表的形式显示，用户只能查看选择，不能输入或修改。"[998]工业企业演示账套"是系统内置的。

账套号：必须输入。本例输入账套号"003"。

账套名称：必须输入。本例输入"长江有限责任公司"。

账套路径：默认系统的保存路径。

启用会计期：必须输入。系统默认为计算机的系统日期，应更改为2021年10月。

输入完成后，单击"下一步"按钮，进行单位信息设置，如图1-2所示。

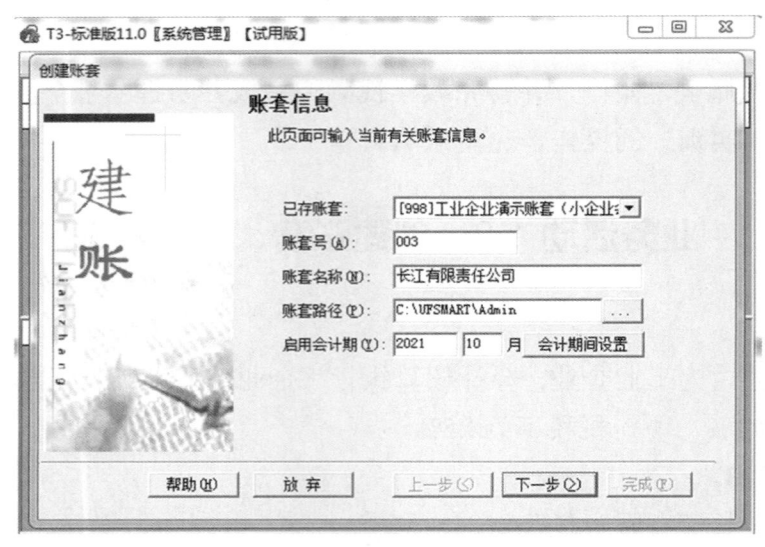

图1-2　输入账套信息

3. 输入单位信息

单位名称：用户单位的全称，必须输入。企业全称只在打印发票时使用，其余情况全部使用企业的简称。本例输入"长江有限责任公司"。

单位简称：用户单位的简称。本例输入"长江公司"。

输入税号：1334562476321489。

其他栏目都属于任选项，如图1-3所示。

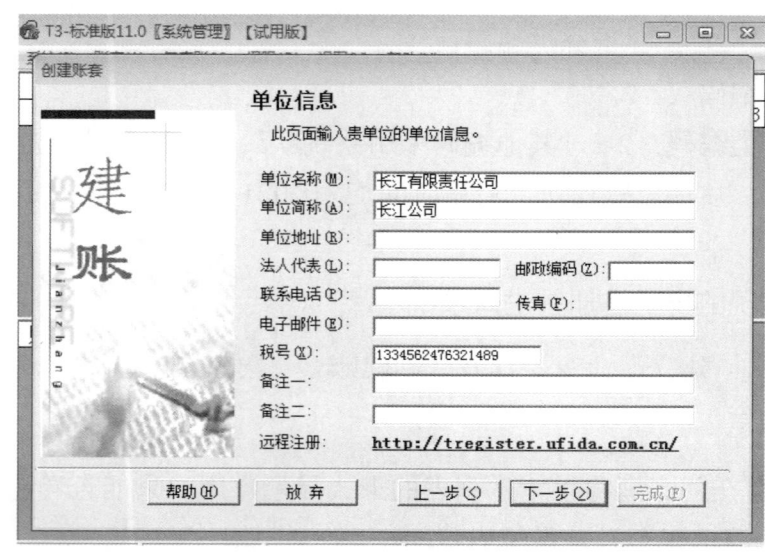

图1-3　输入单位信息

输入完成后,单击"下一步"按钮,进行核算类型设置。

4. 输入核算类型

本币代码:必须输入。本例采用系统默认值"RMB"。

本币名称:必须输入。本例采用系统默认值"人民币"。

企业类型:用户必须从下拉列表中选择。系统提供了工业、商业两种类型。如果选择工业,则系统不能处理受托代销业务;如果选择商业,委托代销和受托代销业务都能处理。本例选择"工业"。

行业性质:用户必须从下拉列表中选择,系统按照所选择的行业性质预置科目。本例选择行业性质为"2007年新会计准则"。

账套主管:必须从下拉列表中选择。本例选择"[zg]曾月"。

按行业性质预置科目:如果用户希望建立会计科目时预置所属行业的标准一级科目,则选中该复选框。本例选中"按行业性质预置科目"复选框,如图1-4所示。

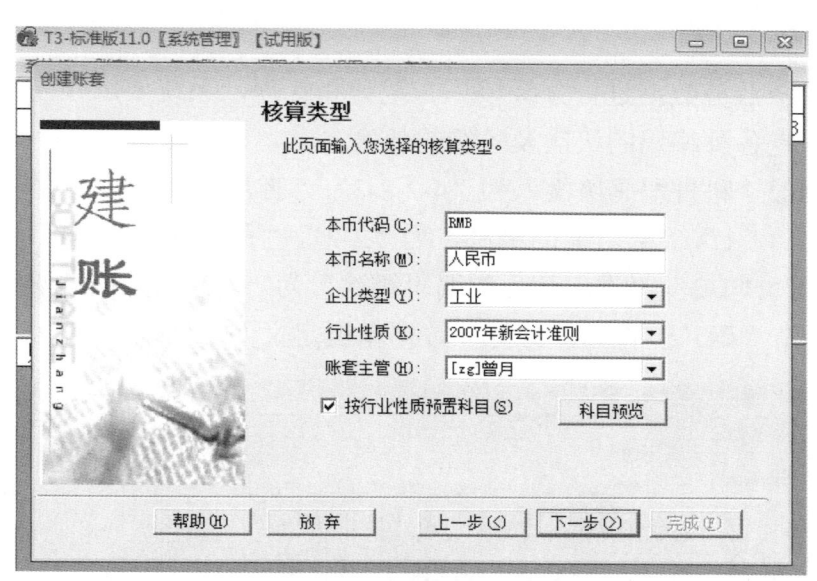

图1-4 输入核算类型

输入完成后,单击"下一步"按钮,进行基础信息设置。

5. 确定基础信息

如果单位的存货、客户、供应商相对较多,可以对他们进行分类核算。

按照本例要求,选中"存货是否分类""客户是否分类""供应商是否分类""有无外币核算"复选框,如图1-5所示。单击"下一步"按钮,进入"业务流程"界面,选中"采购和销售流程使用标准流程"复选框,单击"完成"按钮,弹出"可以创建账套了吗?"信息提示框,单击"是"按钮,打开"分类编码方案"对话框。

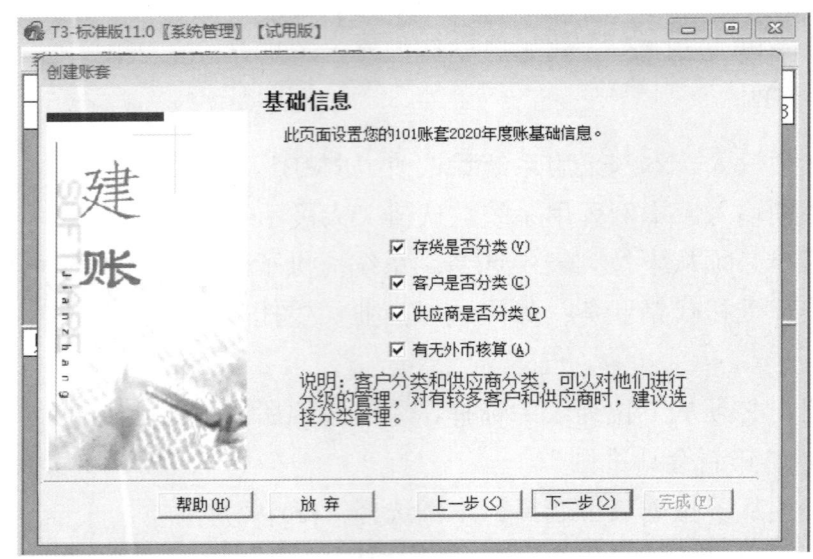

图 1-5　确定基础信息

6. 确定分类编码方案

为了便于对经济业务数据进行分级核算、统计和管理，系统要求预先设置某些基础档案的编码规则，即规定各种编码的级次及各级的长度。

根据资料，修改"科目编码级次"为"4-2-2-2"，"客户分类编码级次"为"2-2"，"收发类别编码级次"为"1-1"，"部门编码级次"为"2-2"，"存货分类编码级次"为"1-2"，"结算方式编码级次"为"1-2"，"供应商分类编码级次"为"2-2"，其他编码级次采用默认值，如图1-6所示，单击"确认"按钮，打开"数据精度定义"对话框。

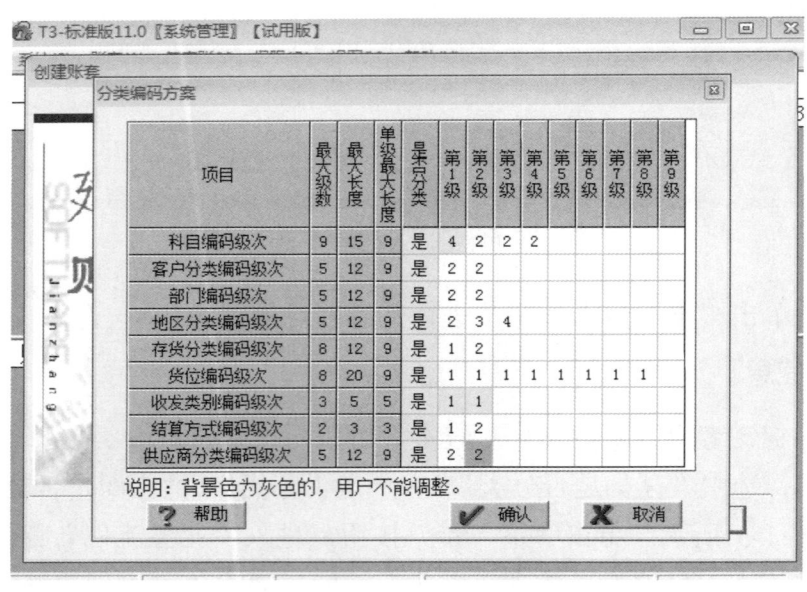

图 1-6　确定分类编码方案

7. 数据精度定义

数据精度是指定义数据的小数位。本例采用系统默认值，如图 1-7 所示，单击"确认"

按钮，弹出"创建账套成功！"和"现在进行系统启用的设置吗？"信息提示框，单击"是"按钮，弹出"系统启用"对话框。

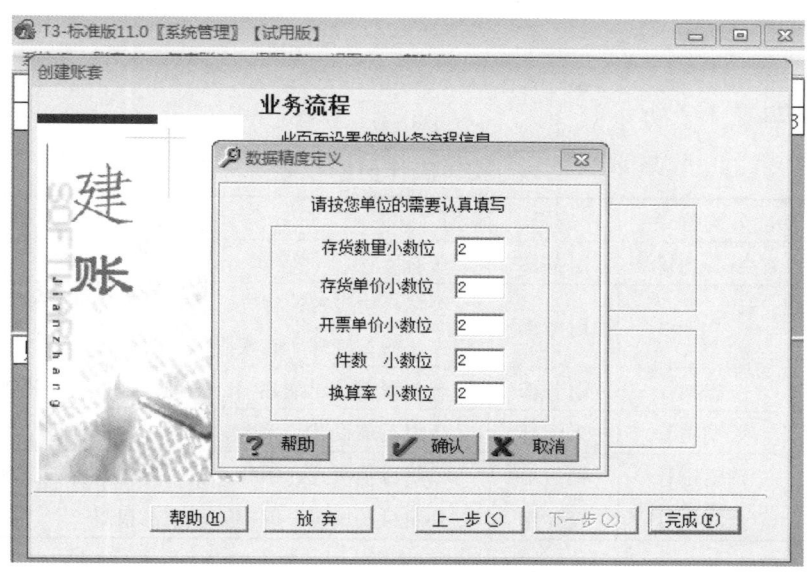

图 1-7　数据精度定义

8. 启用系统

选中"GL-总账"复选框，弹出"日历"对话框，选择日期"2021 年 10 月 1 日"，单击"确定"按钮，如图 1-8 所示（图中只显示到月），单击"退出"按钮。

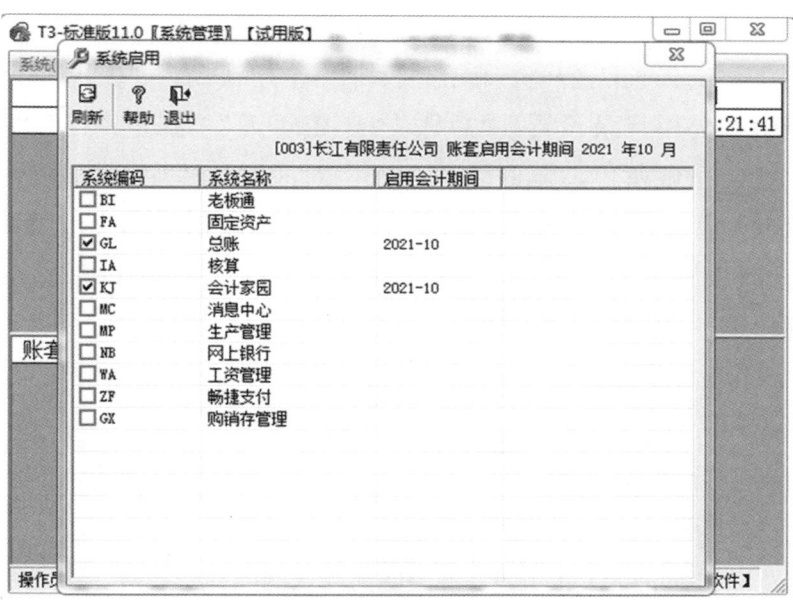

图 1-8　启用系统

【业务实训】

（1）认真跟着老师学习操作，并看完教学视频，完成并掌握本业务活动教学内容操作。

（2）完成项目一实训二的操作，见附录 A。

业务活动 1-3　设置操作员权限

（扫描二维码，观看微课）

【资料准备】

操作员的权限如表 1-2 所示。

表 1-2　操作员的权限

编号	姓名	岗位	部门	权　限
zg	曾月	财务主管	财务部	账套主管
kj	李鸿飞	会计	财务部	公用目录设置、往来、总账（除出纳签字外）、工资管理、固定资产、核算管理所有权限
cn	张长顺	出纳	财务部	现金管理、出纳签字、查询凭证、日记账查询
cg	赵小静	采购主管	采购部	公用目录设置、采购、应付、往来管理全部权限
xs	李海波	销售主管	销售部	公用目录设置、销售、应收、往来管理全部权限
kc	杨柳	仓库主管	仓储部	公用目录设置、库存管理全部权限

【操作指导】

（1）以系统管理员的身份注册进入系统。

执行"权限"→"权限"命令，进入"操作员权限"对话框。

（2）选择长江公司；2021 年度。

（3）从操作员列表中选择曾月，"账套主管"复选框已被选中，确定曾月已具有账套主管的权限。

（4）选择李鸿飞，选择长江公司；单击工具栏中的"增加"按钮，打开"增加权限"对话框，双击左边框中"公用目录设置""总账""工资管理""固定资产""核算管理"权限前面的"授权"栏，使之呈现蓝色，同时将"总账"对应右边"明细权限选择"里的"出纳签字"前"授权"栏的蓝色选择框变成白色（单击即可，即取消李鸿飞出纳签字的权利），单击"确定"按钮，即完成设置权限。可见，某权限前的"授权"栏呈现蓝色，即增加了该权限；某"授权"栏呈现白色，即取消了该权限，如图 1-9 所示。

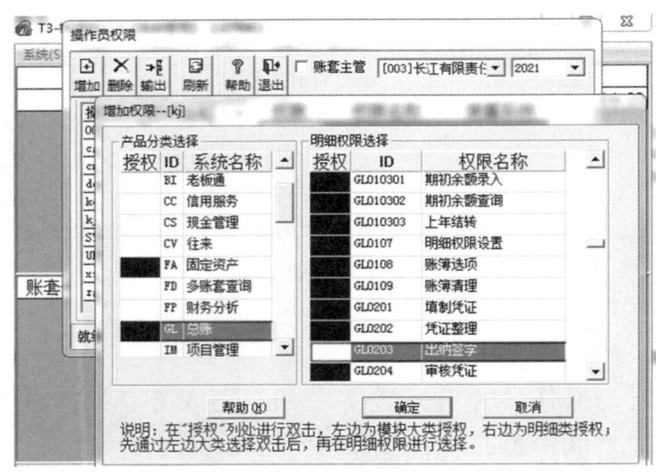

图 1-9　李鸿飞权限的设置

（5）选择张长顺，选择长江公司；单击工具栏中的"增加"按钮，打开"增加权限"对话框，双击左边"现金管理"权限，使前面的"授权"栏呈现蓝色；然后单击"总账"权限，使右边出现总账下的明细权限，双击"出纳签字""查询凭证""日记账查询"前的"授权"栏，使几个明细权限前面的"授权"栏呈现蓝色，即增加了这几个权限；最后单击"确定"按钮。张长顺的所有权限设置完毕，如图1-10所示。

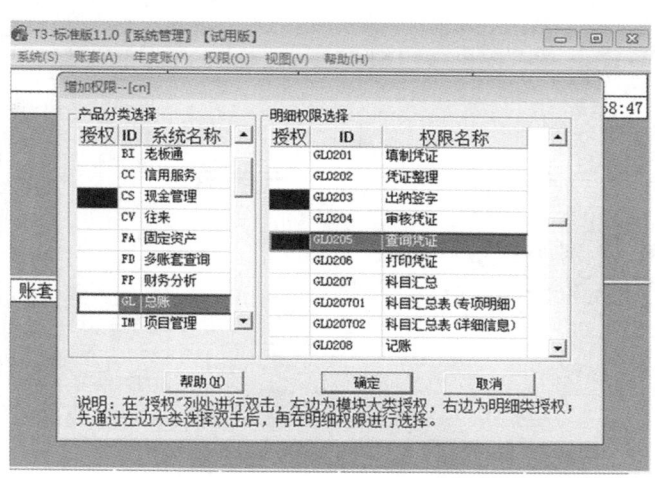

图1-10　张长顺权限的设置

同理，可设置其他操作员的权限。

（6）设置完毕，单击工具栏中的"退出"按钮，返回系统管理。

提示：

- 由于在创建账套时已指定"曾月"为账套主管，此处无须再设置。
- 一个账套可以指定多个账套主管。
- 账套主管自动拥有该账套的所有权限。

【业务实训】

（1）认真跟着老师学习操作，并看完教学视频，完成并掌握本业务活动教学内容操作。

（2）完成项目一实训三的操作，见附录A。

业务活动1-4　备份账套数据

【操作任务】

将长江公司的数据进行备份，保存在"D:\长江公司\系统管理"文件夹内。

【操作指导】

（1）建好文件夹，然后以系统管理员的身份注册并进入系统。

（2）执行"账套"→"备份"命令，打开"账套输出"对话框，选择需要输出的账套，单击"确认"按钮。

（3）系统压缩完成所选账套数据后，弹出"选择备份目标"对话框。

（4）单击下拉列表，找到"D:\长江公司\系统管理"文件夹，双击文件夹，单击"确认"按钮，如图1-11所示。

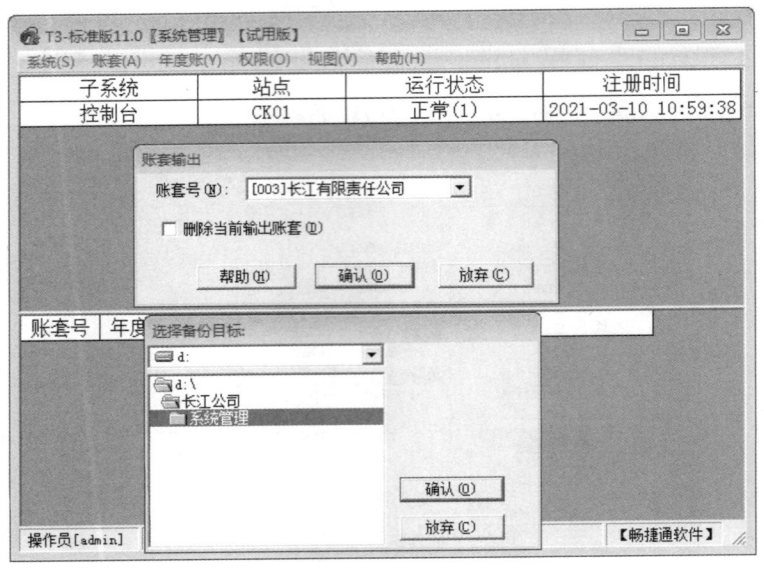

图1-11　备份账套数据

（5）系统开始进行备份，备份完成后，弹出"备份完毕！"信息提示框，单击"确定"按钮返回。

提示：
- 只有系统管理员才能备份账套数据。
- 若要删除选中的账套数据，则在输出账套时，选中"删除当前输出账套"即可。
- 正在使用的账套是不允许删除的。
- 在实际工作中，为防止系统数据丢失，需定期备份账套数据，备份好的账套数据文件最好存放于移动硬盘内，将移动硬盘存放在更为安全的地方。

【业务实训】

（1）认真跟着老师学习操作，并看完教学视频，完成并掌握本业务活动教学内容操作。

（2）完成项目一实训四的操作，见附录A。

业务活动1-5　恢复账套数据

【操作任务】

将备份在"D:\长江公司\系统管理"文件夹内的数据进行恢复。

【操作指导】

（1）以系统管理员的身份注册并进入系统。

（2）执行"账套"→"恢复"命令，打开"引入账套数据"对话框，打开"D:\长江公司\系统管理"文件夹，选中账套文件，单击"打开"按钮。

（3）弹出"重新指定账套路径吗？"信息提示框，单击"否"按钮。
（4）弹出"正在引入账套，请等待"信息提示框，最后弹出"账套引入成功！"信息提示框，单击"确定"按钮。

提示：

- 只有系统管理员才能恢复账套数据。
- 在实际工作中，若系统中的账套数据受损，可引入备份好的账套数据，以继续工作。

【业务实训】

（1）认真跟着老师学习操作，并看完教学视频，完成并掌握本业务活动教学内容操作。
（2）完成项目一实训五的操作，见附录A。

业务活动1-6　账套修改

【操作指导】

如果启用账套后，需要修改部分账套参数，则要以账套主管的身份注册并进入系统。

（1）在"系统管理"窗口，执行"系统"→"注册"命令，打开"注册系统管理"对话框。
（2）输入：用户名"zg"；选择账套"003-长江有限责任公司"；会计年度"2021"；日期"2021-10"。
（3）单击"确定"按钮，进入"系统管理"窗口，菜单中显示为黑色字体的部分为账套主管可以操作的内容。
（4）执行"账套"→"修改"命令，打开"修改账套"对话框，可修改的账套信息以白色显示，不可修改的账套信息以灰色显示。找到需要修改的内容，直接进行修改。
（5）修改完成后，单击"完成"按钮，弹出"确认修改账套了吗？"提示信息框，单击"是"按钮，确定"分类编码方案"和"数据精度定义"，单击"确认"按钮，弹出"修改账套成功！"信息提示框。

提示：

- 只有账套主管才能进行账套修改。
- 账套中的很多参数都不能修改，若不能修改的账套参数输错，则只能删除此账套再重新创建。因此，确定账套参数时要小心谨慎。

项目二
基础档案设置

学习任务

1. 认知基础档案设置的内容。
2. 各项基础档案的录入。

能力目标

掌握各项基础设置的操作。

任务 财务信息方面的基础档案设置

首次启用用友 T3 软件，在"系统管理"中操作完毕后，需要进行企业的基础档案设置。用友 T3 软件一体化管理系统的基础档案设置不仅涉及财务部，还会涉及其他业务部门，可以说，基础档案设置是系统运行的前提，是总账、工资、固定资产、购销存等管理系统运行必不可少的基础工作。这里主要先讲解财务信息方面的基础档案设置，对于存货的基础档案设置、购销存的基础档案设置，在讲购销存管理系统时再详细讲解。

需要注意的是，基础档案设置一般由账套主管来完成。

财务信息方面的基础档案设置主要包括机构的设置、往来单位的设置、财务的设置、收付结算的设置等内容。

业务活动 2-1 机构的设置

机构的设置包括部门档案的设置和职员档案的设置。

一、部门档案的设置

【资料准备】

部门档案资料如表 2-1 所示。

表 2-1　部门档案资料

部门编码	部门名称	部门负责人
01	行政部	
0101	厂办	王鹏飞
0102	财务部	曾月
02	生产部	
0201	一车间	李铭
03	市场部	
0301	采购部	赵小静
0302	销售部	李海波
04	仓储部	杨柳

【操作指导】

（1）双击桌面上的"用友 T3"图标，录入以下内容：用户名"zg"；账套名称"长江有限责任公司"；会计年度"2021"；日期"10-01"。单击"确定"按钮，进入系统。

（2）执行"基础设置"→"机构设置"→"部门档案"命令，进入"部门档案"窗口。单击"增加"按钮，在"部门编码"文本框中录入"01"，"部门名称"文本框中录入"行政部"，单击"保存"按钮，完成"行政部"的设置，如图 2-1 所示。

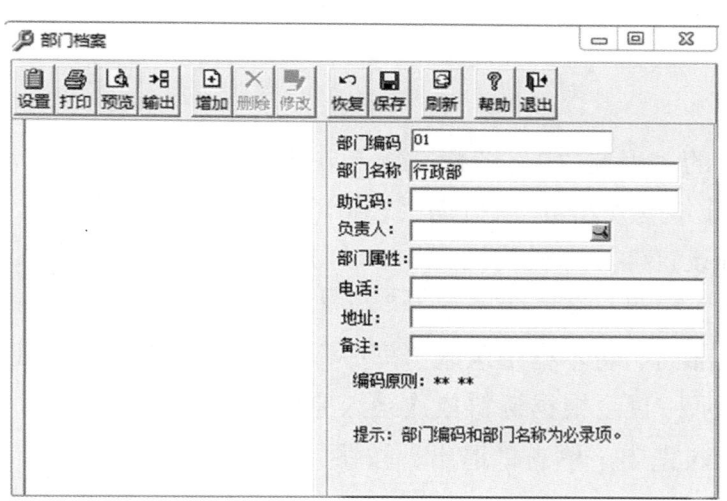

图 2-1　部门档案的设置

（3）选中刚建立的"行政部"，单击"增加"按钮，在"部门编码"文本框中录入"0101"，"部门名称"文本框中录入"厂办"，单击"保存"按钮，完成"厂办"的设置。同理，根据资料，依次设置其他部门的档案。

【提示：】

●"部门档案"窗口下方显示"** **"，表示在编码方案中设定编码为 2 级，第 1 级是一位数，第 2 级是两位数。输入部门编码时需要遵守该规定。

●负责人暂不处理。必须等职员档案建好后，再回到"部门档案"以修改的方式进行设置。

二、职员档案的设置

【资料准备】

职员档案资料如表 2-2 所示。

表 2-2　职员档案资料

职员编号	职员姓名	所属部门	职员属性
001	王鹏飞	厂办	管理人员
002	李东升	厂办	管理人员
003	曾月	财务部	管理人员
004	张长顺	财务部	管理人员
005	李鸿飞	财务部	管理人员
006	杨柳	仓储部	管理人员
007	李铭	一车间	管理人员
008	王翠洁	一车间	生产人员
009	李飞	一车间	生产人员
010	张德军	一车间	生产人员
011	赵小静	采购部	管理人员
012	杨帆	采购部	采购人员
013	李海波	销售部	管理人员
014	王涛	销售部	销售人员

【操作指导】

（1）双击桌面上的"用友 T3"图标。输入并选择数据：用户名"zg"；账套名称"长江有限责任公司"；会计年度"2021"；日期"10-01"。单击"确定"按钮，进入系统。

（2）执行"基础设置"→"机构设置"→"职员档案"命令，进入"职员档案"窗口。

（3）单击"增加"按钮，在"职员编号"文本框中录入"001"，"职员名称"文本框中录入"王鹏飞"，"所属部门"文本框中录入"厂办"。敲击回车键，再单击"增加"按钮，录入下一人，如图 2-2 所示，直至根据资料依次录入完所有职员的档案。

所有职员档案录入完毕，单击"退出"按钮。

提示：

● 录入一名职员的档案信息之后，必须敲击回车键换行才能保存。

● 录入一名职员的档案信息之后，可通过"刷新"按钮在职员档案列表中查看最新录入的职员信息。

● 职员档案建好后，再回到"部门档案"以修改的方式进行设置，录入部门负责人的名称。

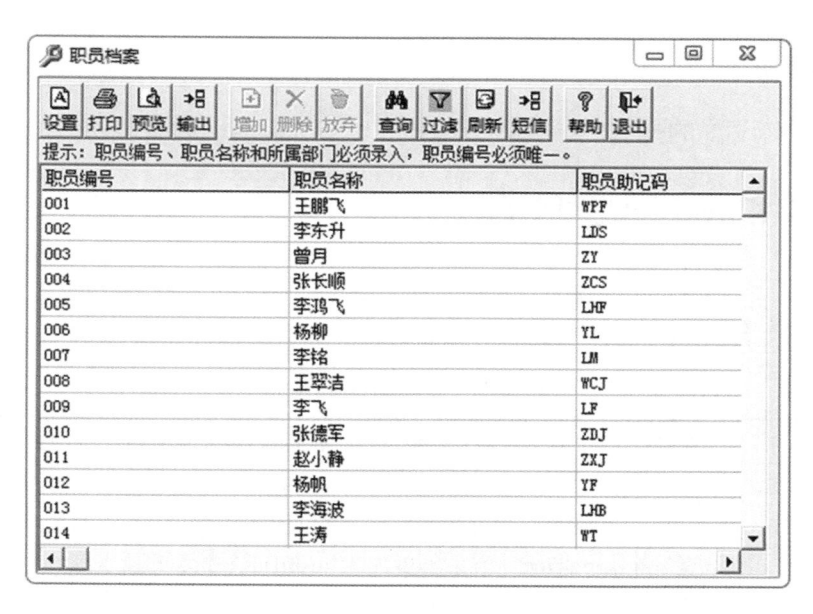

图 2-2 职员档案的设置

【业务实训】

（1）认真跟着老师学习操作，并看完教学视频，完成并掌握本业务活动教学内容操作。

（2）完成项目二实训一的操作，见附录 A。

业务活动 2-2　往来单位的设置

往来单位的设置主要包括客户分类和供应商分类、客户档案和供应商档案的设置。

一、客户分类和供应商分类的设置

【资料准备】

客户分类和供应商分类资料如表 2-3 所示。

表 2-3　客户分类和供应商分类资料

客户分类		供应商分类	
类别编码	名称	类别编码	名称
01	省内客户	01	原材料供应商
02	省外客户	02	辅料供应商

【操作指导】

1. 客户分类设置

进入系统后，执行"基础设置"→"往来单位"→"客户分类"命令，进入"客户分类"窗口。单击"增加"按钮，在"类别编码"文本框中录入"01"，"类别名称"文本框中录入"省内客户"，单击"保存"按钮。同理，根据资料依次录入其他客户分类信息。

2. 供应商分类设置

可参考客户分类设置的操作。

二、客户档案和供应商档案的设置

【资料准备】

供应商和客户档案资料分别如表 2-4、表 2-5 所示。

表 2-4　供应商档案资料

编号	名称	简称	分类码	税号	开户银行	银行账号	业务员	地址电话	发展日期
001	上海黄河公司	黄河公司	01	598363905790341	工行上海市复兴路支行	935007433649217935	赵小静	上海市复兴路96号021-65302894	2000-05-01
002	北京香山公司	香山公司	02	447863905792964	工行北京市长安路支行	395107433649216328	杨帆	北京市长安路96号010-83592860	2000-05-01

表 2-5　客户档案资料

编号	名称	简称	分类码	税号	开户银行	银行账号	业务员	地址电话	发展日期
01	陕西汉江公司	汉江公司	02	450197666148326	工行西安市中山路支行	210011613105987356	李海波	西安市中山路10号029-38473976	2000-05-01
02	宝蓝公司	宝蓝公司	01	278976663214865	工行保定市高新区支行	540056423105900087	王涛	保定市高新区91号0312-8719616	2000-04-01
03	北京长虹公司	长虹公司	02	367459834726381	工行北京市长安路支行	635674298346926449	李海波	北京市长安路66号010-54467963	2000-03-01

【操作指导】

1. 供应商档案设置

（1）进入系统，执行"基础设置"→"往来单位"→"供应商档案"命令，进入"供应商档案"窗口。选择"01 原材料供应商"选项，单击"增加"按钮，进入"供应商档案卡片"对话框。

（2）在"基本"选项卡中录入如下数据。供应商编号：01；供应商名称：上海黄河公司；供应商简称：黄河公司；所属分类码：01；税号：598363905790341；开户银行：工行上海市复兴路支行；银行账号：935007433649217935。

（3）在"联系"选项卡中录入如下数据。地址：上海市复兴路 96 号；电话：021-65302894。

（4）在"其他"选项卡中录入如下数据。专营业务员：赵小静；发展日期：2000-05-01。单击"保存"按钮，再单击"退出"按钮，如图 2-3 所示。同理，根据资料依次录入其他供应商档案信息。

2. 客户档案设置

可参考供应商档案设置的操作。

图 2-3 供应商档案设置

提示：

- 客户档案、供应商档案必须建立在最末级分类下。
- 客户、供应商编号及简称必须录入。

【业务实训】

（1）认真跟着老师学习操作，并看完教学视频，完成并掌握本业务活动教学内容操作。

（2）完成项目二实训二的操作，见附录 A。

业务活动 2-3　财务的设置

财务的设置包括外币、会计科目、凭证类别、项目目录和现金流量项目的设置。

一、外币的设置

【资料准备】

外币相关资料如下。

外币名称：美元；外币符号：USD；采用固定汇率核算外币。2021 年 10 月 1 日期初汇率为 1∶6.6227。

【操作指导】

（1）执行"基础设置"→"财务"→"外币种类"命令，进入"外币设置"对话框。

（2）在"外币设置"对话框中录入以下资料。币符：USD；币名：美元。单击"确认"按钮。

（3）选择固定汇率，在 2021 年 10 月的"记账汇率"栏中录入"6.622 70"，敲击回车键确认，如图 2-4 所示。

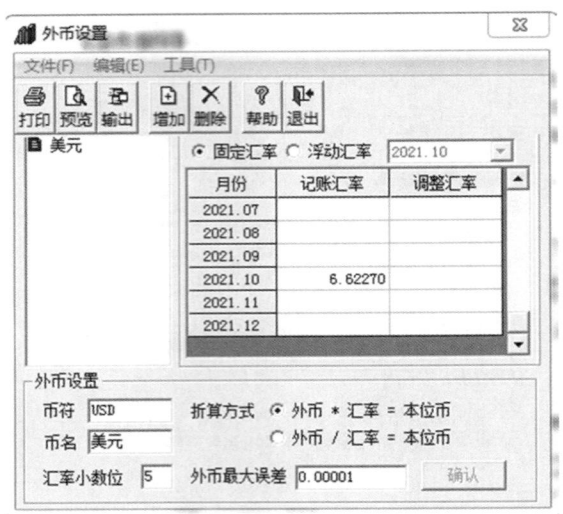

图 2-4　外币的设置

二、会计科目设置

【资料准备】

会计科目资料如表 2-6 所示。

表 2-6　会计科目资料

科目代码	科目名称	账页格式	辅助核算	余额方向	备注
1001	库存现金	金额式	日记账	借	修改
1002	银行存款	金额式	日记账、银行账	借	修改
100201	工行存款	金额式	日记账、银行账	借	增加
100203	中行存款	金额式（美元）	日记账、银行账	借	增加
1122	应收账款	金额式	客户往来（应收系统）	借	修改
1123	预付账款	金额式	供应商往来（应付系统）	借	修改
1221	其他应收款	金额式		借	
122101	应收职工个人款	金额式	个人往来	借	增加
122102	备用金	金额式	部门核算	借	增加
122103	其他应收及暂付款	金额式		借	增加
1403	原材料	金额式		借	
140301	TZ型合金粉	数量金额式（千克）		借	增加
140302	MT复合金粉	数量金额式（千克）		借	增加
1405	库存商品	金额式		借	
140501	空压机壳	数量金额式（台）		借	增加
140502	机床保护壳	数量金额式（台）		借	增加
1601	固定资产	金额式		借	
160101	办公楼	金额式		借	增加
160102	厂房	金额式		借	增加
160103	数控机床	金额式		借	增加

续表

科目代码	科目名称	账页格式	辅助核算	余额方向	备注
160104	汽车	金额式		借	增加
160105	打印机	金额式		借	增加
160106	电脑	金额式		借	增加
1701	无形资产	金额式		借	
170101	非专利技术	金额式		借	增加
1901	待处理财产损溢	金额式		借	
190101	待处理流动资产损溢	金额式		借	增加
2202	应付账款	金额式		贷	
220201	采购供应商	金额式	供应商往来（应付系统）	贷	增加
220202	其他供应商	金额式	供应商往来	贷	增加
220203	暂估应付款	金额式	供应商往来	贷	增加
2203	预收账款	金额式	客户往来（应收系统）	贷	修改
2211	应付职工薪酬	金额式		贷	
221101	工资	金额式		贷	增加
221102	福利费	金额式		贷	增加
221103	工会经费	金额式		贷	增加
221104	职工教育经费	金额式		贷	增加
221105	社会保险费	金额式		贷	增加
221107	住房公积金	金额式		贷	增加
221108	其他应付职工薪酬	金额式		贷	增加
2221	应交税费	金额式		贷	
222101	应交增值税	金额式		贷	
22210101	进项税额	金额式		贷	增加
22210102	已交税金	金额式		贷	增加
22210103	转出未交增值税	金额式		贷	增加
22210104	销项税额	金额式		贷	增加
22210105	进项税转出	金额式		贷	增加
22210106	转出多交增值税	金额式		贷	增加
222102	未交增值税	金额式		贷	增加
222103	应交消费税	金额式		贷	增加
222104	应交资源税	金额式		贷	增加
222105	应交所得税	金额式		贷	增加
222106	应交土地增值税	金额式		贷	增加
222107	应交城市建设维护税	金额式		贷	增加
222108	应交房产税	金额式		贷	增加
222109	应交土地使用税	金额式		贷	增加
222110	应交个人所得税	金额式		贷	增加
222111	应交教育附加费	金额式		贷	增加
4001	实收资本	金额式		贷	

续表

科目代码	科目名称	账页格式	辅助核算	余额方向	备注
400101	保定天华设备有限公司	金额式		贷	增加
4002	资本公积	金额式		贷	
400201	资本溢价	金额式		贷	增加
4101	盈余公积	金额式		贷	
410101	法定盈余公积	金额式		贷	增加
410102	任意盈余公积	金额式		贷	增加
4104	利润分配	金额式		贷	
410401	其他转入	金额式		贷	增加
410402	提取法定盈余公积	金额式		贷	增加
410403	应付普通股股利	金额式		贷	增加
410404	未分配利润	金额式		贷	增加
5001	生产成本	金额式		借	
500101	直接材料	金额式	部门 项目	借	增加
500102	直接人工	金额式	部门 项目	借	增加
500103	制造费用	金额式	部门 项目	借	增加
5101	制造费用	金额式		借	
6001	主营业务收入	金额式		贷	
600101	空压机壳	数量金额式（台）		贷	增加
600102	机床保护壳	数量金额式（台）		贷	增加
6115	资产处置收益	金额式		贷	
6401	主营业务成本	金额式		借	
640101	空压机壳	数量金额式（台）		借	增加
640102	机床保护壳	数量金额式（台）		借	增加
6711	营业外支出	金额式		借	
6601	销售费用	金额式		借	
660101	广告费	金额式		借	增加
660102	折旧费	金额式		借	增加
660103	工资	金额式		借	增加
660104	业务宣传费	金额式		借	增加
660105	福利费	金额式		借	增加
660106	工会经费	金额式		借	增加
660107	职工教育经费	金额式		借	增加
660108	社会保险费	金额式		借	增加
660109	住房公积金	金额式		借	增加
660110	其他费用	金额式		借	增加
6602	管理费用	金额式		借	
660201	办公费	金额式	部门	借	增加
660202	差旅费	金额式	部门	借	增加
660203	业务招待费	金额式	部门	借	增加

续表

续表

科目代码	科目名称	账页格式	辅助核算	余额方向	备注
660204	工资	金额式	部门	借	增加
660205	折旧费	金额式	部门	借	增加
660206	非货币性福利	金额式	部门	借	增加
660207	福利费	金额式	部门	借	增加
660208	工会经费	金额式	部门	借	增加
660209	职工教育经费	金额式	部门	借	增加
660210	社会保险费	金额式	部门	借	增加
660211	住房公积金	金额式	部门	借	增加
660212	其他费用	金额式	部门	借	增加
6603	财务费用	金额式		借	
660301	利息费用	金额式		借	增加
660302	汇兑损益	金额式		借	增加
660303	现金折扣	金额式		借	增加

【操作指导】

1. 会计科目修改的操作

(1) 执行"基础设置"→"财务"→"会计科目"命令,进入"会计科目"对话框,显示所有预置科目。

(2) 在"会计科目"对话框中,选中要修改的会计科目"1001 库存现金",双击该科目,进入"会计科目_修改"对话框。选中"日记账"复选框,单击"确定"按钮,如图2-5所示。

(3) 同理,按资料内容依次修改其他科目的辅助核算属性,修改完成后,单击"返回"按钮。

图2-5 会计科目修改

提示：
- 在"会计科目_修改"对话框中，"修改"和"确定"按钮是同一个，当处于编辑状态时，显示为"确定"按钮。
- 已有数据的科目不能修改科目性质。
- 被封存的科目在制单时不可以使用。
- 只有处于修改状态时，才能设置汇总打印和封存。

2. 会计科目增加的操作

（1）单击"增加"按钮，进入"会计科目_新增"对话框。

（2）输入明细科目相关内容。在"科目编码"文本框中录入"100201"，"科目名称"文本框中录入"工行存款"，选中"日记账""银行账"复选框。单击"确定"按钮，如图 2-6 所示。继续单击"增加"按钮，依次录入资料中其他明细科目的相关内容。

全部录入后，单击"关闭"按钮。

图 2-6　会计科目增加

提示：
- 增加的会计科目编码长度及每段位数要符合编码规则。
- 科目一经使用，就不能再增设下级科目，只能增加同级科目。
- 由于建立的会计科目内容较多，很多辅助核算内容会对后面凭证的录入操作产生影响，因此在建立会计科目时，要小心并反复检查。
- 如果科目已录入期初余额或已制单，则不能删除。
- 非末级会计科目不能删除。

3. 指定科目

（1）在"会计科目"对话框中，执行"编辑"→"指定科目"命令，进入"指定科目"对话框。

（2）指定现金总账科目。单击"现金总账科目"单选按钮，在其右边待选科目中选中"1001 库存现金"科目，单击">"按钮，将"1001 库存现金"科目由"待选科目"选入"已选科目"。

（3）指定银行总账科目。单击"银行总账科目"单选按钮，在其右边待选科目中选中"1002 银行存款"科目，单击">"按钮，将"1002 银行存款"科目由"待选科目"选入"已选科目"。

（4）指定现金流量科目。单击"现金流量科目"单选按钮，在其右边待选科目中依次选中"1001 库存现金""1002 银行存款"下面的明细科目和"1012 其他货币资金"，并依次单击">"按钮，将相关科目由"待选科目"选入"已选科目"。

（5）最后，单击"确认"按钮，如图 2-7 所示。

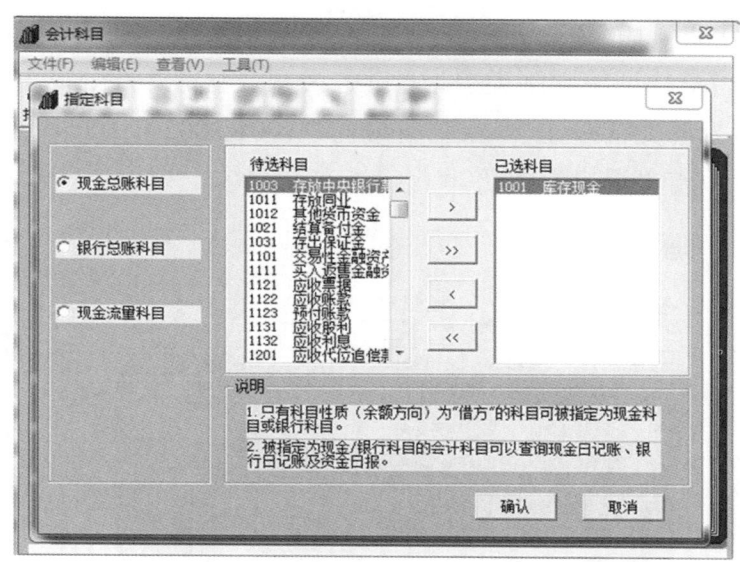

图 2-7　指定科目

提示：

● 指定会计科目是指定出纳的专管科目。只有指定会计科目后，出纳才能签字，从而实现现金、银行管理的保密性。

● 在指定现金总账科目、银行总账科目之前，应在建立"库存现金""银行存款"会计科目时选中"日记账"复选框。

● 被指定的会计科目不能删除；如想删除，必须先取消指定。

● 指定现金流量科目后，可满足编制现金流量表函数取值时使用；在录入凭证时，对指定的现金流量科目，系统会自动打开窗口要求我们根据业务录入分录现金流量科目。

三、凭证类别的设置

【资料准备】

凭证类别资料如表 2-7 所示。

表 2-7 凭证类别资料

凭证类别	限制类型	限制科目
收款凭证	借方必有	1001,100201,100203
付款凭证	贷方必有	1001,100201,100203
转账凭证	凭证必无	1001,100201,100203

【操作指导】

（1）执行"基础设置"→"财务"→"凭证类别"命令，打开"凭证类别预制"对话框。

（2）选中"收款凭证""付款凭证""转账凭证"，单击"确定"按钮，进入"凭证类别"对话框。

（3）在收款凭证"限制类型"的下拉列表中选择"借方必有"选项，在"限制科目"文本框中录入"1001,100201,100203"。

（4）同理，设置付款凭证的限制类型为"贷方必有"，限制科目为"1001,100201,100203"；转账凭证的限制类型为"凭证必无"，限制科目为"1001,100201,100203"，如图 2-8 所示。

（5）设置完后，单击"退出"按钮。

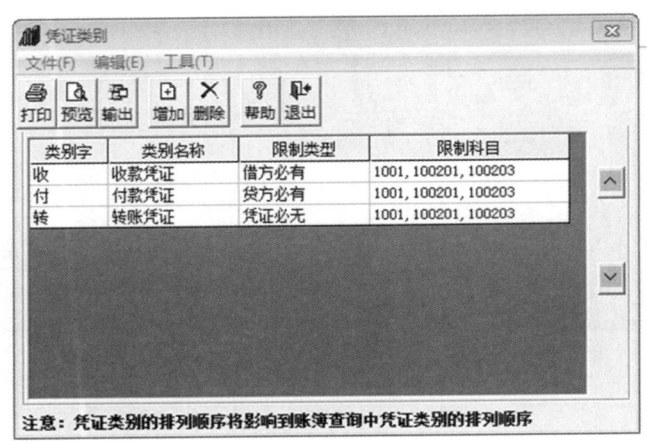

图 2-8 凭证类别的设置

四、项目目录和现金流量项目的设置

1. 项目目录的设置

（扫描二维码，观看微课）

【资料准备】

项目目录资料如表 2-8 所示。

表 2-8 项目目录资料

项目大类名称	项目级数	核算科目	项目分类	项目目录
产品 （普通项目）	一级 2 位	直接材料 直接人工 制造费用	分类编码：01 分类名称：具体产品	项目编号：1；具体产品：空压机壳；所属分类码：01；不结算。 项目编号：2；具体产品：机床保护壳；所属分类码：01；不结算

项目二　基础档案设置

【操作指导】

（1）定义项目大类。

① 执行"基础设置"→"财务"→"项目目录"命令，进入"项目档案"对话框。

② 单击"增加"按钮，打开"项目大类定义_增加"对话框，在"新项目大类名称"文本框中录入"产品"，如图2-9所示。

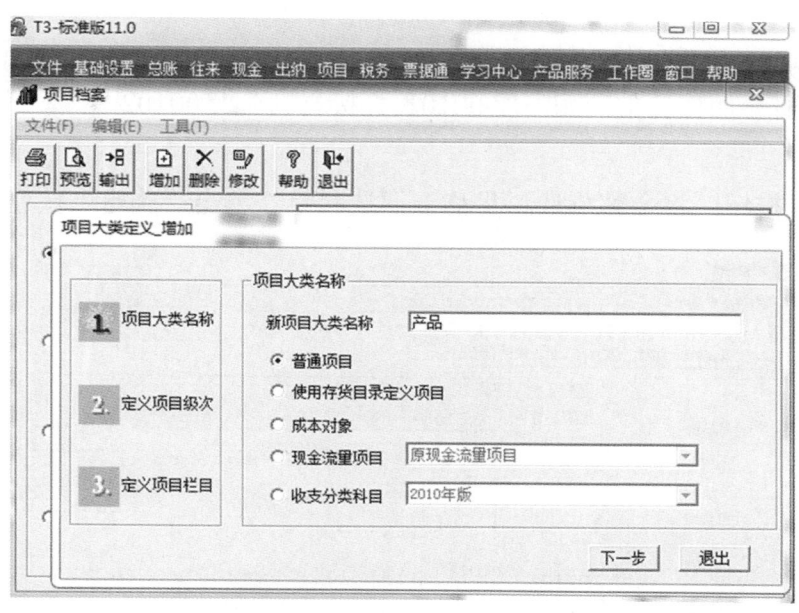

图2-9　新增项目大类

③ 单击"下一步"按钮，在"定义项目级次"中选中"一级"，下拉列表选择2位，其他设置均采用系统默认值，如图2-10所示。

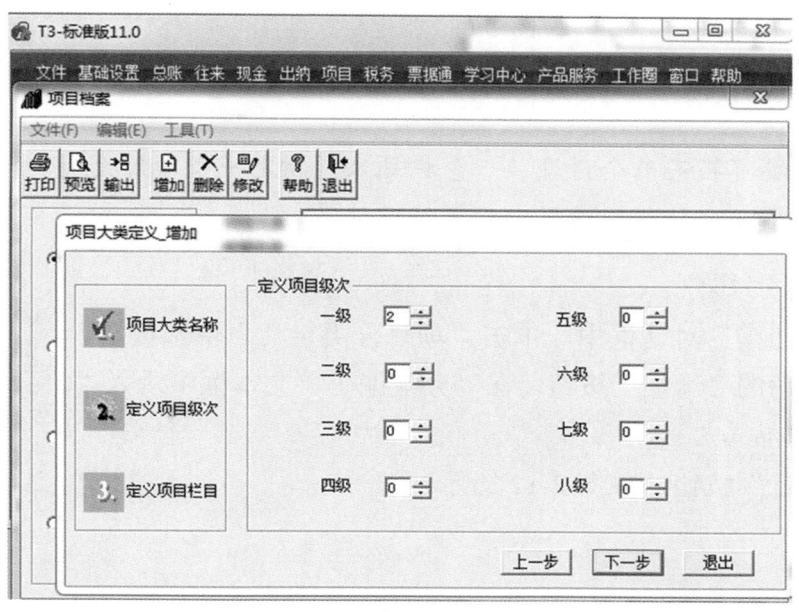

图2-10　定义项目级次

④ 单击"下一步"按钮，返回"项目档案"对话框。

> **提示：**
>
> ● 项目大类的名称是该类项目的总称，而不是会计科目名称。例如，在建工程按具体工程项目核算，其项目大类名称应为"工程项目"而不是"在建工程"。

（2）指定核算科目。

① 在"项目档案"对话框中，单击"核算科目"单选按钮。

② 项目大类选择"产品"。

③ 分别选择要参加核算的科目，"500101 直接材料""500102 直接人工""500103 制造费用"。

④ 单击"≽"按钮。将全部待选科目移至已选科目，单击"确定"按钮，如图 2-11 所示。

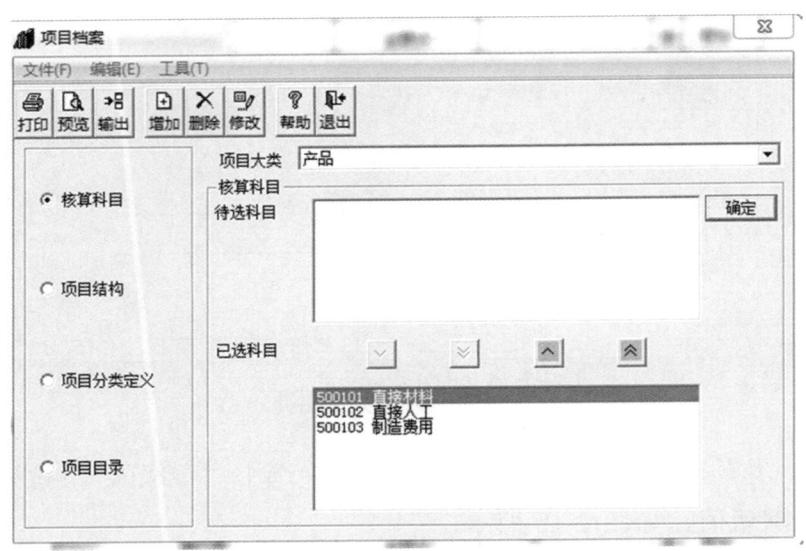

图 2-11　指定核算科目

> **提示：**
>
> ● 一个项目大类可指定多个科目，一个科目只能指定一个项目大类。
> ● 核算科目必须在会计科目设置中设置辅助核算。

（3）定义项目分类。

① 在"项目档案"对话框中，单击"项目分类定义"单选按钮。

② 单击右下角的"增加"按钮，在"分类编码"文本框中录入"01"，"分类名称"文本框中录入"具体产品"。

③ 单击"确定"按钮，如图 2-12 所示。

> **提示：**
>
> ● 为了便于统计，可对同一项目大类下的项目进行进一步划分，即定义项目分类。
> ● 若无分类，也必须定义项目分类为"无分类"。

项目二　基础档案设置 | 027

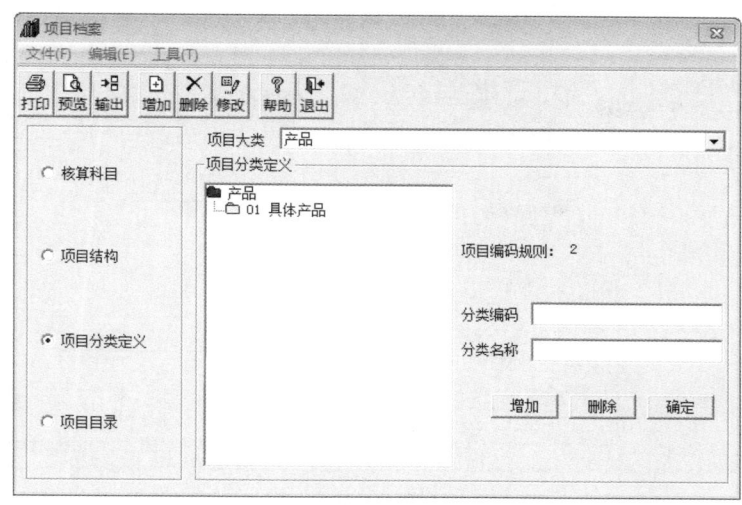

图 2-12　定义项目分类

（4）定义项目目录。

① 在"项目档案"对话框中，选择"项目目录"选项卡。

② 单击"维护"按钮，进入"项目目录维护"对话框。

③ 单击"增加"按钮，在"项目编号"文本框中录入"1"，"项目名称"文本框中录入"空压机壳"，"是否结算"文本框中录入"否"，"所属分类码"文本框中录入"01"。同理，录入机床保护壳的相关项目信息。最后，敲击回车键，如图 2-13 所示。

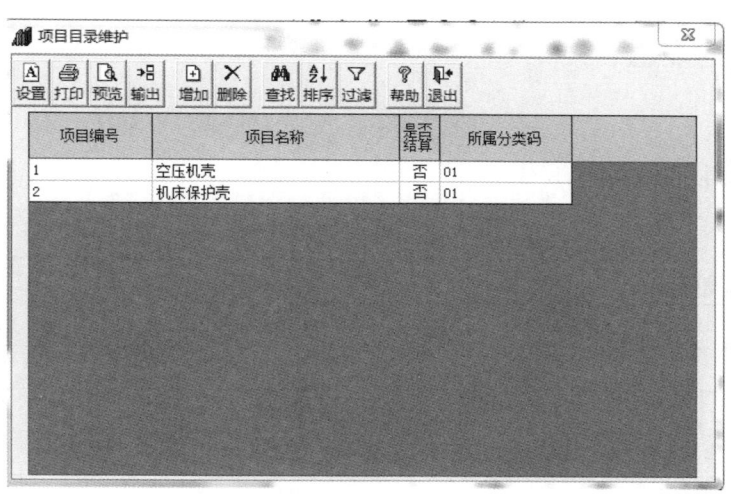

图 2-13　定义项目目录

2. 现金流量项目的设置

【操作指导】

（1）执行"基础设置"→"财务"→"项目目录"命令，进入"项目档案"对话框，单击"增加"按钮，打开"项目大类定义_增加"对话框。

（2）单击"现金流量项目"单选按钮，在下拉列表中选择"一般企业（新准则）"，单击"完成"按钮，如图 2-14 所示。

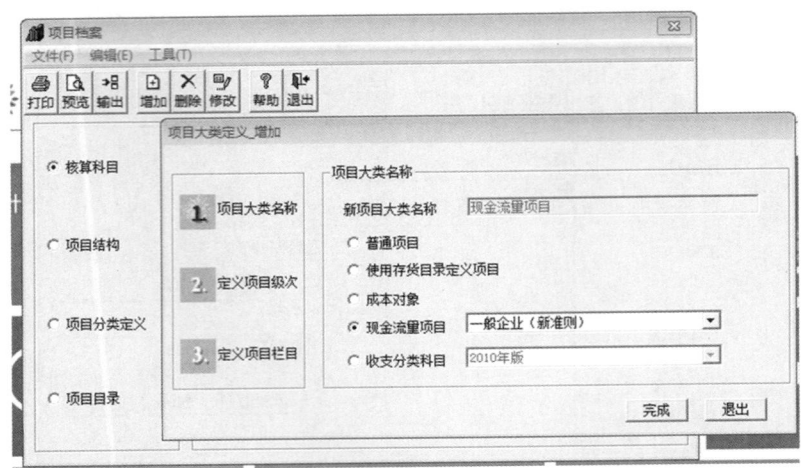

图 2-14 现金流量项目的设置

【业务实训】

（1）认真跟着老师学习操作，并看完教学视频，完成并掌握本业务活动教学内容操作。

（2）完成项目二实训三的操作，见附录 A。

业务活动 2-4　收付结算的设置

收付结算的设置主要包括结算方式、付款条件、开户银行的设置。

一、结算方式的设置

【资料准备】

结算方式资料如表 2-9 所示。

表 2-9　结算方式资料

结算方式类别编码	结算方式类别名称	票据管理方式
1	现金结算	否
2	支票结算	否
201	现金支票	是
202	转账支票	是
3	银行汇票	否
4	汇兑	否
5	商业汇票	否
6	其他	否

【操作指导】

（1）执行"基础设置"→"收付结算"→"结算方式"命令，进入"结算方式"窗口，单击"增加"按钮。

（2）在"类别编码"文本框中录入"1"，"类别名称"文本框中录入"现金结算"，单击

"保存"按钮。

（3）在"类别编码"文本框中录入"2"，"类别名称"文本框中录入"支票结算"，单击"保存"按钮。

（4）选中"支票结算"，在"类别编码"文本框中录入"201"，"类别名称"文本框中录入"现金支票"，选中"票据管理方式"复选框，单击"保存"按钮。同理，按照资料依次设置其他结算方式，如图2-15所示。

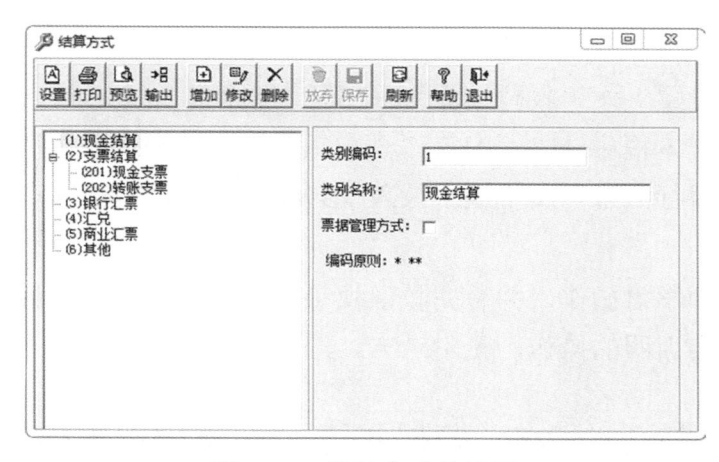

图2-15　结算方式的设置

二、付款条件的设置

【资料准备】

付款条件资料如表2-10所示。

表2-10　付款条件资料

付款条件编码	信用天数	优惠天数1	优惠率1	优惠天数2	优惠率2	优惠天数3	优惠率3
01	30	10	2	20	1	30	0

【操作指导】

（1）执行"基础设置"→"收付结算"→"付款条件"命令，进入"付款条件"窗口。

（2）在"付款条件编码"文本框中录入"01"，"信用天数"文本框中录入"30"，"优惠天数1"文本框中录入"10"，"优惠率1"文本框中录入"2"，"优惠天数2"文本框中录入"20"，"优惠率2"文本框中录入"1"，"优惠天数3"文本框中录入"30"，"优惠率3"文本框中录入"0"，敲击回车键，如图2-16所示。

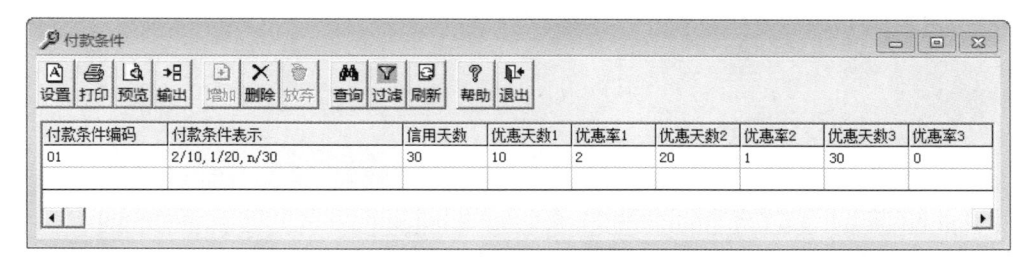

图2-16　付款条件的设置

三、开户银行的设置

【资料准备】

开户银行的资料如下。

编码：01。

名称：中国工商银行保定市分行雁翔路支行。

账号：998895819。

【操作指导】

（1）执行"基础设置"→"收付结算"→"开户银行"命令，进入"开户银行"窗口。

（2）在"编码"文本框中录入"01"，"开户银行"文本框中录入"中国工商银行保定市分行雁翔路支行"，"银行账号"文本框中录入"998895819"，敲击回车键，最后退出。

【业务实训】

（1）认真跟着老师学习操作，并看完教学视频，完成并掌握本业务活动教学内容操作。

（2）完成项目二实训四的操作，见附录 A。

业务活动 2-5　备份长江公司基础设置数据

【操作任务】

将长江公司基础设置数据进行备份，保存在"D:\长江公司\基础设置"文件夹内。

【操作指导】

略。

项目三
总账管理系统

学习任务

1. 掌握总账管理系统的初始设置。
2. 掌握完成总账管理系统的期末处理。

能力目标

1. 能够结合企业的实际情况，进行"选项"参数设置及期初余额录入等操作。
2. 能够掌握总账管理系统的日常业务处理。
3. 能够熟练完成总账管理系统的期末处理，进行自动转账、结账。

任务一　总账管理系统的初始设置

首先引入恢复"D:\长江公司\基础设置"文件夹内的数据。

在开始使用总账管理系统前，应先进行总账管理系统初始设置，包括"选项"参数设置、期初余额录入、期初余额对账及试算平衡，备份初始设置数据。

上述内容由财务主管曾月进行操作。

业务活动 3-1　"选项"参数设置及期初余额录入

一、"选项"参数设置

【资料准备】

"选项"参数资料如表 3-1 所示。

表 3-1　"选项"参数资料

编号	选项卡		参数设置
1	凭证	制单控制	制单不序时控制，资金及往来赤字控制，不允许修改、作废他人填制的凭证，允许查看他人填制的凭证，可以使用其他系统受控科目；其他参数保留系统默认

续表

编号	选项卡		参数设置
1	凭证	凭证控制	不打印凭证页脚姓名、出纳凭证必须经出纳签字；其他参数保留系统默认
		凭证编号方式	采用系统编号；其他参数保留系统默认
		外币核算	固定汇率；其他参数保留系统默认
		凭证其他参数	不进行预算控制、凭证显示按科目相同方式合并；其他参数保留系统默认
2	账簿		明细账按年排页，其他参数保留系统默认
3	会计日历		总账启用日期为2021年10月1日
4	其他		单价小数位为2，数量小数位为2，部门、个人、项目按照编码排序；其他参数保留系统默认

【操作指导】

（1）执行"总账"→"设置"→"选项"命令，打开"选项"对话框。

（2）单击"凭证"选项卡，设置"制单控制"参数。

（3）找到资料中给出的选项，选中带有肯定语气的相关选项，不用选中带有否定语气的相关参数，资料中未给出的参数默认系统值。

（4）用同样方法设置"凭证"选项卡中的其他参数，如图3-1所示。

（5）然后，用类似的方法完成其他几个选项卡中的参数设置，所有设置完成后，单击"确定"按钮。

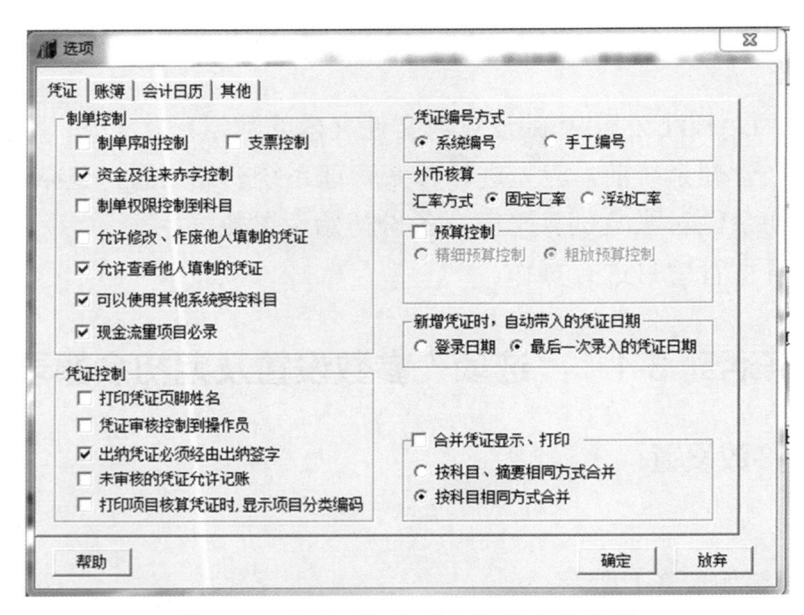

图3-1 "凭证"选项卡相关参数设置

二、期初余额录入

本节内容主要包括录入期初余额或调整余额、期初余额对账及试算平衡，以保证账务平衡。

【资料准备】

长江有限责任公司 2021 年 10 月有关科目余额如表 3-2 所示。

表 3-2　2021 年 10 月有关科目余额

科目代码	科目名称	账页格式	辅助核算	余额方向	金额/元
1001	库存现金	金额式	日记账	借	5 000.00
1002	银行存款	金额式	日记账、银行账	借	
100201	工行存款	金额式	日记账、银行账	借	1 340 000.00
100203	中行存款	金额式（美元）	日记账、银行账	借	99 340.50（USD 15 000）
1122	应收账款	金额式	客户往来（应收系统）	借	190 000.00
1123	预付账款	金额式	供应商往来（应付系统）	借	100 000.00
122101	应收职工个人款	金额式	个人往来	借	600.00
1231	坏账准备	金额式		贷	500.00
1402	在途物资	金额式		借	10 000.00
1403	原材料	金额式		借	
140301	TZ 型合金粉	数量金额式（千克）		借	3 000 000.00　100 000 千克
140302	MT 复合金粉	数量金额式（千克）		借	4 000 000.00　100 000 千克
1405	库存商品	金额式		借	
140501	空压机壳	数量金额式（台）		借	15 000 000.00　1 000 台
140502	机床保护壳	数量金额式（台）		借	20 000 000.00　1 000 台
1601	固定资产	金额式		借	
160101	办公楼	金额式		借	1 200 000.00
160102	厂房	金额式		借	3 000 000.00
160103	数控机床	金额式		借	8 000 000.00
160104	汽车	金额式		借	300 000.00
160105	打印机	金额式		借	6 000.00
160106	电脑	金额式		借	20 000.00
1602	累计折旧	金额式		贷	3 714 105.00
170101	非专利技术	金额式		借	110 000.00
1702	累计摊销	金额式		贷	11 000.00
2001	短期借款	金额式		贷	90 000.00
220211	应付购货款	金额式	供应商往来（应付系统）	贷	150 000.00
220212	暂估应付款	金额式	供应商往来	贷	90 000.00
2203	预收账款	金额式	客户往来（应收系统）	贷	10 000.00
2221	应交税费	金额式		贷	

续表

科目代码	科目名称	账页格式	辅助核算	余额方向	金额/元
222102	未交增值税	金额式		贷	50 000.00
222105	应交所得税	金额式		贷	500 000.00
2501	长期借款	金额式		贷	795 000.00
4001	实收资本	金额式		贷	
400101	保定天华设备有限公司	金额式		贷	20 000 000.00
4002	资本公积	金额式		贷	
400201	资本溢价	金额式		贷	3 000 000.00
4101	盈余公积	金额式		贷	
410101	法定盈余公积	金额式		贷	540 000.00
410404	未分配利润	金额式		贷	29 230 335.50
5001	生产成本	金额式		借	
500101	直接材料	金额式	部门项目	借	1 100 000.00
500102	直接人工	金额式	部门项目	借	200 000.00
500103	制造费用	金额式	部门项目	借	500 000.00
5101	制造费用	金额式		借	

客户往来期初余额如表 3-3 所示。

表 3-3 客户往来期初余额

日期	客户	科目	摘要	方向	部门	金额/元
2021-9-15	汉江公司	应收账款 1122	销售款	借	销售部	90 000
2021-9-18	宝蓝公司	应收账款 1122	销售款	借	销售部	100 000
2021-9-18	长虹公司	预收账款 2203	预收款	贷	销售部	10 000

供应商往来期初余额如表 3-4 所示。

表 3-4 供应商往来期初余额

日期	供应商	科目	摘要	方向	部门	金额/元
2021-9-16	黄河公司	应付购货款 220211	购货款	贷	采购部	150 000
2021-9-19	香山公司	预付账款 1123	预付款	借	采购部	100 000
2021-9-15	黄河公司	暂估应付款 220212	暂估款	贷	采购部	30 000
2021-9-18	香山公司	暂估应付款 220212	暂估款	贷	采购部	60 000

个人往来期初余额如表 3-5 所示。

表 3-5 个人往来期初余额

日期	部门	个人	摘要	方向	金额
2021-9-15	采购部	杨帆	差旅费	借	600

一车间（部门）各项目各项费用期初余额如表 3-6 所示。

表 3-6　一车间（部门）各项目各项费用期初余额

一车间期初在产品生产成本			
项　　目	直接材料/元	直接人工/元	制造费用/元
机床保护壳	500 000	100 000	200 000
空压机壳	600 000	100 000	300 000

【操作指导】

由财务主管曾月进行操作。

执行"总账"→"设置"→"期初余额"命令，进入"期初余额录入"窗口。

（1）末级科目的余额录入：没有明细科目，系统显示白色单元格区域，单击科目对应的"期初余额"，直接录入数据即可。

（2）非末级科目的余额录入：有明细科目，系统显示黄色单元格区域，在其下末级科目"期初余额"录入，系统会自动向上汇总，直到一级科目。

（3）辅助科目的余额录入：有辅助核算的科目，系统显示蓝色单元格区域，双击科目对应的"期初余额"，进入"辅助科目期初余额录入"界面，根据期初余额资料录入相关信息。

提示：

- 年初建账，只需录入期初余额，即为年初余额；若建账月份为 4 月，则可以录入 4 月初的期初余额及 1~3 月的借、贷方累计发生额，由系统自动计算年初余额。
- 如果以数量、外币核算，应输入期初数量、外币余额，但是需要先录入本币金额，再录入外币余额。
- 出现红字用符号录入。
- 辅助核算科目的期初余额在辅助项中录入，但借贷方累计发生额直接录入。
- 录入辅助核算科目的期初余额时，当某项内容录错想改正，而系统提示必须录入内容时，此时可按 Esc 键取消录入。

三、期初余额对账及试算平衡

【操作指导】

由财务主管曾月进行操作。

（1）执行"总账"→"设置"→"期初余额"命令，进入"期初余额录入"窗口。

（2）录入所有科目余额后，先单击"对账"按钮，进行对账，然后再单击"试算"按钮，打开"期初试算平衡表"对话框。

（3）单击"确认"按钮。若期初余额试算不平衡，则修改期初余额直到平衡为止。

提示：

- 如果期初余额试算不平衡，则不能记账，但可以填制凭证。
- 已经记过账，则不能再录入、修改期初余额，也不能执行"结转上年余额"功能。

【业务实训】
（1）认真跟着老师学习操作，并看完教学视频，完成并掌握本业务活动教学内容操作。
（2）完成项目三实训一的操作，见附录 A。

业务活动 3-2　备份初始设置数据

【操作任务】
将长江公司总账初始设置数据进行备份，保存在"D:\长江公司\总账初始设置"文件夹内。

【操作指导】
略。

任务二　总账管理系统的日常业务处理

在总账管理系统中，日常业务处理主要包括凭证管理、账簿管理和出纳管理。其中，凭证管理包括填制凭证、查询凭证、修改凭证、删除凭证、出纳签字、审核凭证、记账查询、冲销凭证、打印凭证等。账簿管理包括账簿查询和输出。出纳管理包括票据管理、日记账查询与输出、银行对账等。

业务活动 3-3　填制凭证

【资料准备】
首先引入恢复"D:\长江公司\总账初始设置"文件夹内的数据。
长江有限责任公司 2021 年 10 月发生的经济业务如下。
（1）2 日，销售部王涛购买了 500 元的办公用品，以现金支付。（附单据 1 张）
（2）4 日，财务部张长顺从工行提取现金 8 000 元，作为备用金。（现金支票号 XP001，附单据 1 张）
（3）6 日，收到秦川机械公司投资资金 20 000 美元，汇率为 1∶6.6227。（转账支票号 ZPW001，附单据 1 张）
（4）10 日，采购部赵小静向黄河公司采购 TZ 型合金粉 1 000 千克，每千克 30 元，增值税税率为 13%，材料直接入库，货款以工行存款支付。（转账支票号 ZPR001，附单据 3 张）
（5）15 日，销售部李海波向宝蓝公司销售空压机壳 10 台，单价 20 000 元，增值税税率为 13%。货款未收，发票号 89065214。（附单据 2 张）
（6）19 日，采购部杨帆报销差旅费 600 元。（附单据 3 张）
（7）22 日，制造车间生产空压机壳，领用 TZ 型合金粉 500 千克，单价 30 元，发生人工费 12 000 元。（附单据 2 张）

【操作指导】

由会计李鸿飞进入操作。

1. 现金流量业务录入

（1）执行"总账"→"凭证"→"填制凭证"命令，进入"填制凭证"窗口。

（2）单击"增加"按钮，增加一张空白凭证。

（3）选择凭证类型"付款凭证"，录入制单日期"2021.10.02"，附单据数"1"。

（4）录入摘要"购买办公用品"，录入科目名称"其他费用"，借方金额"500"，敲击回车键，摘要自动带到下一行，录入科目名称"库存现金"，贷方金额"500"，如图3-2所示。

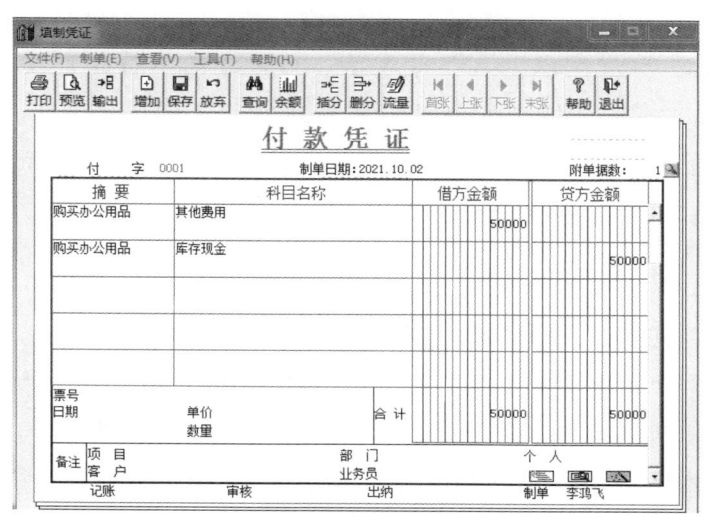

图3-2 录入凭证

（5）单击"流量"按钮，单击"增加"按钮，选择"项目编码"选项，双击"01 经营活动"，单击"0102 现金流出"按钮，双击右侧"04 购买商品、接受劳务支付的现金"，单击"保存"按钮，结果如图3-3所示。

（6）回到凭证界面，单击"保存"按钮。

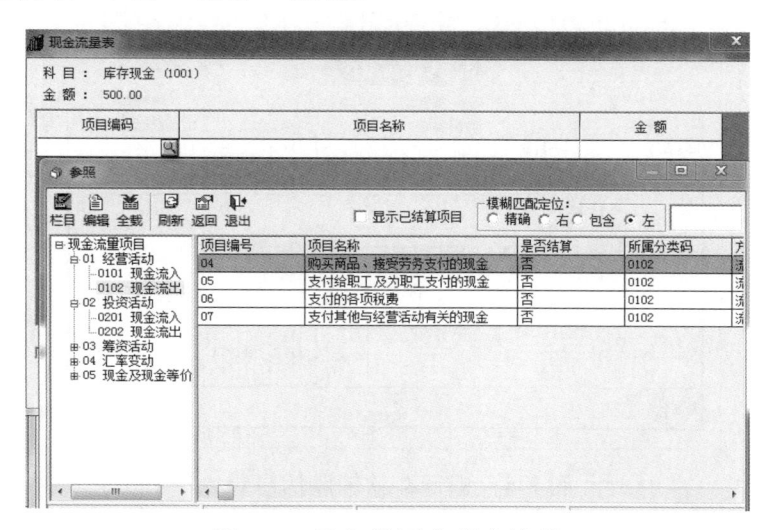

图3-3 录入凭证中现金流量

> **提示：**
> - 采用制单序时控制时，凭证日期应晚于或与启用日期为同一天，不能早于业务发生日期。
> - 凭证一旦保存，其凭证类别、凭证编号不能修改。
> - 不同行的摘要可以相同也可以不同，但不能为空。每行摘要将随相应的会计科目在明细账、日记账中出现。涉及销项税额的摘要最好说明是否开专用发票，未开票的、特殊税率的应加以说明，涉及进项税额的摘要说明是认证的还是根据税法规定自行计算的，这样做方便将来报税时进行数据采集。
> - 科目编码必须是末级的科目编码。既可以手工直接录入，也可利用右边的"放大镜"按钮选择录入。
> - 金额不能为"零"；红字以"—"号表示。如果方向不符，可按空格键调整金额方向。
> - 可按"="键取当前凭证借贷方金额的差额到当前光标位置。
> - 将"选项"设置中"凭证"栏目里的"现金流量项目必录"前的选项框中的"√"去掉，录入凭证时就可以不录入现金流量项目了。

2. 银行存款科目辅助核算录入

（1）单击"增加"按钮，增加一张空白凭证。

（2）选择凭证类型"付款凭证"，录入制单日期"2021.10.04"，附单据数"1"。

（3）录入摘要"提现备用"，录入科目名称"库存现金"，借方金额"8 000"，系统提示录入现金流量项目，本题借、贷方科目都是现金流量科目，总现金流量并没有发生变化，按制度要求，此时可不录入现金流量项目。敲击回车键，摘要自动带到下一行。

（4）录入贷方科目名称"银行存款/工行存款"，弹出"辅助项"对话框，录入结算方式"201"，票号"XP001"，发生日期"2021.10.04"，单击"确认"按钮，如图3-4所示。回到凭证界面，录入贷方金额"8 000"，单击"保存"按钮。

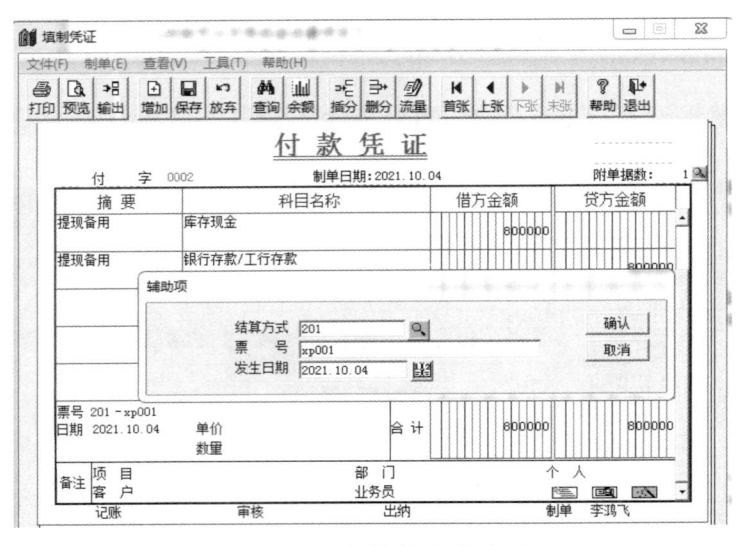

图3-4　银行存款辅助信息录入

（注：图中字符均为小写，正文中采用大写，两者含义相同——编辑注）

提示：

● 辅助信息：科目中带有部门、个人、项目、客户、供应商、数量等辅助信息。在录入凭证时相关辅助信息要根据要求录入。如果在录入凭证时忘记录入辅助信息，事后可双击该科目，进行录入。

3. 外币资金业务核算录入

（1）单击"增加"按钮，增加一张空白凭证。

（2）选择凭证类型"收款凭证"，录入制单日期"2021.10.06"，附单据数"1"。

（3）录入摘要"接受投资"，科目名称"银行存款/中行存款"，弹出"辅助项"对话框，录入结算方式"202"，票号"ZPW001"，发生日期"2021.10.06"，单击"确认"按钮。

（4）回到凭证界面，录入外币金额"20 000"，根据自动显示的外币汇率"6.622 70"，自动算出并显示本币金额"132 454"。单击"流量"按钮，单击"增加"按钮，选择"项目编码"选项，双击"03 筹资活动"，单击"现金流入"按钮，双击右侧"17 吸收投资收到现金"，单击"保存"按钮。回到凭证界面，敲击回车键，摘要自动带到下一行。

（5）录入科目名称，增加"秦川机械公司"明细科目。选择"科目参照"右侧的"编辑"功能，选中"实收资本"科目，单击"增加"按钮，录入科目"400102"，名称"秦川机械公司"，单击"确定"按钮，回到凭证界面，在贷方金额"元"处按"＝"键，自动平衡。

（6）单击"保存"按钮，如图 3-5 所示。

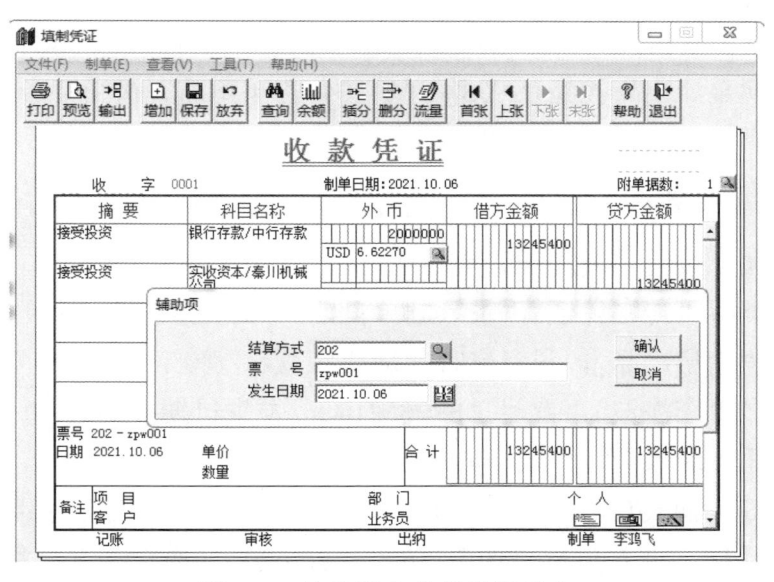

图 3-5　外币资金业务凭证录入

4. 数量金额辅助核算录入

（1）单击"增加"按钮，增加一张空白凭证。

（2）选择凭证类型"付款凭证"，录入制单日期"2021.10.10"，附单据数"3"。

（3）录入摘要"采购材料"，科目名称"原材料/TZ 型合金粉"，弹出"辅助项"对话框，录入数量"1 000"，单价"30"，单击"确认"按钮，回到凭证界面。

（4）敲击回车键，摘要自动带到下一行，输入科目名称"应交税费/应交增值税/进项税额"，录入借方金额"3 900"，敲击回车键，如图3-6所示。

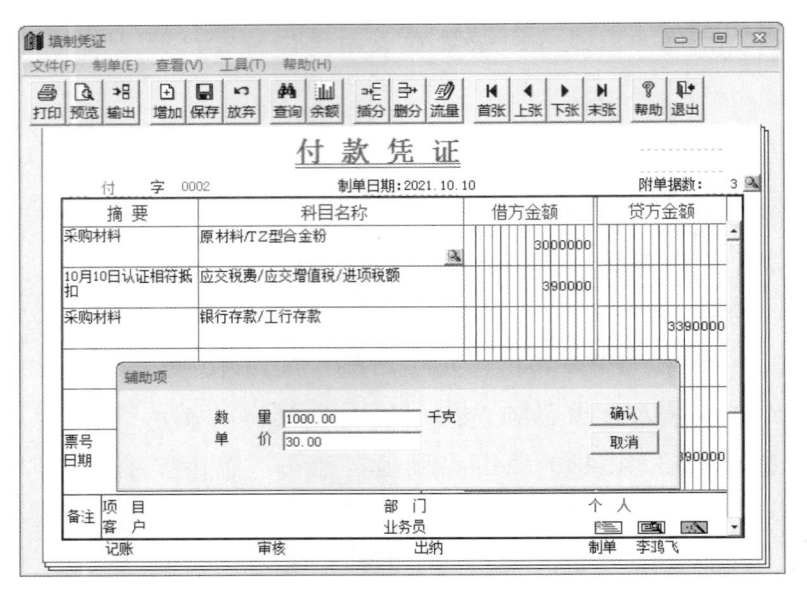

图3-6　数量金额辅助核算录入

（5）摘要自动带到下一行，录入科目"银行存款/工行存款"，弹出"辅助项"对话框，录入结算方式"202"，票号"ZPR001"，发生日期"2021.10.10"。单击"确认"按钮，回到凭证界面，在贷方金额"元"处按"="键，自动平衡。

（6）单击"流量"按钮，单击"增加"按钮，选择"项目编码"选择，双击"01 经营活动"，单击"0102 现金流出"按钮，双击右侧"04 购买商品、接受劳务支付的现金"，单击"保存"按钮。回到凭证界面，单击"保存"按钮。

5. 客户往来辅助核算录入

（1）单击"增加"按钮，增加一张空白凭证。

（2）选择凭证类型"转账凭证"，录入制单日期"2021.10.15"，附单据数"2"。

（3）录入摘要"销售产品"，科目名称"应收账款"，弹出"辅助项"对话框，录入客户"宝蓝公司"，业务员"李海波"，票号"89065214"，发生日期"2021.10.15"，单击"确认"按钮，回到凭证界面，录入金额"226 000"，如图3-7所示。

（4）敲击回车键，摘要自动带入下一行，录入科目名称"主营业务收入/空压机壳"，弹出"数量核算"对话框，录入数量"10"，单价"20 000"，按空格键，将数据移到贷方，敲击"回车"键，进入下一行，录入科目名称"应交税费/应交增值税/销项税额"，在贷方金额"元"处按"="键，自动平衡，单击"保存"按钮。

> **提示：**
> ● 供应商往来辅助核算的录入可参考客户往来辅助核算录入。

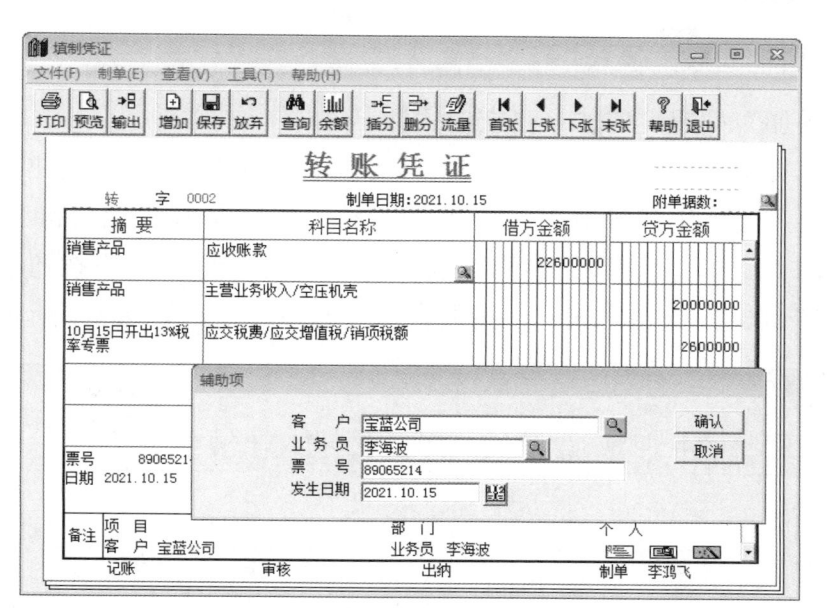

图 3-7　客户往来辅助核算录入

6. 部门、个人核算辅助核算录入

（1）单击"增加"按钮，增加一张空白凭证。

（2）选择凭证类型"转账凭证"，录入制单日期"2021.10.19"，附单据数"3"。

（3）录入摘要"报销差旅费"，录入科目名称"管理费用/差旅费"，弹出"辅助项"对话框，录入部门"采购部"，单击"确认"按钮，回到凭证界面，录入借方金额"600"，敲击回车键，摘要自动带到下一行。

（4）录入科目名称"其他应收款/应收职工个人款"，弹出"辅助项"对话框，录入部门"采购部"，个人"杨帆"，发生日期"2021.10.19"，单击"确认"按钮，回到凭证界面，在贷方金额"元"处按"="键，自动平衡，如图 3-8 所示。

（5）单击"保存"按钮。

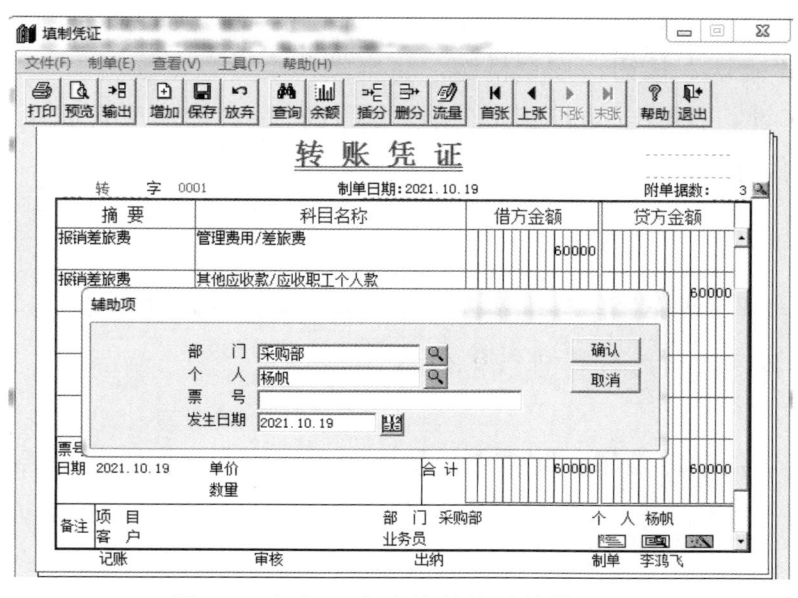

图 3-8　部门、个人核算辅助核算录入

7. 部门、项目辅助核算录入

（1）单击"增加"按钮，增加一张空白凭证。

（2）选择凭证类型"转账凭证"，录入制单日期"2021.10.22"，附单据数"2"。

（3）输入摘要"发生生产费用"，录入科目名称"生产成本/直接材料"，弹出"辅助项"对话框，录入部门"一车间"，项目名称"空压机壳"，单击"确认"按钮，回到凭证界面，录入借方金额"15 000"，敲击回车键，摘要自动带到下一行，如图3-9所示。

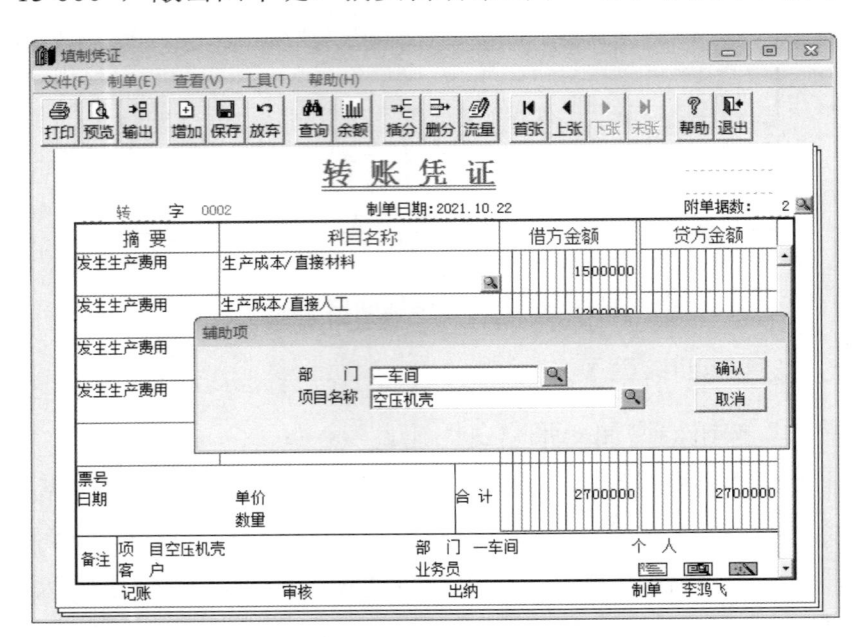

图3-9 部门、项目辅助核算录入

（4）录入科目名称"生产成本/直接人工"，弹出"辅助项"对话框，录入部门"一车间"，项目名称"空压机壳"，单击"确认"按钮，回到凭证界面，录入借方金额"12 000"，敲击回车键，摘要自动带到下一行。

（5）录入科目名称"原材料/TZ型合金粉"，弹出"辅助项"对话框，录入数量"500"，单价"30"，单击"确认"按钮，按空格键，将金额移至贷方金额。

（6）敲击回车键，摘要自动带到下一行，录入科目名称"应付职工薪酬/工资"，金额"12 000"，单击"保存"按钮。

提示：

● 系统根据"数量×单价"自动计算出金额，并将金额先放在借方，如果方向不符，按空格键即可调整金额方向，将光标移动到贷方。

【业务实训】

（1）认真跟着老师学习操作，并看完教学视频，完成并掌握本业务活动教学内容操作。

（2）完成项目三实训二实训要求第1项1~14题的填制凭证相关实训操作，见附录A。

业务活动 3-4　查询凭证

查询凭证是用于查询已记账及未记账凭证的功能。

【操作指导】

由会计李鸿飞进行操作。

（1）执行"总账"→"凭证"→"查询凭证"命令，打开"凭证查询"对话框。

（2）录入查询条件，单击"辅助条件"按钮，可录入更多查询条件。

（3）单击"确认"按钮，进入"查询凭证"窗口。

（4）双击某一凭证行，则屏幕可显示出此张凭证。

【业务实训】

认真跟着老师学习操作，并看完教学视频，完成并掌握本业务活动教学内容操作。

业务活动 3-5　修改凭证

此处的修改凭证是指修改未经审核签字、未经出纳签字、未记账的凭证。如果发现凭证有误，找到错误的地方，直接修改凭证。

【资料准备】

（1）将 10 月 10 日业务四凭证中"应交税费——应交增值税（进项税额）"科目相应的摘要改为"10 月 10 日业务认证相符抵扣"。

（2）将 10 月 15 日业务五凭证中"应交税费——应交增值税（销项税额）"科目相应的摘要改为"10 月 15 日销售开出税率 13%专票"。

（3）将 10 月 19 日业务六的业务改为"19 日，采购部杨帆报销差旅费 600 元。其中，住宿费 200 元，增值税专票注明进项税额 12 元，其余为飞机票费用"。（附单据 3 张）

【操作指导】

由会计李鸿飞进行操作。

（1）执行"总账"→"凭证"→"填制凭证"命令，进入"填制凭证"窗口。

（2）找到错误的凭证，将光标放在要修改的地方，直接修改。业务四、业务五的修改就是这样的。业务六的修改比较麻烦，要先重新计算管理费用的金额，应该为 555.96 元[200+（600-212）/1.09]，进项税额中 12 元的相应摘要应为"10 月 19 日业务住宿费认证相符抵扣"，飞机票对应的进项税金为 32.04 元[（600-212）/1.09×0.09]，相应的摘要应为"10 月 19 日业务飞机票自行计算抵扣"，如图 3-10 所示。

（3）如果要修改凭证辅助项信息，先选中辅助核算科目行，然后将光标置于备注栏辅助项，待鼠标变形时双击，弹出"辅助项"对话框，在对话框中修改相关信息，单击"保存"按钮，保存相关信息。

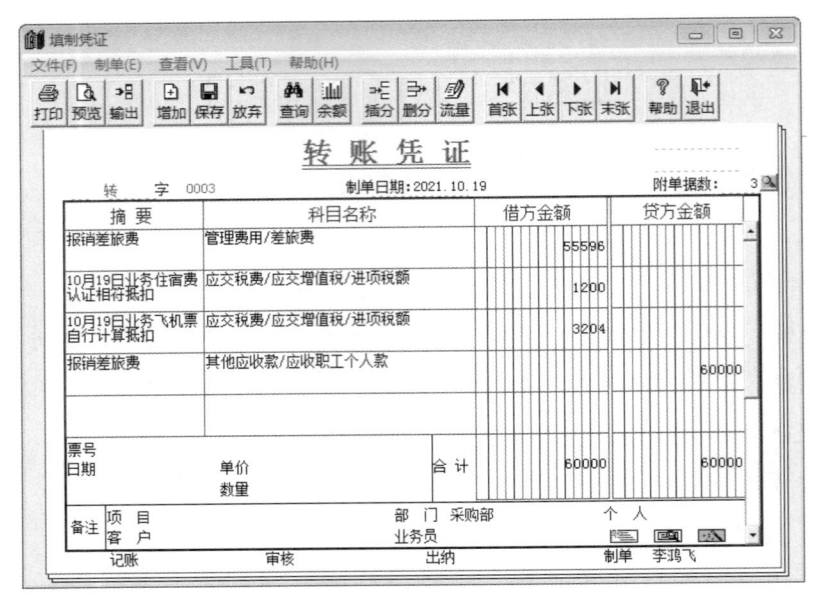

图 3-10　10月19日业务六凭证修改

提示：

● 未经审核的错误凭证可通过"填制凭证"功能直接修改；已审核的凭证应先取消审核后，再进行修改。若采用制单序时控制，则在修改制单日期时，不能改为上一张凭证制单日期之前的日期。

● 若选择"不允许修改或作废他人填制的凭证"权限控制，则不能修改或作废他人填制的凭证。

● 如果涉及银行科目的分录已录入支票信息，并对该支票做过报销处理，修改操作将不影响"支票登记簿"中的内容。

● 外部系统传过来的凭证不能在总账管理系统中进行修改，只能在生成该凭证的系统中进行修改。

【业务实训】

认真跟着老师学习操作，并看完教学视频，完成并掌握本业务活动教学内容操作。注意进项税额和销项税额相应的摘要填写。

业务活动 3-6　删除凭证

删除凭证包括作废凭证和整理凭证。

【资料准备】

10月22日，财务主管审核时发现业务一的原始凭证有问题，责令会计将该记账凭证删除。

【操作指导】

由会计李鸿飞进入操作。

1. 作废凭证

（1）在"填制凭证"窗口，先查询到要删除的业务一的凭证。

（2）执行"制单"→"作废/恢复"命令。凭证的左上角显示"作废"，表示该凭证已作废，如图 3-11 所示。

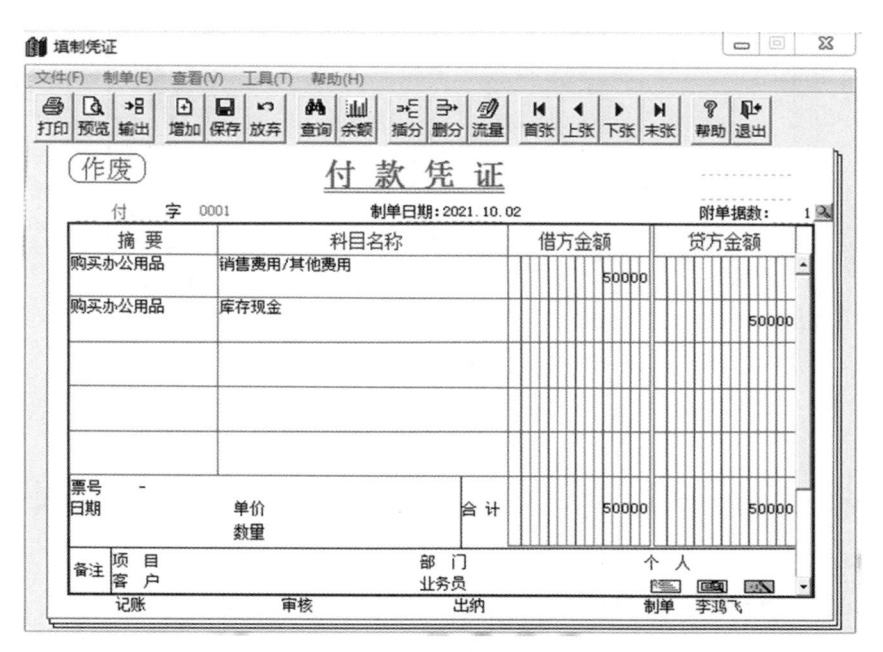

图 3-11　作废的凭证

提示：

- 作废凭证仍保留凭证内容及编号，只显示"作废"字样。
- 作废凭证不能修改，不能审核。
- 在记账时，已作废的凭证应参与记账，否则月末无法结账，但不对作废凭证进行数据处理，其相当于一张空白凭证。
- 查询账簿时，应查不到作废凭证的数据。
- 若当前凭证已作废，可执行"编辑"→"作废/恢复"命令，取消"作废"标志，并将当前凭证恢复为有效凭证。

2. 整理凭证

（1）在"填制凭证"窗口中，执行"制单"→"凭证删除/整理"命令，打开"选择凭证期间"对话框。

（2）选择要整理的月份，单击"确定"按钮，打开"作废凭证表"对话框，从中选择真正要删除的作废凭证，单击"确定"按钮，系统将从数据库中删除这些凭证并对其余的凭证重新进行编号，如图 3-12 所示。

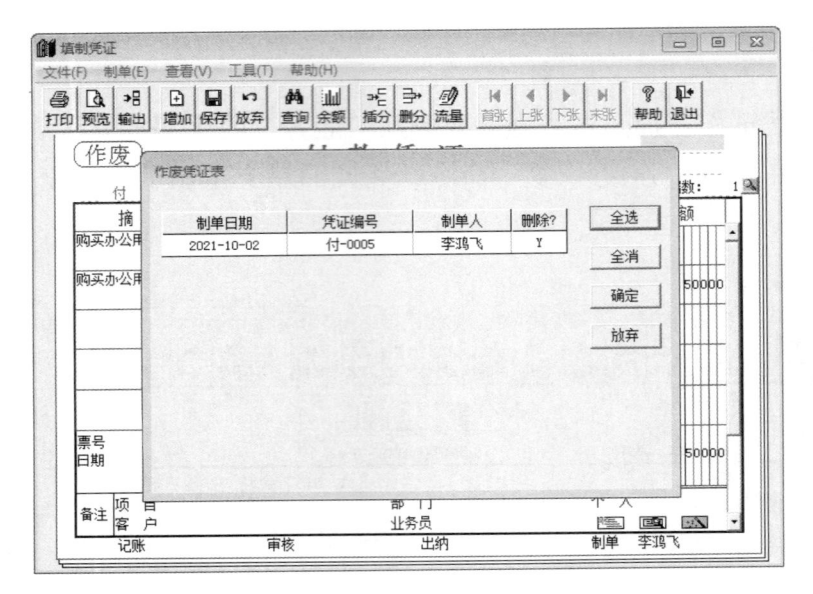

图 3-12　整理凭证

提示：

● 如果作废凭证不想保留时，则可以通过"凭证删除/整理"功能，将其彻底删除，并对未记账凭证重新进行编号。

● 只能对未记账凭证做凭证整理。

● 已记账凭证做凭证整理，应先恢复本月月初的记账前状态，再做凭证整理。

【业务实训】

认真跟着老师学习操作，并看完教学视频，完成并掌握本业务活动教学内容操作。

业务活动 3-7　出纳签字

为加强出纳对凭证的管理，出纳人员可通过出纳签字功能对制单员填制的带有"库存现金""银行存款"科目的凭证进行检查核对。审查后认为正确的凭证则执行签字；审查后认为错误或有异议的凭证，应交予填制人员修改后再签字。

【资料准备】

长江有限责任公司 2021 年 10 月份发生的经济业务。

【操作指导】

由出纳张长顺进行操作。

（1）执行"总账"→"凭证"→"出纳签字"命令，打开"出纳签字查询条件"对话框。

（2）单击"确认"按钮，进入"出纳签字"的凭证列表窗口。

（3）双击某一要签字的凭证或者单击"确定"按钮，进入"出纳签字"的签字窗口。单击"出纳"按钮，选择"成批出纳签字"选项，所有符合条件的凭证底部的"出纳"处会自动签上出纳人姓名。

（4）单击"退出"按钮。

提示:
- 凭证填制人和出纳签字人可以为不同的人，也可以为同一个人。
- 涉及指定为"库存现金"科目和"银行存款"科目的凭证才需出纳签字。
- 凭证一经签字，就不能被修改、删除，只有取消签字后才可以被修改或删除，取消签字只能由出纳自己进行。可以执行"成批出纳签字"功能对所有凭证进行签字，也可以单张按顺序签字。
- 出纳签字并非必要步骤。若在设置总账参数时，不选择"出纳凭证必须经由出纳签字"，则可以不执行"出纳签字"功能。

【业务实训】

（1）认真跟着老师学习操作，并看完教学视频，完成并掌握本业务活动教学内容操作。

（2）完成项目三实训二实训要求第 2 项出纳签字的相关实训操作，见附录 A。

业务活动 3-8　审核凭证

审核凭证是按照财会制度，对制单员填制的记账凭证进行审查核对，主要是审核记账凭证是否与原始凭证相符、会计分录是否正确等。审查后认为错误或有异议的凭证，应交予填制人员修改后，再进行审核。

【资料准备】

长江有限责任公司 2021 年 10 月份发生的经济业务。

【操作指导】

由财务主管曾月进入系统进行审核。

（1）执行"总账"→"凭证"→"审核凭证"命令，打开"凭证审核查询条件"对话框。

（2）单击"确认"按钮，进入"凭证审核"的"凭证列表"窗口。

（3）检查要审核的凭证，确认无误后，双击某一要审核的凭证或单击"确定"按钮，进入"凭证审核"的"审核凭证"窗口。

（4）单击"审核"按钮，选择"成批审核签字"按钮，所有凭证底部的"审核"处会自动签上审核人姓名。

（5）最后单击"退出"按钮。

提示:
- 所有填制的凭证必须经过审核。
- 审核人必须具有审核权。
- 作废凭证不能被审核，也不能被标错。
- 审核人和制单人不能是同一个人。
- 凭证一经审核，不能被修改、删除，只有取消审核签字后才可被修改或删除，已标记作废的凭证不能被审核，应先取消作废标记后才能审核。

【业务实训】

（1）认真跟着老师学习操作，并看完教学视频，完成并掌握本业务活动教学内容操作。

（2）完成项目三实训二实训要求第 3 项审核签字的相关实训操作，见附录 A。

业务活动 3-9　记账及账簿查询

记账凭证经审核签字后，不仅可用来登记日记账、明细账、总账、部门账、往来账，以及备查账、项目账等，还可以进行相关账簿的查询，为其他核算提供数据基础。

一、记账

【资料准备】

长江有限责任公司 2021 年 10 月份发生的经济业务。

【操作指导】

由财务主管曾月进行操作。

1. 记账操作

（1）执行"总账"→"凭证"→"记账"命令，进入"记账"对话框。

（2）单击"全选"按钮，选择所有要记账的凭证，单击"下一步"按钮。

（3）显示记账报告，如果需要打印记账报告，可单击"打印"按钮。如果不打印记账报告，单击"下一步"按钮。

（4）单击"记账"按钮，打开"试算平衡表"对话框。单击"确认"按钮，系统开始登记有关的总账和明细账、辅助账，登记完后，弹出"记账完毕"信息提示框，单击"确定"按钮，记账完毕。

提示：

- 第一次记账时，若期初余额试算不平衡，不能记账。
- 上月未记账时，本月不能记账。
- 未审核凭证不能记账，记账范围应小于等于已审核范围。作废凭证无须审核可直接记账。
- 记账过程中一旦断电或记账因其他原因中断后，系统将自动恢复记账前状态，以恢复数据，然后再重新记账。

2. 取消记账操作

（1）执行"总账"→"期末"→"对账"命令，进入"对账"对话框。

（2）选择需要取消记账的月份，按"Ctrl+H"键，弹出"恢复记账前状态功能已被激活"信息提示框，如图 3-13 所示。

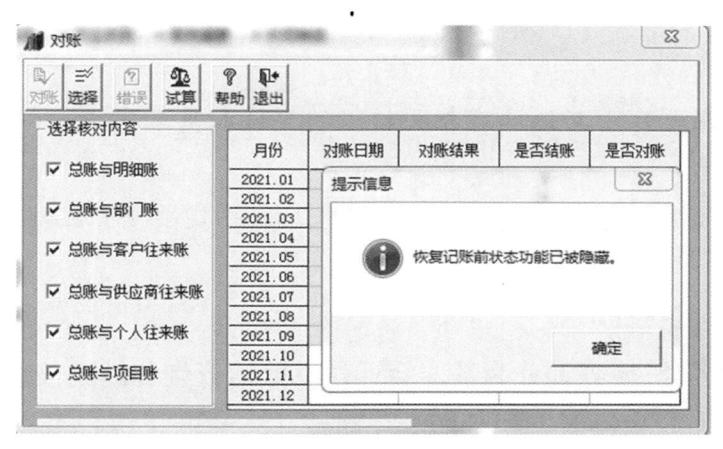

图 3-13 "恢复记账前状态"激活图

(3) 单击"确定"按钮，之后单击"退出"按钮。

(4) 执行"总账系统"→"凭证"→"恢复记账前状态"命令，打开"恢复记账前状态"对话框，如图 3-14 所示。

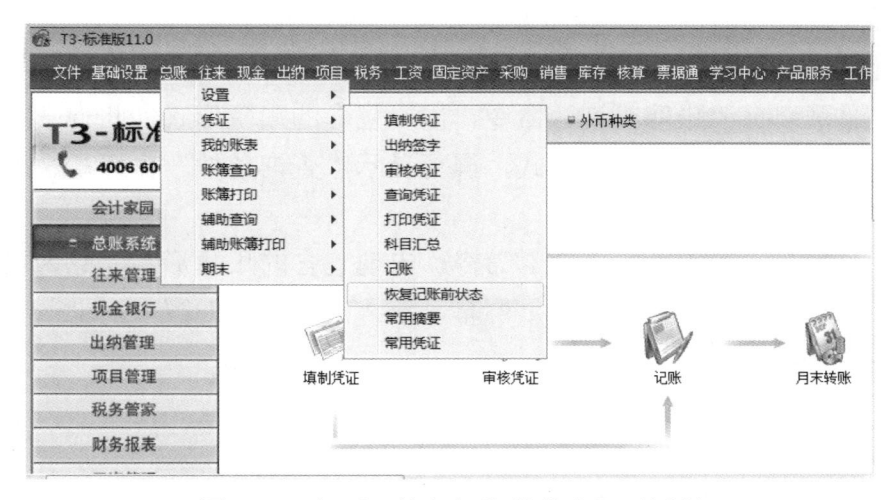

图 3-14 打开"恢复记账前状态"对话框

(5) 单击"2021 年 10 月初状态"单选按钮，如图 3-15 所示。

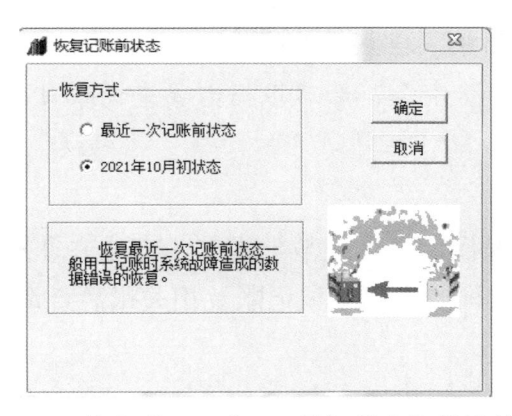

图 3-15 单击"2021 年 10 月初状态"单选按钮

(6) 单击"确定"按钮，弹出"恢复记账完毕"信息提示框，单击"确定"按钮。

> **提示：**
> - 一般来说，记账也可由其他具有相关权限的会计人员来完成，但是恢复记账前状态一般要由财务主管来完成。
> - 已结账月份的数据不能取消记账。取消记账后，一定要重新记账。

二、账簿查询

在用友 T3 软件中，账簿查询分为基本会计核算账簿查询和辅助核算账簿查询。基本会计核算账簿查询包括总账、余额表、明细账、序时账、多栏账、综合多栏账、日记账和日报表查询。辅助核算账簿查询包括个人往来辅助账和部门辅助账查询。此外，主管还可以进行项目账查询。

【资料准备】

长江有限责任公司 2021 年 10 月份发生的经济业务。

【操作指导】

由财务主管曾月进行操作。

（1）执行"总账"→"账簿查询"命令，出现包含的账簿形式，此为基本会计核算账簿查询。选择其中某一需要查询的账簿形式，屏幕显示"查询条件"窗口，录入查询条件后单击"确定"按钮，显示查询结果。

（2）执行"总账"→"辅助账查询"命令，出现包含的账簿形式，此为辅助核算账簿查询。选择其中某一需要查询的账簿形式，屏幕显示"查询条件"窗口，录入查询条件后单击"确定"按钮，显示查询结果。

> **提示：**
> - 账簿查询最主要的作用是为各种核算提供数据支持。
> - 辅助核算账簿查询还包括客商往来辅助账查询、项目辅助账查询。
> - 执行"往来"→"账簿"命令，然后根据需要查询客户余额表、客户往来明细账、供应商余额表、供应商往来明细账、往来管理等。
> - 执行"项目"→"账簿"命令，然后根据需要查询项目总账、项目明细表，进行统计及打印等。

【业务实训】

（1）认真跟着老师学习操作，并看完教学视频，完成并掌握本业务活动教学内容操作。

（2）完成项目三实训二实训要求第 4 项记账及相关账簿查询的相关实训操作，见附录 A。

业务活动 3-10　冲销凭证

记账凭证存在错误时，可以采用前文讲的方法进行修改，先取消记账，取消出纳签字、审核签字，然后找到要修改的凭证进行修改，即无痕迹修改；还有一种方法为有痕迹修改，即为了保持账面记录的原有面貌，采用红字冲销法进行更正。

【资料准备】

长江有限责任公司 10 月 31 日对 2021 年 10 月份发生的业务进行审查，发现 10 月 4 日的经济业务应该是提取现金 800 元，误写成 8 000 元，采用红字冲销法进行更正。

【操作指导】

由会计李鸿飞进行相关操作。

（1）在"填制凭证"窗口，执行"制单"→"冲销凭证"命令，打开"冲销凭证"对话框，录入月份、凭证类别、凭证号等信息，单击"确定"按钮，系统自动生成一张红字冲销凭证，如图 3-16 所示。

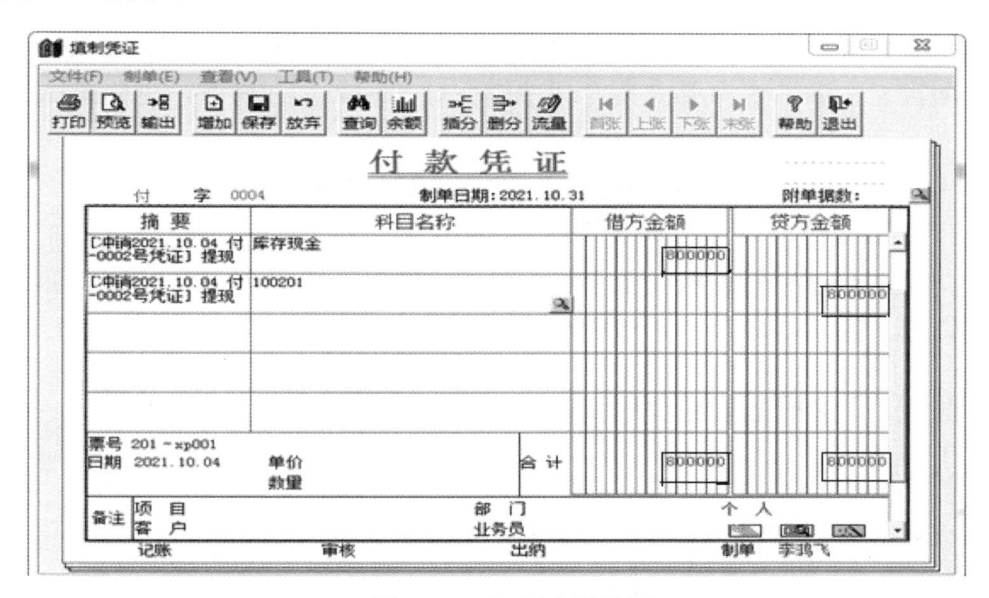

图 3-16　红字冲销凭证

（2）录入正确凭证，辅助核算也要录入，保存后退出，如图 3-17 所示，之后进行出纳签字、审核签字、记账。

提示：

- 通过红字冲销法增加的凭证，应视同正常凭证进行保存和管理。
- 只有已记账的凭证才需要填制红字冲销凭证。
- 红字冲销凭证起的作用是将原来的错误凭证冲销掉，仍需要填制正确的蓝字凭证，并对红字冲销凭证和新填写的正确的蓝字凭证进行必要的出纳签字、审核签字、记账。

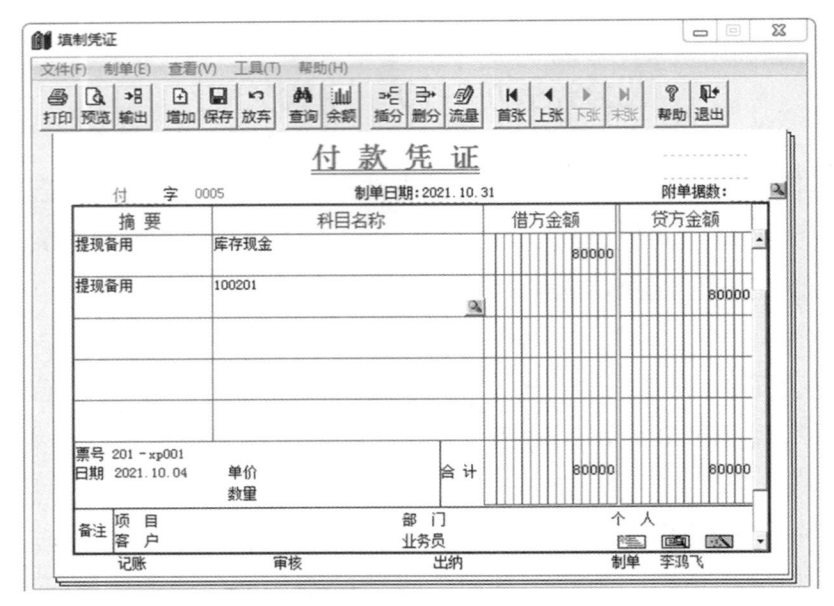

图 3-17　正确凭证

【业务实训】

（1）认真跟着老师学习操作，并看完教学视频，完成并掌握本业务活动教学内容操作。

（2）完成项目三实训二实训要求第 5 项冲销凭证的相关实训操作，见附录 A。

业务活动 3-11　现金银行

现金银行功能主要包括日记账及资金报表查询、银行对账设置（银行对账期初录入）、现金管理、票据管理、账簿打印等。本节主要介绍日记账及资金日报表查询和银行对账。

一、日记账及资金日报表查询

【资料准备】

长江有限责任公司 2021 年 10 月份发生的经济业务。

【操作指导】

由出纳张长顺进行相关操作。

1. 现金日记账

（1）执行"现金"→"现金管理"→"日记账"→"现金日记账"命令，打开"现金日记账查询条件"对话框，选择科目"1001 库存现金"，默认月份"2021.10"。

（2）单击"确认"按钮，进入"现金日记账"窗口。双击某行或将光标定在某行再单击"凭证"按钮，可查看相应的凭证。单击"总账"按钮，可查看此科目的三栏式总账。之后单击"退出"按钮。

2. 银行存款日记账

银行存款日记账的查询与现金日记账的查询操作基本相同，所不同的只是银行存款日记账多了"结算号"栏，主要是对账时使用。

3. 资金日报表

（1）执行"现金"→"现金管理"→"日记账"→"资金日报"命令，打开"资金日报表查询条件"对话框，输入查询日期，选中"有余额无发生也显示"复选框。

（2）单击"确认"按钮，进入"资金日报表"窗口，查看资金日报表，之后单击"退出"按钮。

二、银行对账

【资料准备】

（1）长江有限责任公司 2021 年 10 月份发生的经济业务。

（2）银行对账资料。

① 银行对账期初数据。长江有限责任公司 10 月 1 日工行人民币户企业日记账调整前余额为 1 340 000 元，银行对账单调整前余额为 1 360 000 元，存在未达账项一笔，系银行已收企业未收款 20 000 元。

② 银行对账单如表 3-7 所示。

表 3-7　中国工行客户存款银行对账单

户名：长江有限责任公司　　　　　　　　2021 年 10 月 31 日

日　　期	摘　　要	对方户名	结算方式	票　号	借方金额	贷方金额	余　　额
2021.10.5	提取现金	长江公司	现金支票	XP001	800		1 359 200
2021.10.12	采购材料	黄河公司			33 900		1 325 300

【操作指导】

1. 录入银行对账期初数据

（1）执行"现金"→"设置"→"银行期初录入"命令，打开"银行科目选择"对话框。

（2）选择科目"100201 工行存款"，单击"确定"按钮，进入"银行对账期初"对话框。

（3）录入单位日记账的调整前余额"1 340 000"，银行对账单的调整前余额"1 360 000"，如图 3-18 所示。

（4）单击"对账单期初未达项"按钮，进入"企业方期初"对话框，单击"增加"按钮，输入日期"2021.09.30"，借方金额"20 000"，单击"保存"按钮，单击"退出"按钮，如图 3-18 所示。

提示：

● 第一次使用银行对账功能前，系统要求录入日记账及对账单未达账项，在开始使用银行对账功能之后不再使用。录入的银行对账单、单位日记账的期初未达账项的发生日期不能早于或等于银行科目的启用日期。

● 在输入完单位日记账、银行对账单期初未达账项后，不要随意调整启用日期。

● 实务中，若企业从银行取得 TXT、MDB、DBF 格式的电子对账单，通过执行"引入"功能，可将银行对账单方便地导入系统。

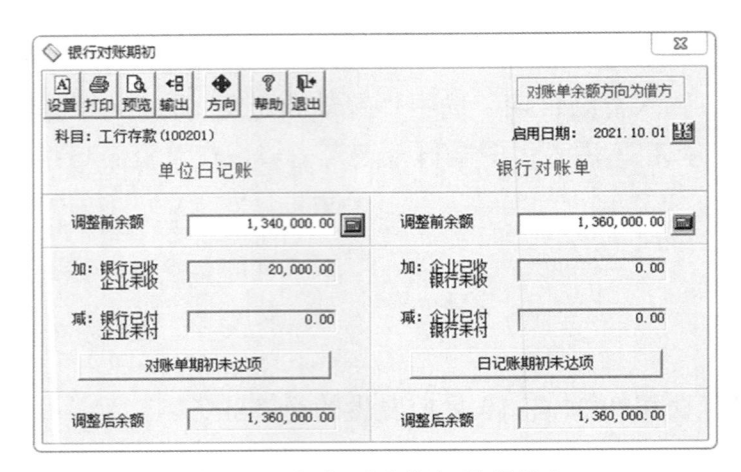

图 3-18　银行对账期初数据输入

2. 输入银行对账单

（1）执行"现金"→"现金管理"→"银行账"→"银行对账单"命令，打开"银行科目选择"对话框。选择科目"100201 工行存款"，单击"确定"按钮，进入"银行对账单"窗口。

（2）单击"增加"按钮，根据资料录入银行对账单数据，单击"保存"按钮，如图 3-19 所示。

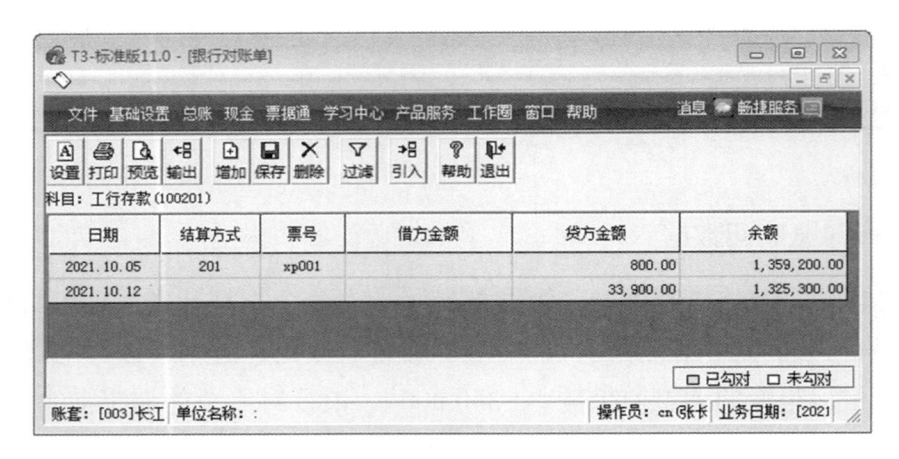

图 3-19　银行对账单录入

提示：

● 银行给的对账单中借方表示银行存款减少，贷方表示银行存款增加。在录入对账单数据时，按照企业会计核算要求来录入。

3. 银行对账方式

（1）自动对账。

① 执行"现金"→"现金管理"→"银行账"→"银行对账"命令，打开"银行科目选择"对话框，选择科目"100201 工行存款"，单击"确定"按钮，进入"银行对账"窗口。

② 单击"对账"按钮，打开"自动对账条件"对话框，录入截止日期"2021.10.31"，选中所有对账条件，单击"确定"按钮。对于符合对账条件的，系统显示自动对账结果，并自动在银行存款日记账和银行对账单双方的"两清"栏打上圆圈标志。

（2）手工对账。

① 在自动对账窗口，对于一些应勾而未勾的账项，可分别双击"两清"栏，直接进行手工调整，在符合条件的"两清"处打上"Y"标记。银行存款日记账 2021 年 10 月 10 日的 33 900 元与对账单中 2021 年 10 月 12 日的 33 900 元两清，打上"Y"标记。

② 对账完毕，单击"检查"按钮，检查试算平衡，之后单击"确认"按钮，如图 3-20 所示。

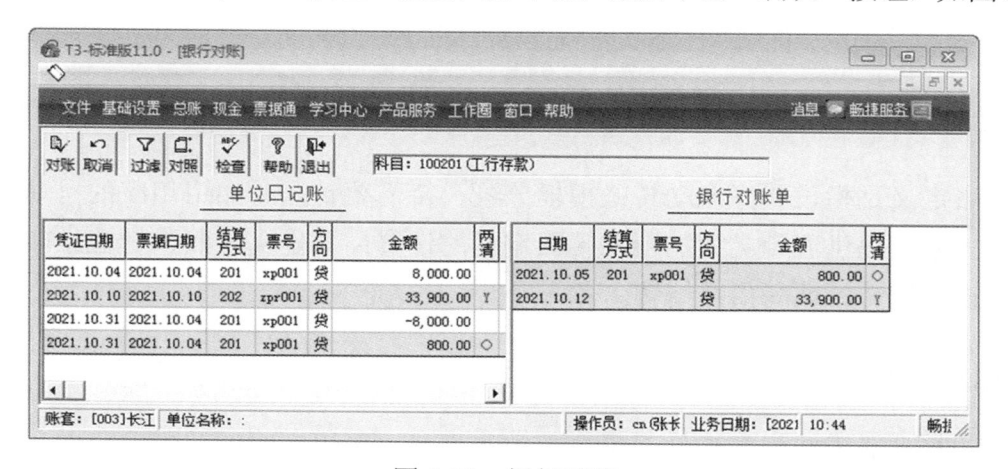

图 3-20　银行对账

提示：

- 在自动对账结果不能完全对上的情况下，可采用手工对账。
- 对账条件中的方向、金额相同是必选条件，对账截止日期可录入也可不录入。

4. 输出银行存款余额调节表

执行"现金"→"现金管理"→"银行账"→"余额调节表查询"命令，进入"银行存款余额调节表"对话框。选中科目"100201 工行存款"，单击"查看"按钮或双击该行，即显示该银行账户的银行存款余额调节表，如图 3-21 所示。

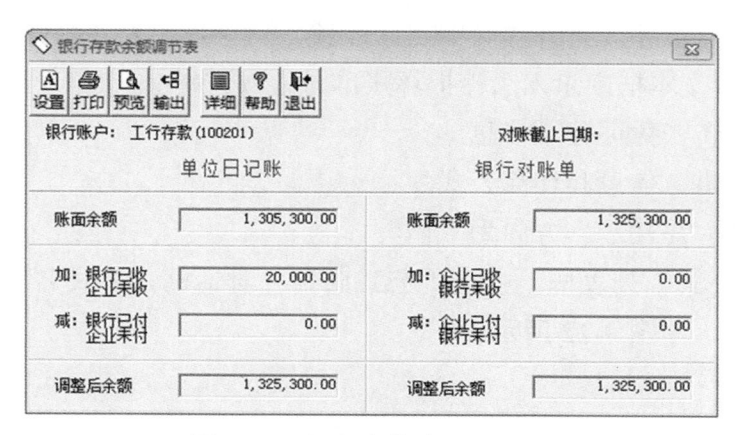

图 3-21　银行存款余额调节表

【业务实训】

（1）认真跟着老师学习操作，并看完教学视频，完成并掌握本业务活动教学内容操作。

（2）完成项目三实训三银行对账的相关实训操作，见附录A。

任务三　总账管理系统期末处理

总账管理系统期末处理包括自动转账定义、自动转账凭证生成、对账与结账等基本功能。

业务活动3-12　自动转账定义

自动转账定义是指设置好自动转账模板分录，待需要转账时调用相应的自动转账分录生成凭证即可。系统提供五种类型的自动转账定义的设置：自定义转账、对应结转、销售成本结转、汇兑损益结转、期间损益结转。

一、自定义转账设置

自定义转账是适用范围最大的一种自动转账方式，可以完成的转账业务主要如下：费用的分配，如工资的分配；费用的分摊，如制造费用的分摊；税金的结转，如增值税的结转；提取的各种费用和准备金，如提取盈余公积。

【资料准备】

期末计提坏账准备。

坏账准备=应收账款期末借方余额×0.5%-坏账准备期末贷方余额

【操作指导】

由会计李鸿飞进行操作。

（1）执行"总账"→"期末"→"转账定义"→"自定义结转"命令，进入"自定义转账设置"对话框。

（2）单击"增加"按钮，打开"转账目录设置"对话框。在"转账序号"文本框中录入"0001"，"转账说明"文本框中录入"计提坏账准备"，选择凭证类别"转账凭证"，单击"确定"按钮，继续定义转账凭证分录信息。

（3）确定分录的借方信息和计算公式。

① 选择科目编码"6702"，方向为"借"。

② 双击"金额公式"列表框，弹出"公式向导"对话框，公式名称选择"期末余额"，单击"下一步"按钮，如图3-22所示。

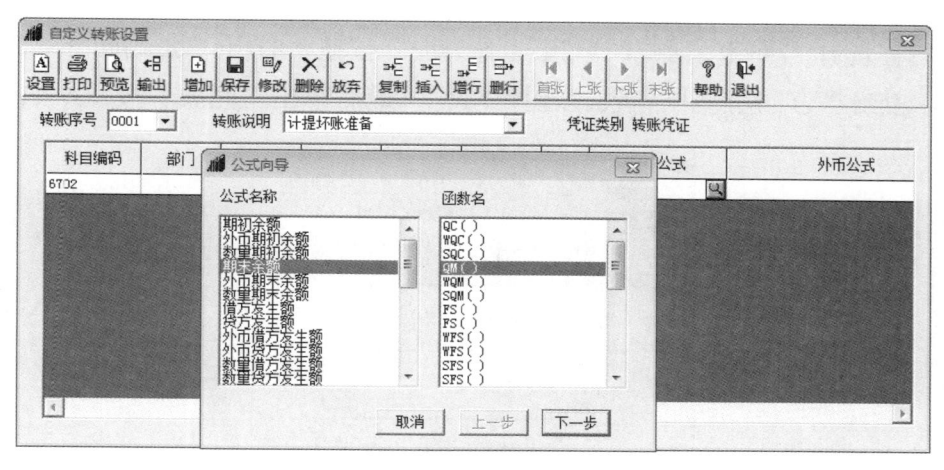

图 3-22 公式向导之一

③ 在"公式向导"对话框中,选择科目"1122",单击"方向"下拉列表,选择"借",选中"继续输入公式"复选框,选中"*(乘)"单选按钮,单击"下一步"按钮,如图 3-23 所示。

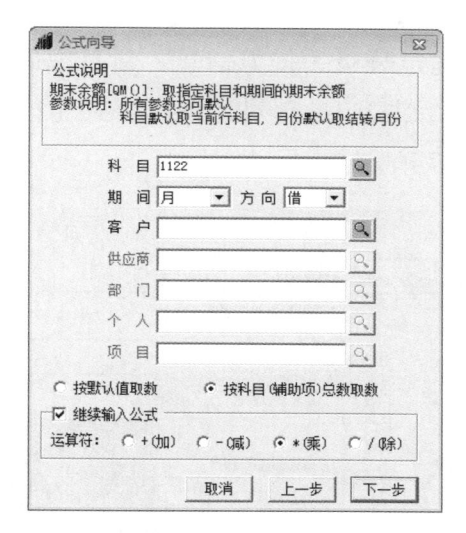

图 3-23 公式向导之二

④ 公式名称选择"常数",单击"下一步"按钮,在"常数"文本框中录入"0.005",选中"继续输入公式"复选框,选中"-(减)",单击"下一步"按钮,如图 3-24、图 3-25 所示。

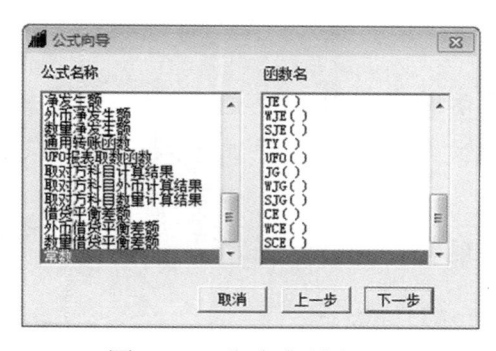

图 3-24 公式向导之三

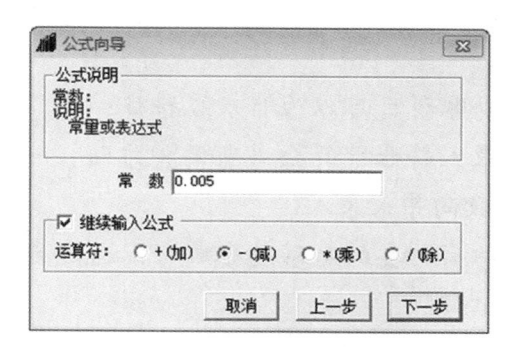

图 3-25 公式向导之四

⑤ 公式名称选择"期末余额",单击"下一步"按钮,打开"公式向导"对话框,选择科目"1231",单击"方向"下拉列表,选择"贷",最后单击"完成"按钮,如图3-26所示。

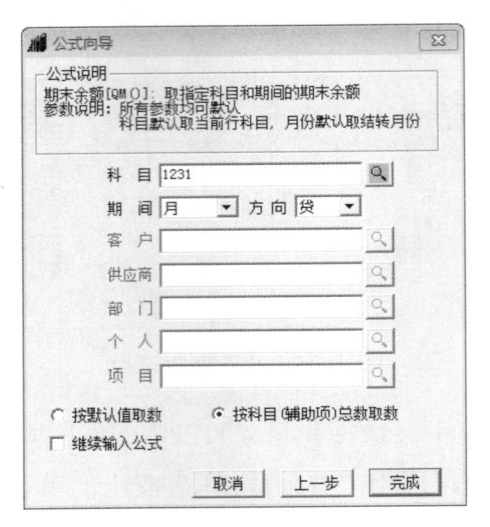

图3-26 公式向导之五

(4) 单击"增行"按钮,确定分录的贷方信息。科目编码选择"1231",方向"贷",双击"金额公式"列表框,弹出"公式向导"对话框,公式名称选择"取对方科目计算结果",单击"下一步"按钮,如图3-27所示。

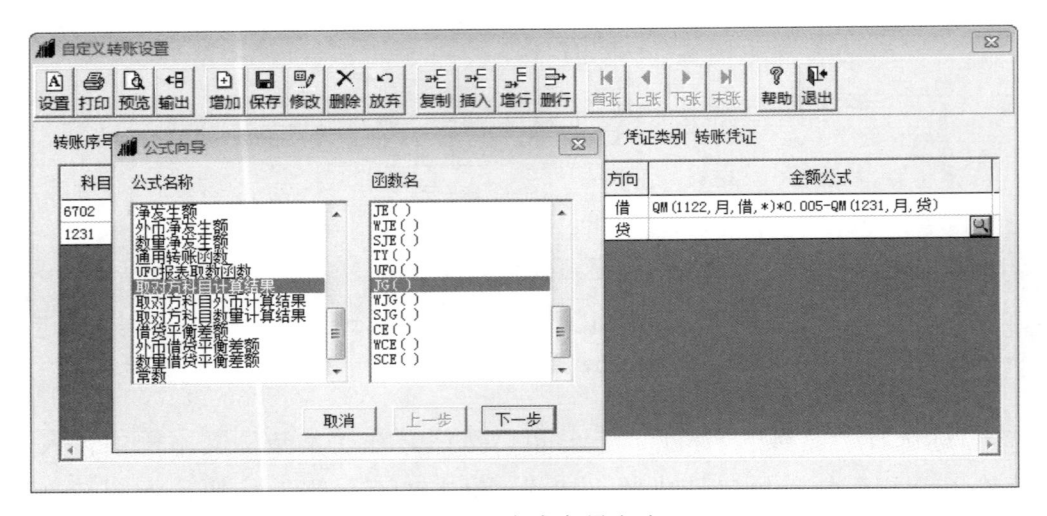

图3-27 公式向导之六

提示:

● 转账科目可以为非末级科目;部门可为空,表示所有部门。

● 录入转账计算公式有两种方法:一是直接在英文半角状态下手工录入;二是像本案例利用函数向导来录入。

● 所有种类的自动转账都可以通过自定义转账实现。

二、对应结转设置

对应结转不仅可进行两个科目一对一结转，还可进行科目的一对多结转。对应结转科目可为上级科目，但其下级科目的科目结构必须一致（相同明细科目），如有辅助核算，则两个科目的辅助账类也必须一一对应。本功能只能结转期末余额，若结转发生额，需在自定义结转中设置。

【操作任务】

完成将所得税费用转入本年利润的对应结转。编号为0001，凭证类别为转账凭证。

【操作指导】

由会计李鸿飞进行操作。

（1）执行"总账"→"期末"→"转账定义"→"对应结转"命令，进入"对应结转设置"对话框。

（2）在"对应结转设置"对话框内，单击"增加"按钮，开始增加对应转账模板，录入编号、凭证类别、摘要、转出科目编码、转出科目名称等。

（3）单击"增行"按钮，在"转入科目编码"文本框中录入"4103"，"科目名称"文本框中录入"本年利润"，结转系数为1（如果转入科目有多个，则重复该操作，结转系数为小数，加在一起等于1）。

（4）单击"保存"按钮，完成该设置，如图3-28所示。

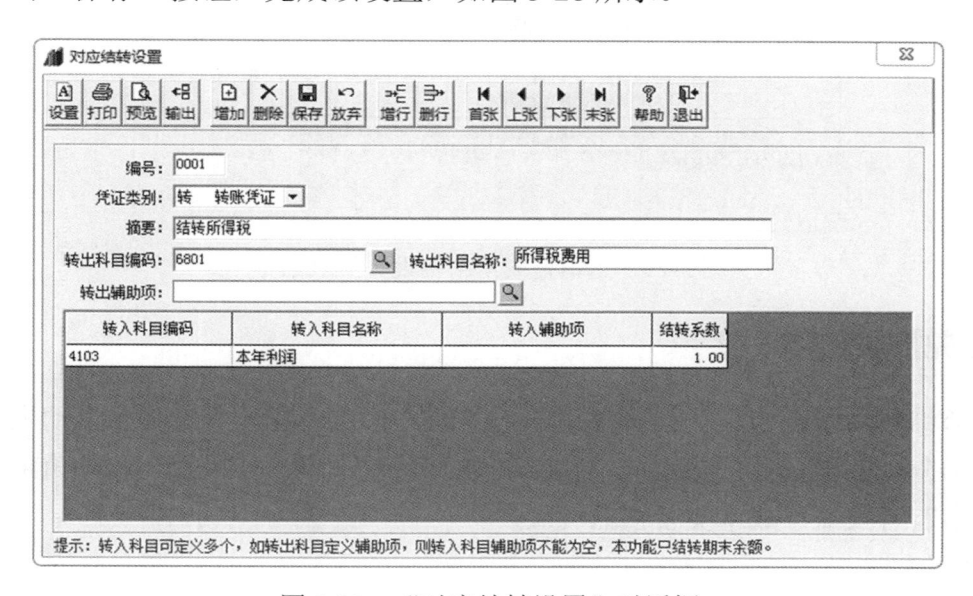

图3-28 "对应结转设置"对话框

提示：

- 当转入多个科目定义时，结转系数之和的绝对值应大于0且小于等于1。

三、销售成本结转设置

销售成本结转设置主要用来辅助没有启用购销存管理系统的企业完成全月平均法销售成

本的计算和结转。它是将月末商品的销售数量乘库存商品的平均单价来计算各类商品的销售成本并结转的。进行销售成本结转设置的前提是"库存商品""主营业务收入""主营业务成本"三个科目必须设有数量辅助核算，且这三个科目的明细科目必须相同。

【操作任务】

完成销售成本结转设置。

【操作指导】

由会计李鸿飞进行操作。

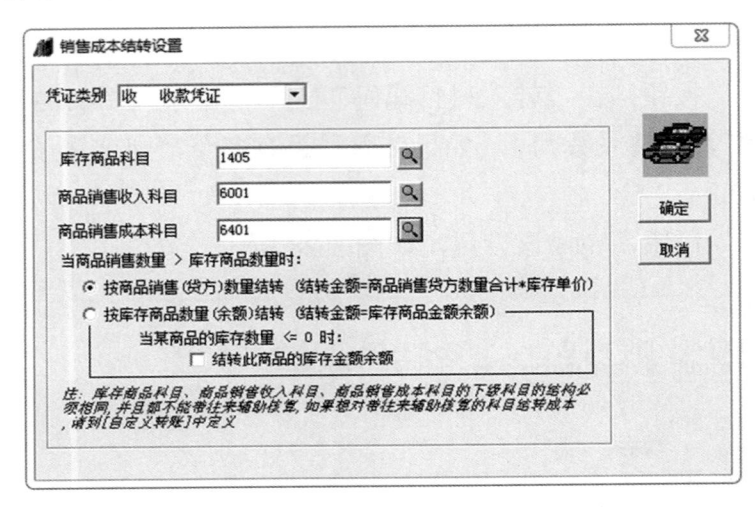

（1）执行"总账"→"期末"→"转账定义"→"销售成本结转"命令，进入"销售成本结转设置"对话框。

（2）在"销售成本结转设置"对话框中，在"库存商品科目"文本框中录入"1405"，"商品销售收入科目"文本框中录入"6001"，"商品销售成本科目"文本框中录入"6401"，单击"确定"按钮，完成设置，如图3-29所示。

图3-29 "销售成本结转设置"对话框

四、汇兑损益结转设置

汇兑损益结转用于期末自动计算外币账户的汇兑损益，在转账过程中自动生成汇兑损益转账凭证。另外，需要关注的是汇兑损益结转外币存款账户、外币现金和外币结算的债权债务，不包括所有者权益、成本类及损益类账户。

【操作任务】

完成汇兑损益结转设置。

【操作指导】

由会计李鸿飞进行操作。

（1）执行系统菜单"总账"→"期末"→"转账定义"→"汇兑损益结转"命令，进入"汇兑损益结转设置"对话框。

（2）单击"汇兑损益入账科目"单选按钮，在文本框内录入"660302"。

（3）在"是否计算汇兑损益"文本框中，按空格键选择需要计算汇兑损益的科目，或双击需要计算汇兑损益的科目，选择完毕后，单击"确定"按钮，完成设置，如图 3-30 所示。

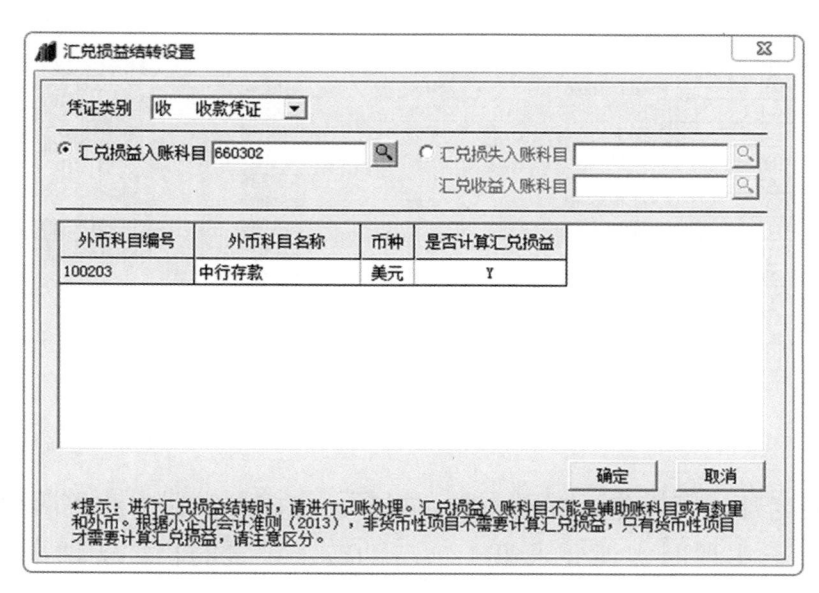

图 3-30　"汇兑损益结转设置"窗口

提示：

- 汇兑损益的入账科目不能是辅助账科目和外币科目。
- 记账汇率：在平时制单时自动显示此汇率。如果是用固定汇率（月初汇率），则记账汇率必须录入，否则制单汇率为零。
- 调整汇率：月末汇率，在计算汇兑损益时使用，平时可不录入，等期末再录入，用于计算汇兑损益。

五、期间损益结转设置

期间损益结转设置是指在一个会计期间终了时，将损益类科目的余额结转到"本年利润"科目中，从而及时反映企业的盈亏情况。

【操作任务】

完成期间损益结转设置。

【操作指导】

由会计李鸿飞进行操作。

（1）执行"总账"→"期末"→"转账定义"→"期间损益结转"命令，打开"期间损益结转设置"对话框。

（2）凭证类别选择"转　转账凭证"，在"本年利润科目"文本框内录入"4103"，单击"确定"按钮，如图 3-31 所示。

图 3-31　期间损益结转设置

【业务实训】

（1）认真跟着老师学习操作，并看完教学视频，完成并掌握本业务活动教学内容操作。

（2）完成项目三实训四实训要求第 1 项自动转账设置的相关实训操作，见附录 A。

业务活动 3-13　自动转账凭证生成

在完成自动转账定义后，每月月末只需执行本功能，计算机即可自动填制转账凭证，但是需要把以前的凭证审核记账后才能完成本项工作。

【资料准备】

（1）15 日，销售部李海波向宝蓝公司销售空压机壳 10 台，单价 20 000 元，增值税税率为 13%。货款未收，发票号 89065214。10 月 31 日，采用自动转账，结转销售成本。

（2）10 月 31 日，采用自动转账，计提当月的坏账准备。

（3）10 月 31 日，月末汇率为 1∶6.9，采用自动转账，结转期末汇兑损益。

（4）10 月 31 日，采用自动转账，结转损益类账户。

（5）10 月 31 日，假定当月无纳税调整事项，计算当月所得税费用，采用自动转账，结转所得税费用。

【操作指导】

由会计李鸿飞进行操作。

1. 销售成本结转的凭证生成

（1）执行"总账"→"期末"→"转账生成"命令，进入"转账生成"窗口，单击"销售成本结转"按钮，选中"包含未记账凭证"复选框，单击"确定"按钮，打开"销售成本结转一览表"对话框，如图 3-32 所示。

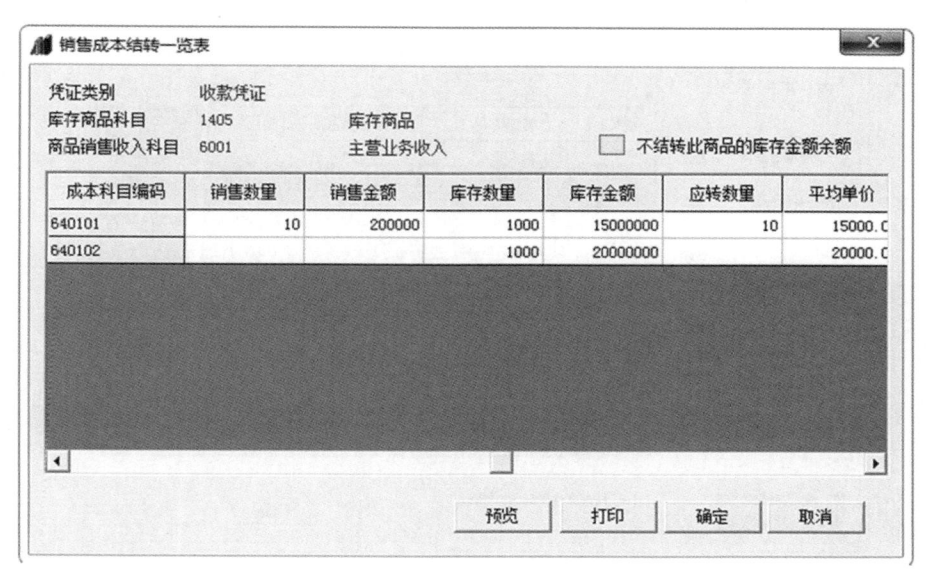

图 3-32 销售成本结转一览表

（2）单击"确定"按钮，生成转账凭证，单击"保存"按钮，如图 3-33 所示。

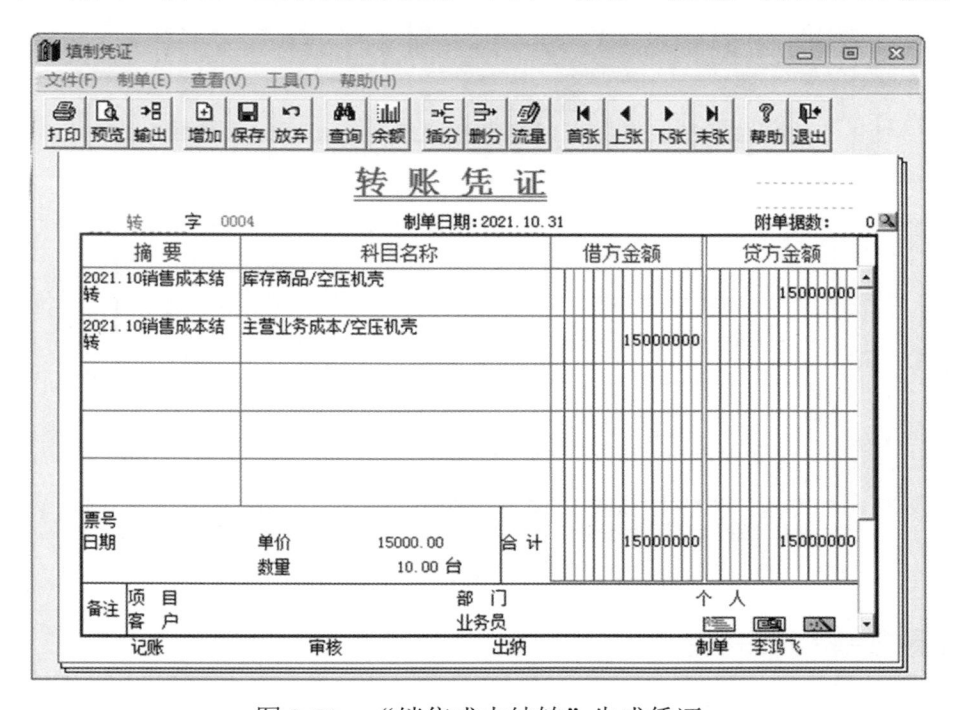

图 3-33 "销售成本结转"生成凭证

2. 自定义计提坏账准备凭证生成

执行"总账"→"期末"→"转账生成"命令，打开"转账生成"对话框，选中"自定义转账"单选按钮，双击"是否结转"，显示"Y"，选中"按有发生的辅助项结转""包含未记账凭证"，单击"确定"按钮，生成凭证，单击"保存"按钮，如图 3-34、图 3-35 所示。

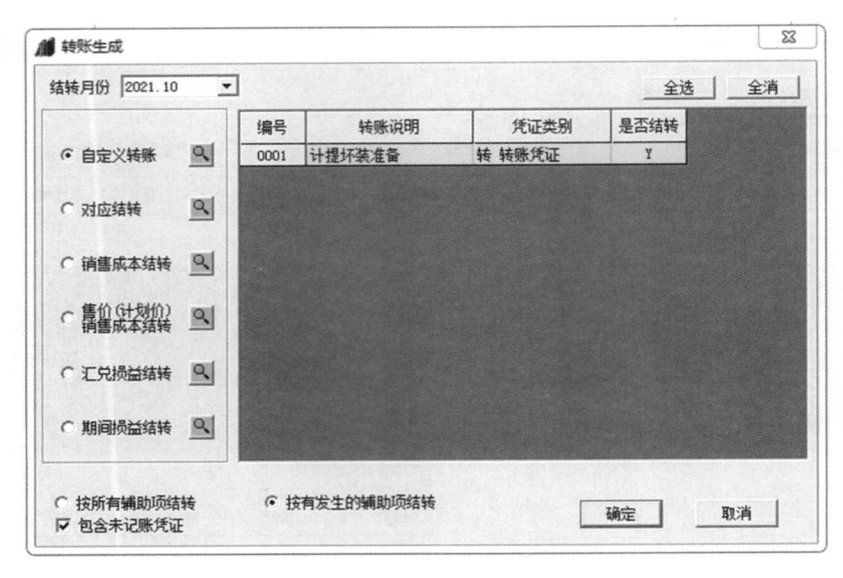

图 3-34 "转账生成"对话框

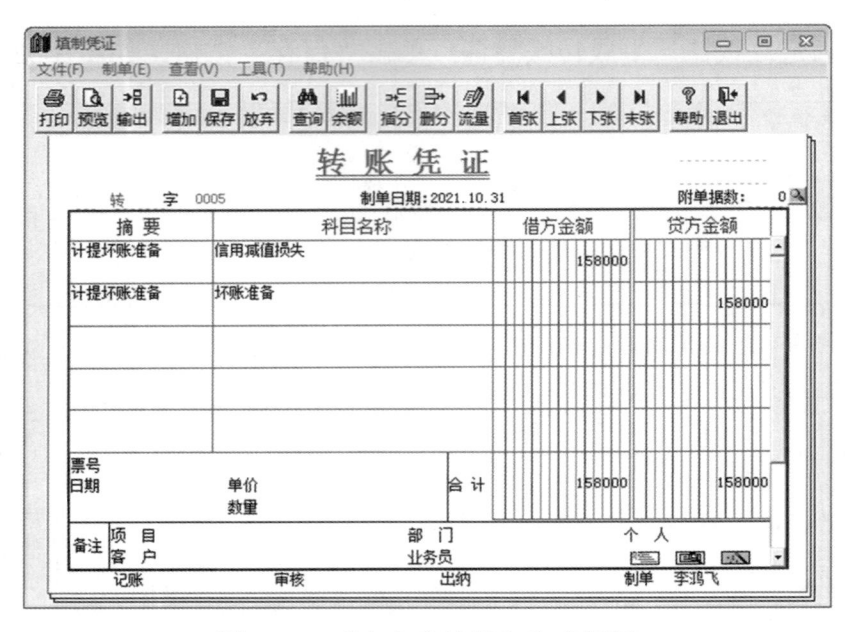

图 3-35 "自定义转账"生成凭证

3. 汇兑损益结转凭证生成

（1）执行"基础设置"→"财务"→"外币种类"命令，打开"外币设置"对话框，在左侧列表中选中"美元"，在 2021 年 10 月"调整汇率"文本框中录入"6.9"，敲击回车键后，单击"退出"按钮，如图 3-36 所示。

（2）执行"总账"→"期末"→"转账生成"命令，进入"转账生成"对话框，单击"汇兑损益结转"单选按钮，单击"全选"按钮，选中"包含未记账凭证"复选框，单击"确定"按钮，如图 3-37 所示。

（3）进入"汇兑损益试算表"对话框，单击"确定"按钮，生成凭证，如图 3-38 所示。将"财务费用"贷方数据按空格键调至借方，金额前录入负号，使其成为红字。

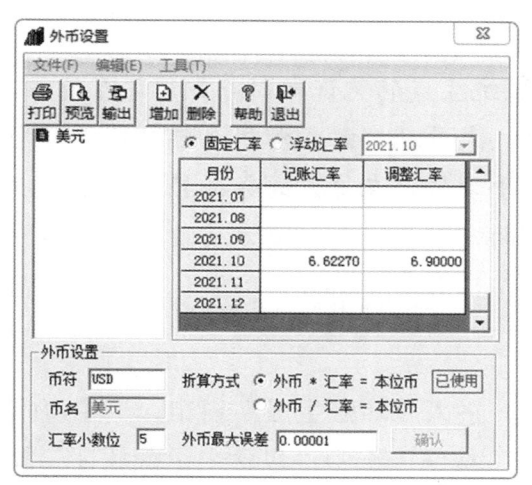

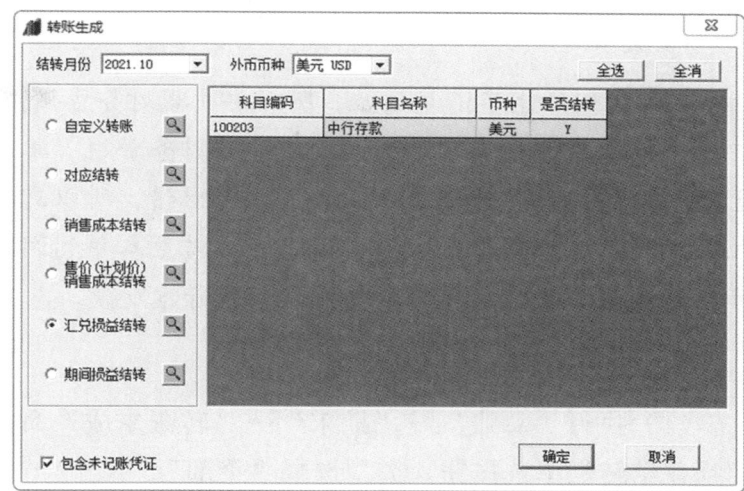

图 3-36　期末调整外汇汇率

图 3-37　"汇兑损益结转"对话框

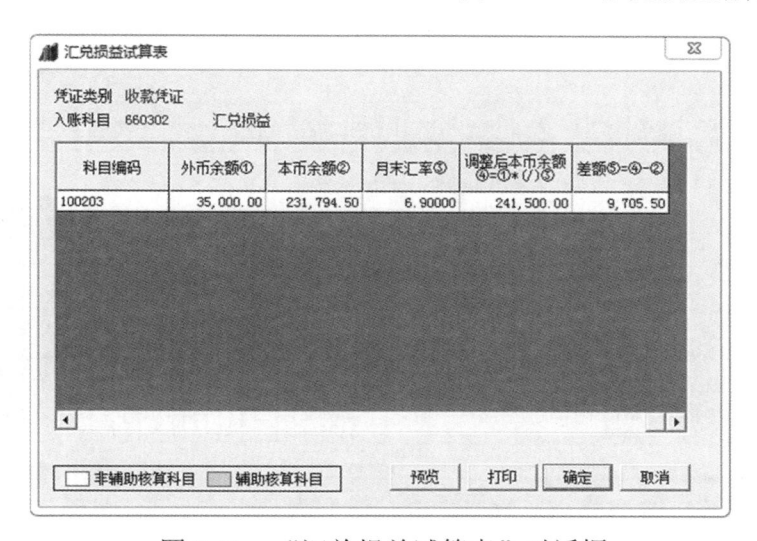

图 3-38　"汇兑损益试算表"对话框

（4）执行"流量"→"增加"→"项目编码"→"汇率变动"命令，双击"23 汇率变动对现金的影响"，单击"保存"按钮，回到凭证界面，如图 3-39 所示。

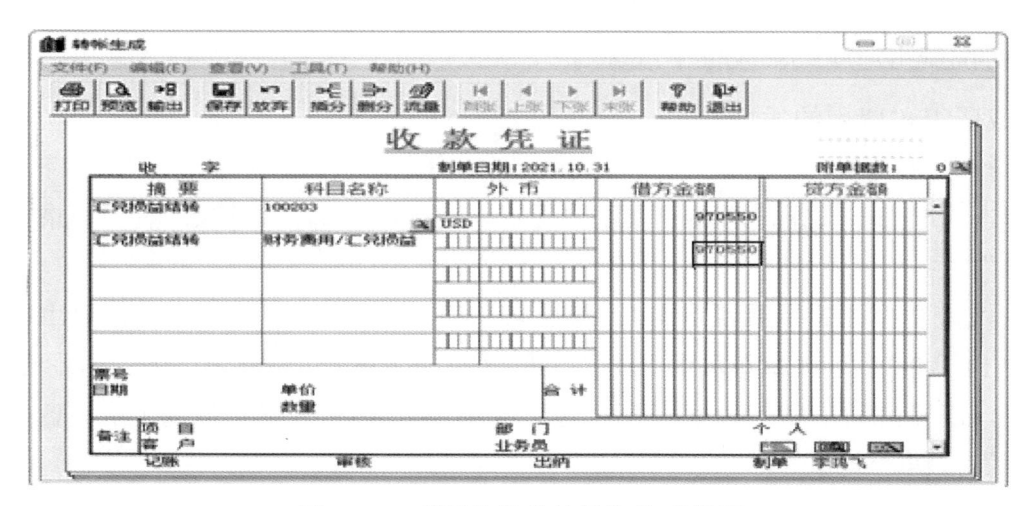

图 3-39　"汇兑损益结转"生成凭证

> **提示：**
> - 本案例产生了汇兑收益，所以要冲减财务费用，系统生成的凭证把财务费用记在贷方。但是，编制财务报表时，利润表中的"财务费用"单元公式是从"财务费用"账户的借方发生额取数的，此时若记贷方，数据就会出错，所以需要手动将记在贷方的数据移到借方，以红字呈现。以此类推，费用类科目在结转至本年利润前的金额最好都在借方反映，收入类科目在结转至本年利润前的金额最好都在贷方反映。

4. 期间损益结转凭证生成

（1）执行"总账"→"期末"→"转账生成"命令，进入"转账生成"窗口，选中"期间损益结转"单选按钮，类型选择"全部"，单击"全选"按钮，选中"包含未记账凭证"复选框，单击"确定"按钮。

（2）生成凭证，单击"保存"按钮，如图3-40所示。

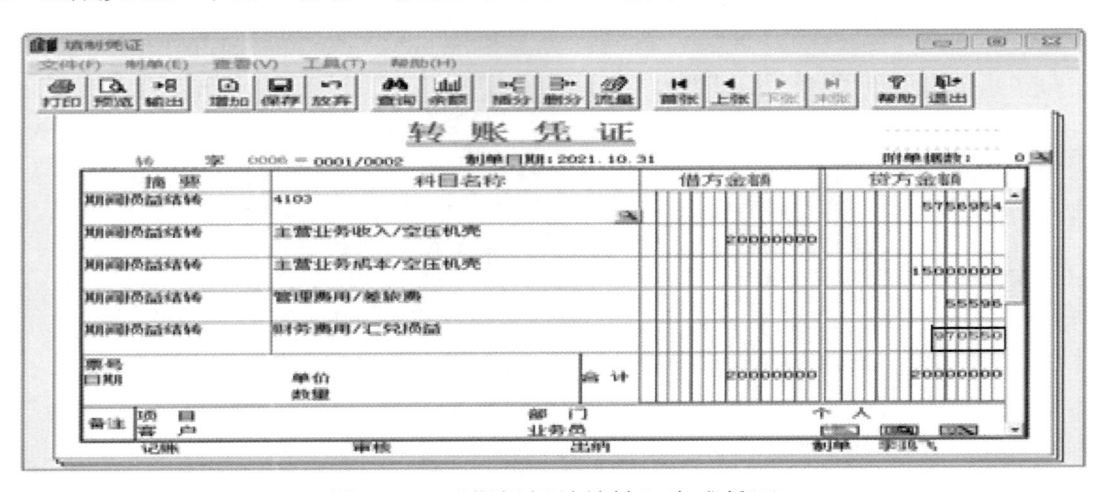

图3-40　"期间损益结转"生成凭证

> **提示：**
> - 本案例结转损益时，费用类科目都要在贷方反映，收入类科目都要在借方反映。

5. 所得税费用对应结转凭证生成

1）生成所得税费用的凭证

（1）执行"总账"→"凭证"→"填制凭证"命令，进入"填制凭证"窗口。

（2）单击"增加"按钮，增加一张空白凭证，凭证类型选择"转账凭证"，录入制单日期"2021.10.31"。

（3）录入摘要"计算所得税费用"，科目名称"6801"，因为没有纳税调整事项，因此所得税费用为14 392.39元（"本年利润"贷方数据×25%＝57 569.54×25%），录入金额"14 392.39"，敲击回车键，摘要自动带到下一行。录入科目名称"222105"，将光标调至贷方，按"＝"键，单击"保存"按钮。

2）对应结转

执行"总账"→"期末"→"转账生成"命令，进入"转账生成"窗口，单击"对应结转"单选按钮，单击"全选"按钮，选中"包含未记账凭证"复选框，单击"确定"按钮，生成凭证后，单击"保存"按钮，如图3-41所示。

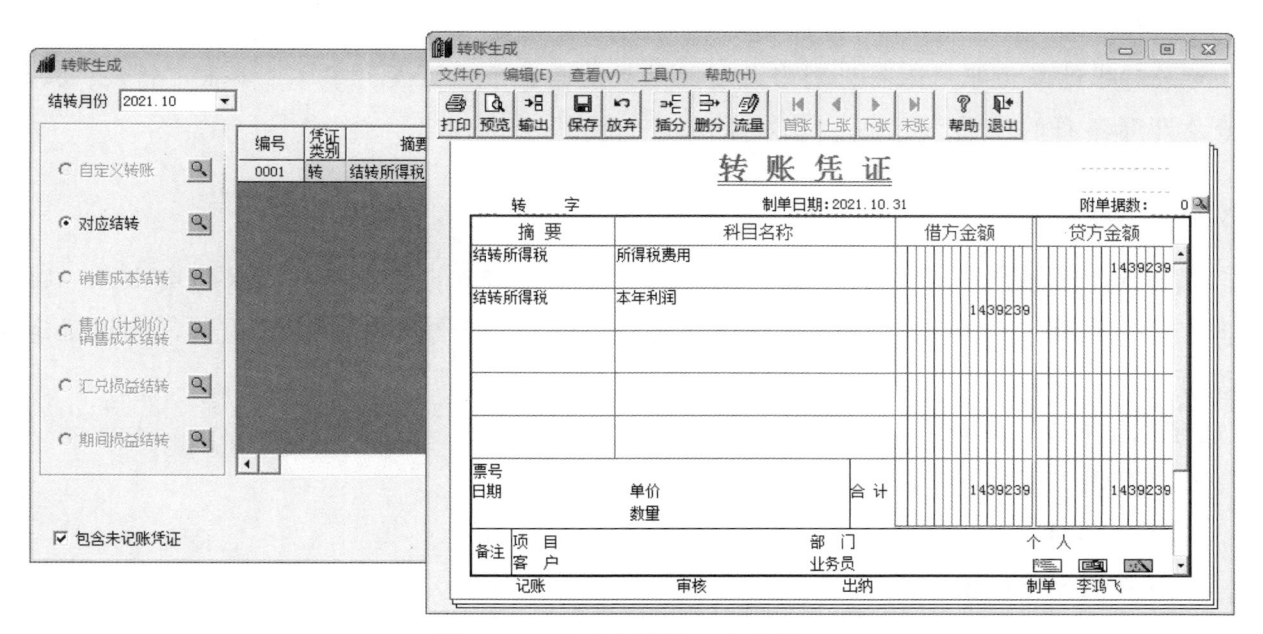

图3-41 "对应结转"生成凭证

提示：

● 结转所得税费用的前提是已结转了收入和所得税费用之外的费用类账户至"本年利润"账户，且计算所得税费用的凭证已经生成凭证并已登记入账。

【业务实训】

（1）认真跟着老师学习操作，并看完教学视频，完成并掌握本业务活动教学内容操作。

（2）完成项目三实训四实训要求第2项自动转账生成凭证的相关实训操作，见附录A。

业务活动3-14　对账与结账

一、对账

对账主要包括对总账和明细账、总账和辅助账、明细账和辅助账的核对。对账至少每个月一次，一般可在月末结账前进行。

【资料准备】

长江有限责任公司10月份发生的经济业务。

【操作指导】

由财务主管曾月进行操作。

（1）执行"总账"→"期末"→"对账"命令，进入"对账"窗口，将光标定位在要进行对账的月份"2021.10"。

（2）单击"选择"按钮，激活"对账"功能。单击"对账"按钮，系统开始自动对账，并显示对账结果。

提示：

● 若对账结果为账账不符，则当月对账结果处会显示"错误"字样，单击"错误"按钮，可查看账账不符的原因。

二、结账

结账主要是计算和结转各个会计科目的本期发生额和期末余额，同时结束本期的账务处理工作。结账工作应由具有结账权限的人员进行，由于结账工作比较重要，应该确定专人进行。

【资料准备】

长江有限责任公司10月份发生的经济业务。

【操作指导】

由财务主管曾月进行操作。

1. 结账操作

（1）执行"总账"→"期末"→"结账"命令，进入"结账"窗口，选择要结账月份"2021.10"。单击"下一步"按钮。

（2）单击"对账"按钮，使系统对要结账的月份进行账账核对。

（3）单击"下一步"按钮，系统显示"10月工作报告"。查看工作报告无误后，单击"下一步"按钮。

（4）单击"结账"按钮，若符合结账要求，系统将进行结账，否则不予结账。

提示：

● 结账只能由具有结账权限的人员进行。
● 本月还有未记账凭证时，则本月不能结账。
● 结账必须按月连续进行，如果上月未结账，则本月不能结账。
● 若总账与明细账对账不符，则不能结账。结账前，系统要进行数据备份。

2. 取消结账操作

（1）执行"总账"→"期末"→"结账"命令，进入"结账"窗口。

（2）选择要取消结账的月份"2021.10"。

（3）按"Ctrl+Shift+F6"键激活"取消结账"功能，录入主管口令（没设口令就不用录入），单击"确认"按钮，取消结账标记。

> **提示：**
>
> ● 结账后，由于非法操作或计算机病毒或其他原因可能会使数据遭到破坏，这时可以使用"取消结账"功能。取消结账后，必须重新结账。
> ● 结账后，发现凭证有错，需返回修改时，只有依次取消结账、取消记账、取消审核、取消出纳签字后，才能修改凭证。
> ● 取消结账的权限应当严格控制，这里介绍此功能是为学习方便。

【业务实训】

（1）认真跟着老师学习操作，并看完教学视频，完成并掌握本业务活动教学内容操作。
（2）完成项目三实训五实训要求对账、结账相关实训操作，见附录 A。

业务活动 3-15　备份长江公司总账业务数据

【操作任务】

将长江公司 10 月份总账业务数据进行备份，保存到"D:\长江公司\10月份总账业务"文件夹内。

【操作指导】

略。

项目四
报表管理系统

学习任务

掌握如何利用报表模板生成常用报表。

能力目标

学会利用报表模板生成资产负债表、利润表、现金流量表。

任务　利用报表模板编制财务报表

财务报表管理系统提供了强大的模板功能，用户可以很方便地调用系统自带报表模板编制资产负债表、利润表、现金流量表等财务报表。

业务活动　调用财务报表模板生成财务报表

首先引入恢复"D:\长江公司\10月份总账业务"文件夹中的数据。

一、调用财务报表模板生成有数据的资产负债表

1. 调用资产负债表模板进行修改并保存

【资料准备】

长江有限责任公司10月份的经济业务。

【操作指导】

由财务主管曾月进行操作。

（1）执行"财务报表"命令，单击"确定"按钮，进入财务报表管理系统。

（2）执行"文件"→"新建"命令，打开"新建"对话框，"模板分类"选择您所在的行业"一般企业（2007年新会计准则）"，"一般企业模板"选择"资产负债表"，单击"确定"按钮，弹出"模板格式将覆盖本表格式！是否继续？"信息提示框，单击"确定"按钮，即可打开"资产负债表"模板。

(3) 修改"未分配利润""存货"项目的公式。

双击单元格"E34",打开"定义公式"对话框,在公式文本框中的公式"QM("4104",月,,,年,,)"之后输入"-",复制"QM("4104",月,,,年,,)"并粘贴到"+"之后,将复制的"QM("4104",月,,,年,,)"中的"4104"改成"4103",单击"确认"按钮。同理,将单元格F34中的公式修改为"QC("4104",月,,,年,,)+QC("4103",月,,,年,,)",如图4-1所示。

同理,利用上述方法将"存货"公式期初数、期末数都加上制造费用。

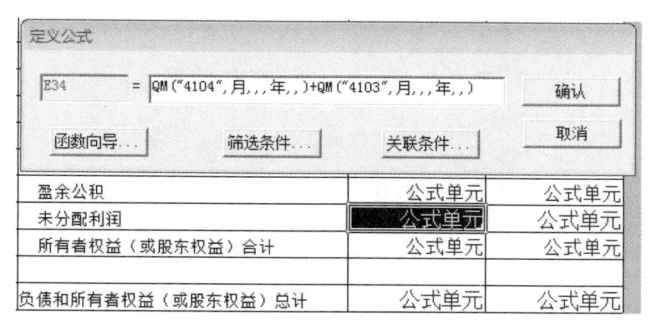

图4-1 "未分配利润"公式修改

(4) 将修改好的资产负债表保存至"D:\长江公司\资产负债表"文件夹内。

2. 生成资产负债表

【资料准备】

长江有限责任公司10月份的经济业务及修改好的资产负债表模板。

【操作指导】

由财务主管曾月进行操作。

(1) 单击"财务报表"按钮,单击"确定"按钮,进入财务报表管理系统。

(2) 执行"文件"→"打开"命令,选择"D:\长江公司\资产负债表"文件夹内的相关文件,单击"打开"按钮,单击空白报表底部左下角的"格式/数据"按钮,使当前状态为"数据"状态,根据提示不进行数据计算。

(3) 执行"编辑"→"追加"→"表页"命令,打开"追加表页"对话框,录入需要增加的表页数"1",单击"确认"按钮。

(4) 在第2张表页中,执行"数据"→"账套初始"命令,打开"账套及时间初始"对话框,录入账套号"003",会计年度"2021",单击"确认"按钮。

(5) 执行"数据"→"关键字"→"录入"命令,打开"录入关键字"对话框,录入编制单位"长江有限责任公司"、年"2021"、月"10"、日"31",单击"确认"按钮,弹出"是否重算第2页?"信息提示框,单击"是"按钮,系统会自动根据单元公式计算10月份的数据,生成资产负债表。检查报表是否平衡,无问题单击"保存"按钮,如表4-1所示。

提示:

● 一般第1张表页是表样单元,生成数据要在追加的表页上生成每月数据并保存。

- 在"资产负债表"中,导致生成报表不平衡的原因主要是"未分配利润"和"存货"相对应的公式需要进行修改。"未分配利润"要包含"本年利润","存货"要包含"制造费用",这样一般情况下报表是平衡的。如果不平衡,就需要将资产负债表的数据和总账中余额表中的数据一一核对,找出差异,寻求解决办法。可能是因为总账中新制度下新增了科目或某科目编码发生变化,但是报表中没有该科目或科目编码没有发生变化,这就需要对资产负债表的格式进行修改,让报表中含有该新科目或修改科目编码,同时对相关公式进行修改,便于报表将科目的数据采集进来,使报表平衡。

表 4-1　10 月份资产负债表

单位名称:长江有限责任公司　2021 年　10 月　31 日　　　　　　会企01表
单位:元

资　产	期末余额	年初余额	负债及所有者权益(或股东权益)	期末余额	年初余额
流动资产:			流动负债:		
货币资金	1552600.00	1444340.50	短期借款	90000.00	90000.00
交易性金融资产			交易性金融负债		
应收票据			应付票据		
应收账款	413920.00	189500.00	应付账款	240000.00	240000.00
预付款项	100000.00	100000.00	预收款项	10000.00	10000.00
应收利息			应付职工薪酬	12000.00	
应收股利			应交税费	586448.35	550000.00
其他应收款		600.00	应付利息		
存货	43702000.00	43810000.00	应付股利		
一年内到期的非流动资产			其他应付款		
其他流动资产			一年内到期的非流动负债		
流动资产合计	45768520.00	45544440.50	其他流动负债		
非流动资产:			流动负债合计	938448.35	890000.00
可供出售金融资产			非流动负债:		
持有至到期投资			长期借款	795000.00	795000.00
长期应收款			应付债券		
长期股权投资			长期应付款		
投资性房地产			专项应付款		
固定资产	8811895.00	8811895.00	预计负债		
在建工程			递延所得税负债		
工程物资			其他非流动负债		
固定资产清理			非流动负债合计	795000.00	795000.00
生产性生物资产			负债合计	1733448.35	1685000.00
油气资产			所有者权益(或股东权益):		
无形资产	99000.00	99000.00	实收资本(或股本)	20132454.00	20000000.00
开发支出			资本公积	3000000.00	3000000.00
商誉			减:库存股		
长期待摊费用			盈余公积	540000.00	540000.00
递延所得税资产			未分配利润	29273512.65	29230335.50
其他非流动资产			所有者权益(或股东权益)合计	52945966.65	52770335.50
非流动资产合计	8910895.00	8910895.00			
资产总计	54679415.00	54455335.50	负债和所有者权益(或股东权益)总计	54679415.00	54455335.50

二、调用财务报表模板生成有数据的利润表

1. 调用利润表模板进行修改并保存

【资料准备】

长江有限责任公司 10 月份的经济业务。

【操作指导】

由财务主管曾月进行操作。

(1) 单击"财务报表"按钮,单击"确定"按钮,进入财务报表管理系统。

(2) 执行"文件"→"新建"命令,打开"新建"对话框,"模板分类"选择您所在的行

业"一般企业（2007年新会计准则）"，"一般企业模板"选择"利润表"，单击"确定"按钮，弹出"模板格式将覆盖本表格式！是否继续？"信息提示框，单击"确定"按钮，即可打开"利润表"模板。

（3）选中第 11 行，执行"编辑"→"插入"→"行"命令，录入"信用减值损失"科目，在本期金额栏内打开"定义公式"对话框，在公式文本框中的录入"FS("6702",月,"借",,年)"，如图 4-2 所示。

图 4-2　插入"信用减值损失"科目及定义单元公式

（4）修改相关公式。B16（营业利润）=B5-B6-B7-B8-B9-B11-B12+B13+B14，B20（利润总额）=B16+B17-B18，B22（净利润）=B20-B21，之所以修改公式，是因为增加了一行，录入了"信用减值损失"，所以原来的求和公式就需要修改，录入新的公式。把修改好的利润表保存至"D:\长江公司\利润表"文件夹内，如图 4-3 所示。

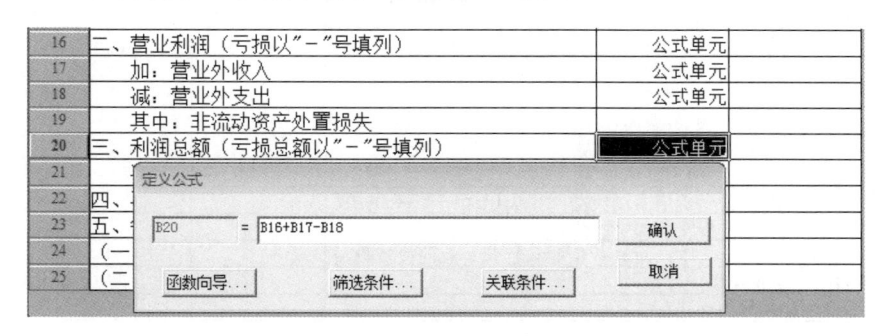

图 4-3　"求和公式"的变化修改

提示：

● 本题中，由于新制度下原利润表中没有"信用减值损失"科目，需要在格式状态下增加该科目，插入行并设置该科目的公式。由于新增了一行，原来利润表需要求和的科目的公式就发生了变化，要进行修改。

2. 生成利润表

【资料准备】

长江有限责任公司 10 月份的经济业务及修改好的利润表模板。

【操作指导】

由财务主管曾月进行操作。

（1）单击"财务报表"按钮，单击"确定"按钮，进入财务报表管理系统。

（2）执行"文件"→"打开"命令，选择"D:\长江公司\利润表"文件夹内的相关文件，单击"打开"按钮，单击空白报表底部左下角的"格式/数据"按钮，使当前状态为"数据"状态，根据提示不进行数据计算。

（3）执行"编辑"→"追加"→"表页"命令，打开"追加表页"对话框，录入需要增加的表页数"1"，单击"确认"按钮。

（4）在第 2 张表页中，执行"数据"→"账套初始"命令，打开"账套及时间初始"对话框，输入账套号"003"，会计年度"2021"，单击"确认"按钮。

（5）执行"数据"→"关键字"→"录入"命令，打开"录入关键字"对话框，录入编制单位"长江有限责任公司"、年"2021"、月"10"、日"31"，单击"确认"按钮，弹出"是否重算第 2 页？"信息提示框，单击"是"按钮，系统会自动根据单元公式计算 10 月份的数据，生成利润表，单击"保存"按钮，如表 4-2 所示。

表 4-2　10 月份利润表

单位名称:长江有限责任公司　　2021 年　　会企02表　单位:元

项　　目	本期金额	上期金额
一、营业收入	200000.00	
减：营业成本	150000.00	
营业税金及附加		
销售费用		
管理费用	555.96	
财务费用	-9705.50	
资产减值损失		
信用减值损失	1580.00	
加：公允价值变动收益（损失以"-"填列）		
投资收益（损失以"-"填列）		
其中：对联营企业和合营企业的投资收益		
二、营业利润（亏损以"-"号填列）	57569.54	
加：营业外收入		
减：营业外支出		
其中：非流动资产处置损失		
三、利润总额（亏损总额以"-"号填列）	57569.54	
减：所得税费用	14392.39	
四、净利润（净亏损以"-"号填列）	43177.15	
五、每股收益：		
（一）基本每股收益		
（二）稀释每股收益		

提示：

● 套用利润表模板生成利润表后，一定要检验生成报表是否正确。最可靠的检验方法是核对利润表模板中的"净利润"数据和总账余额表中的"本年利润"数和"未分配利润"数是否一致。方法是比较1～11月利润表模板中的"净利润"本期数据和总账余额表中的"本年利润"本期发生数借、贷方的差额是否一致，因为报表中的利润表格式要的是本月数，没有累计数。

三、调用财务报表模板生成有数据的现金流量表

1. 调用现金流量表模板进行修改并保存

【资料准备】

长江有限责任公司10月份的经济业务。

【操作指导】

由财务主管曾月进行操作。

（1）执行"财务报表"命令，单击"确定"按钮，进入财务报表管理系统。

（2）执行"文件"→"新建"命令，打开"新建"对话框，"模板分类"选择您所在的行业"一般企业（2007年新会计准则）"，"一般企业模板"选择"现金流量表"，单击"确认"按钮，弹出"模板格式将覆盖本表格式！是否继续？"信息提示框，单击"确定"按钮，即可打开"现金流量表"模板。大部分公式已按会计制度设置好，无须变动。

（3）设置"汇率变动对现金及现金等价物的影响"公式。

因为涉及外币核算，期末汇率有变动，会影响现金流量，所以需设置公式。选中"汇率变动对现金及现金等价物的影响"选项在本期金额栏打开"定义公式"对话框，打开"函数向导"对话框，函数分类选择"用友账务函数"，函数名选择"现金流量项目金额（XJLC）"；之后单击"下一步"按钮，单击"参照"按钮，打开"项目编号"选项框，现金流量项目选择"0401汇率变动"中的"23汇率变动对现金的影响"，单击"确定"按钮，回到"参照"窗口，单击"确定"按钮，回到"定义公式"对话框，单击"确认"按钮，如图4-4所示。

图4-4 定义"汇率变动对现金的影响"公式

（4）将修改好的现金流量表保存至"D:\长江公司\现金流量表"文件夹内。

提示：

- 因为涉及外币核算，期末汇率有变动，涉及汇兑损益结转，这就要求该凭证中外币期末汇率有变动时，涉及的外币现金流量科目选择的现金流量项目，一定和现金流量报表中选择的现金流量项目一致，都是"23 汇率变动对现金的影响"，这样数据才能采集过来。

2. 生成现金流量表

【资料准备】

长江有限责任公司10月份的经济业务及修改好的现金流量表模板。

【操作指导】

由财务主管曾月进行操作。

（1）执行"财务报表"命令，单击"确定"按钮，进入财务报表管理系统。

（2）执行"文件"→"打开"命令，选择"D:\长江公司\现金流量表"文件夹内的相关文件，单击"打开"按钮，单击空白报表底部左下角的"格式/数据"按钮，使当前状态为"数据"状态，根据提示不进行数据计算。

（3）执行"编辑"→"追加"→"表页"命令，打开"追加表页"对话框，录入需要增加的表页数"1"，单击"确认"按钮。

（4）在第2张表页中，执行"数据"→"账套初始"命令，打开"账套及时间初始"对话框，输入账套号"003"，会计年度"2021"，单击"确认"按钮。

（5）执行"数据"→"关键字"→"录入"命令，打开"录入关键字"对话框，录入编制单位"长江有限责任公司"、年"2021"、月"10"、日"31"，单击"确认"按钮，弹出"是否重算第2页？"信息提示框，单击"是"按钮，系统会自动根据单元公式计算10月份的数据，生成现金流量表，单击"保存"按钮，如表4-3所示。

表4-3 10月份现金流量表

编制单位：长江有限责任公司　　　　2021 年　　　　会企03表　单位：元

项目	本期金额	上期金额
一、经营活动产生的现金流量		
销售商品、提供劳务收到的现金		
收到的税费返还		
收到其他与经营活动有关的现金		
经营活动现金流入小计		
购买商品、接受劳务支付的现金	33 900.00	
支付给职工及为职工支付的现金		
支付的各项税费		
支付其他与经营活动有关的现金		
经营活动现金流出小计	33 900.00	
经营活动产生的现金流量净额	-33 900.00	
二、投资活动产生的现金流量		
收回投资收到的现金		
取得投资收益收到的现金		

续表

项目	本期金额	上期金额
处置固定资产、无形资产和其他长期资产收回的现金净额		
处置子公司及其他营业单位收到的现金净额		
收到其他与投资活动有关的现金	132 454.00	
投资活动现金流入小计	132 454.00	
购建固定资产、无形资产和其他长期资产所支付的现金		
投资支付的现金		
取得子公司及其他营业单位支付的现金净额		
支付的其他与投资活动有关的现金		
投资活动现金流出小计		
投资活动产生的现金流量净额	132 454.00	
三、筹资活动产生的现金流量		
吸收投资收到的现金		
取得借款收到的现金		
收到其他与筹资活动有关的现金		
筹资活动现金流入小计		
偿还债务支付的现金		
分配股利、利润或偿付利息支付的现金		
支付其他与筹资活动有关的现金		
筹资活动现金流出小计		
筹资活动产生的现金流量净额		
四、汇率变动对现金及现金等价物的影响	9 705.50	
五、现金及现金等价物净增加额	108 259.50	
加：期初现金及现金等价物余额		
六、期末现金及现金等价物余额	108 259.50	

提示：

● 检验所编辑的现金流量表是否正确，一个最重要的检验方法是看看现金流量表中的最后一项"期末现金及等价物余额"栏中的数据是否等于"资产负债表"中"货币资金"项目期末数与期初数的差。

【业务实训】

（1）认真跟着老师学习操作，并看完教学视频，完成并掌握本业务活动教学内容操作。

（2）完成项目四实训二实训要求报表套用模板生成报表相关实训操作，见附录A。

项目五
工资管理系统

学习任务

1. 掌握工资管理系统的操作流程。
2. 掌握工资管理系统初始化的工作内容。
3. 掌握工资管理系统日常业务处理的工作内容。
4. 掌握工资分摊的处理内容。

能力目标

1. 能根据企业工资核算要求建立工资账套，能正确设置工资管理系统各项初始化的基础信息。
2. 能正确进行工资类别设置、工资变动处理、计算代扣个人所得税、进行月末工资分摊设置及处理、月末结账等操作，能进行各种工资相关数据信息的查询。

任务一　工资管理系统初始化

工资管理系统初始化包括建立工资账套、通用基础信息设置、专业基础信息设置等内容。

业务活动 5-1　建立工资账套

【资料准备】

长江有限责任公司工资账套参数如下。

引入恢复"D:\长江公司\总账初始设置"文件夹内的数据。

（1）工资类别个数：多个。
（2）本位币种：人民币 RMB。
（3）个人所得税：代扣个人所得税；扣零处理：不扣零。
（4）人员编码长度：3 位。
（5）本账套的启用日期：2021-10-01。

【操作指导】

由财务主管曾月进行操作。

（1）以财务主管曾月的身份在系统管理系统中执行"账套"→"启用"命令，打开"系统启用"对话框，启用工资管理系统。

（2）以曾月的身份注册进入用友 T3 软件，登录日期为"2021-10-01"，进入系统，单击"工资管理"按钮，打开"建立工资账套"对话框。

（3）若选择的账套为首次使用，系统会自动进入"工资建账向导"窗口。进入"参数设置"对话框，如果本单位属于普通工资核算管理的单位，则工资类别个数应选"单个"，否则应选择"多个"。本案例中选择"多个"，币别默认为"人民币 RMB"，单击"下一步"按钮，如图 5-1 所示。

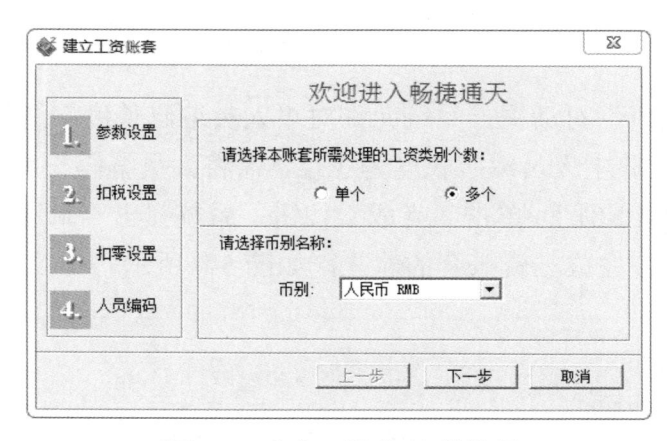

图 5-1　建立工资套-参数设置

（4）进入"扣税设置"对话框。"扣税设置"是指是否需要在工资计算中进行自动扣税处理，若选中此项则意味着需要进行自动扣税处理。本实验中要求代扣个人所得税，需要选中。单击"下一步"按钮，如图 5-2 所示。

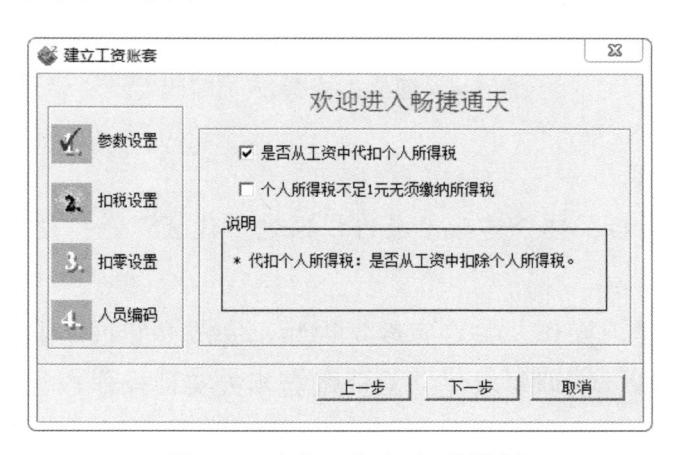

图 5-2　建立工资套-扣税设置

（5）进入"扣零设置"对话框。"扣零设置"是指每次发放工资时将工资零头扣下，扣零至元、扣零至角及扣零至分，一旦选择了"扣零处理"，系统会自动在固定工资项中增加"本月扣零"和"上月扣零"两个项目。本实验中不进行扣零处理，无须选择。单击"下一步"按钮，如图5-3所示。

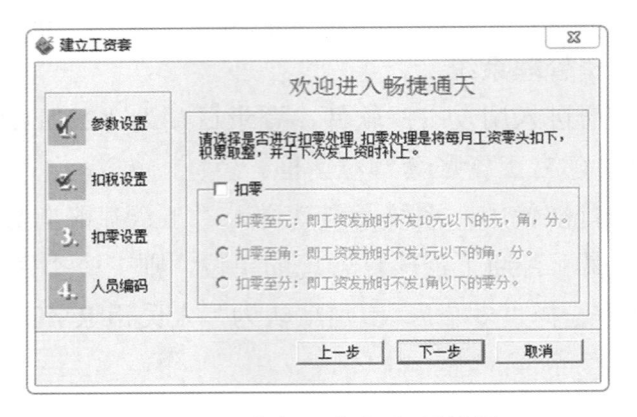

图 5-3　建立工资套-扣零设置

（6）进入"人员编码"对话框，系统允许对"人员编码长度"进行自由定义，但总长不得超过10个字符。本实验中人员编码长度为3位，需将人员编码长度调整为"3"，同时本账套的启用日期为"2021-10-01"。单击"完成"按钮，系统弹出"未建立工资类别"信息提示框，单击"取消"按钮，完成工资账套的建立，如图5-4所示。

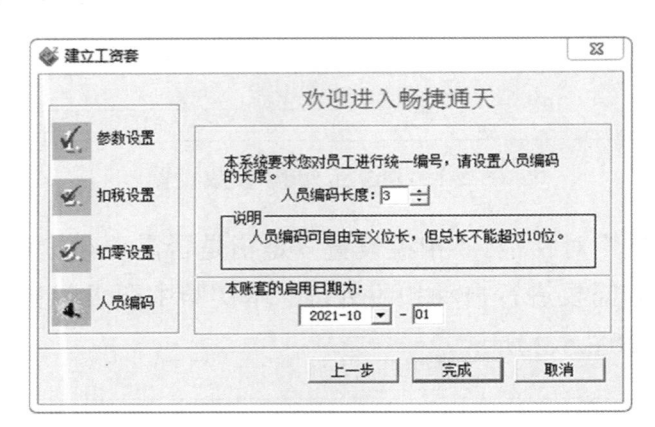

图 5-4　建立工资套-人员编码

提示：

● 工资账套建立完毕后，部分建账参数可以通过"设置"→"选项"命令进行修改。

【业务实训】

（1）认真跟着老师学习操作，并看完教学视频，完成并掌握本业务活动教学内容操作。

（2）完成项目五实训一实训要求建立工资账套相关实训操作，见附录A。

业务活动 5-2　通用基础信息设置

建立工资账套后，由于是多个工资类别，还需要对工资管理系统处理日常业务所需的一些通用基础信息进行设置。这些通用基础信息为工资管理系统所有的工资类别所共用，主要包括部门设置、人员附加信息设置、人员类别设置、工资项目设置、银行名称设置。其中，部门设置在基础档案设置时已讲过，在此不再赘述。

一、人员附加信息设置

为了加强工资管理和分析，也为以后调整工资储备基础资料，我们不仅要输入各人员的现行工资数据，还应该掌握各人员的性别、婚姻状况、技术职称、学历、职务、出生年月和身份证号码等与工资有关的其他信息，这些信息并不属于应付工资和实发工资的计算项目，因此我们称之为人员附加信息。对于这些非工资款项的个人信息项可从"人员附加信息设置"中进行初始化定义，定义之后可以在人员档案信息中增加附加信息项。

【资料准备】

人员附加信息资料，增加"手机号、出生年月、身份证号码、学历、技术职称、职务"作为人员附加信息。

【操作指导】

由财务主管曾月进行操作。

（1）执行"工资"→"设置"→"人员附加信息设置"命令，打开对话框。

（2）可在"信息名称"文本框中录入人员附加信息名称或从参照栏中选择系统提供的信息名称，单击"增加"按钮。

（3）重复上述步骤，依次增加人员附加信息名称，直至增加完毕，最后单击"返回"按钮，如图 5-5 所示。

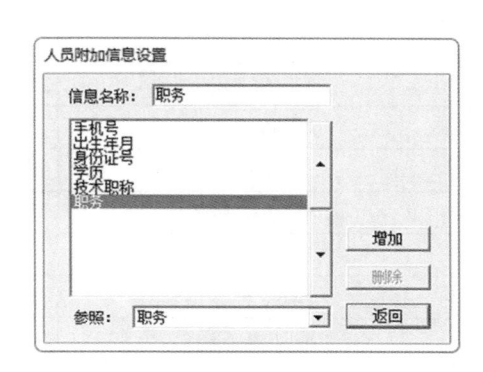

图 5-5　人员附加险信息对话框

二、人员类别设置

人员类别设置与工资的分摊有关，用户应根据企业实际情况，设置不同的人员类别。

【资料准备】

人员类别资料如表 5-1 所示。

表 5-1　人员类别资料

类 别 顺 序	类 别 名 称
1	管理人员
2	采购人员
3	销售人员
4	空压机壳直接人工
5	机床保护壳直接人工
6	空压机壳人工分配
7	机床保护壳人工分配

【操作指导】

由财务主管曾月进行操作。

（1）执行"工资"→"设置"→"人员类别设置"命令，打开"类别设置"对话框。

（2）在"类别"文本框中录入"管理人员"，单击"增加"按钮。

（3）依次重复上述操作，直至把所有人员类别名称录完，最后单击"返回"按钮，如图5-6所示。

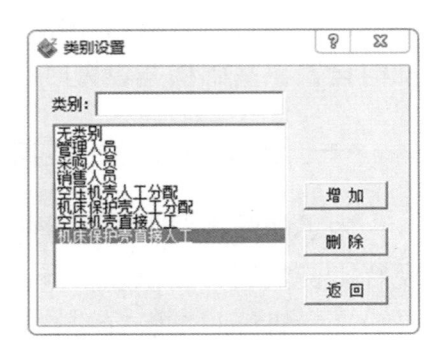

图5-6 人员类别设置对话框

三、工资项目设置

【资料准备】

工资项目资料如表5-2所示。

表5-2 工资项目资料

工资项目	项目类型	长度	小数	增减项
基本工资	数字	10	2	增项
岗位工资	数字	10	2	增项
奖金	数字	10	2	增项
计件工资	数字	10	2	增项
分配计入	数字	10	2	增项
应发合计	数字	10	2	增项
应计提工资	数字	10	2	其他
事假扣款	数字	10	2	减项
病假扣款	数字	10	2	减项
缺勤扣款	数字	10	2	减项
应发工资	数字	10	2	其他
职工养老保险	数字	10	2	减项
职工医疗保险	数字	10	2	减项
职工失业保险	数字	10	2	减项
职工住房公积金	数字	10	2	减项
计税工资	数字	10	2	其他
代扣税	数字	10	2	减项
扣款合计	数字	10	2	减项
实发合计	数字	10	2	增项
企业养老保险	数字	10	2	其他
企业医疗保险	数字	10	2	其他
企业失业保险	数字	10	2	其他
生育保险	数字	10	2	其他
工伤保险	数字	10	2	其他
企业社保费合计	数字	10	2	其他

续表

工资项目	项目类型	长度	小数	增减项
企业住房公积金	数字	10	2	其他
计件数量	数字	10	0	其他
日工资	数字	10	2	其他
工龄	数字	10	2	其他
事假天数	数字	10	2	其他
病假天数	数字	10	2	其他
缺勤天数	数字	10	2	其他

【操作指导】

由财务主管曾月进行操作。

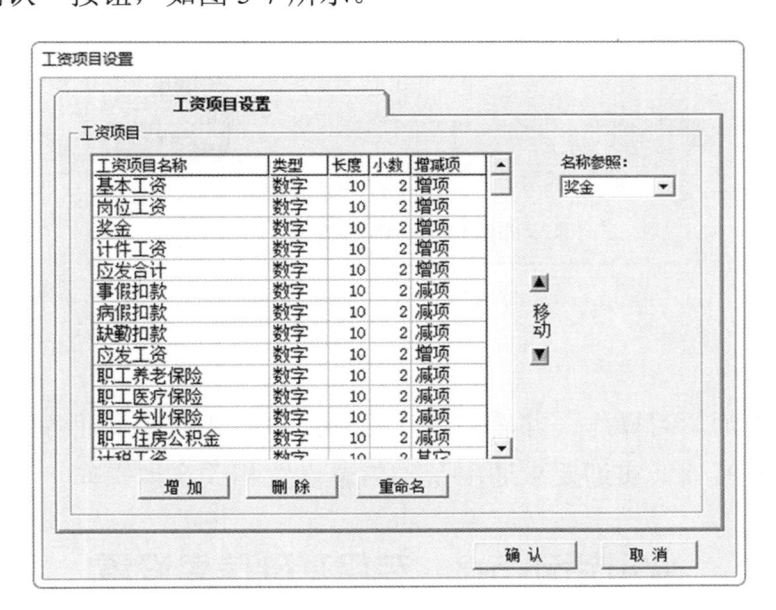

（1）执行"工资"→"设置"→"工资项目设置"命令，打开"工资项目设置"对话框。

（2）单击"增加"按钮，在"工资项目"列表中增加一空行。

（3）在"名称参照"下拉列表中选择"基本工资"选项，在"类型"下拉列表中选择"数字"选项，"长度"录入数值"10"，双击"小数"栏，单击增减器的数值调节按钮，将小数设为"2"，在"增减项"下拉列表中选择"增项"选项。

（4）同理，单击"增加"按钮，根据资料设置其他工资项目。如果"名称参照"下拉列表中没有要输入的工资项目名称，可直接录入工资项目名称。

（5）所有工资项目设置完成后，利用"工资项目设置"对话框中的"▲"和"▼"按钮按照将来各工资项目计算的先后顺序排列工资项目。

（6）单击"确认"按钮，如图5-7所示。

图5-7 工资项目设置

提示：

● 系统提供若干常用工资项目供参考，可直接选择。对于参照中未提供的工资项目，可以在"工资项目名称"栏中直接输入,或先从"名称参照"中选择一个项目,然后单击"重命名"按钮修改为需要的项目。同时,注意最后工资项目的顺序一定按将来各工资项目计算的先后顺序来排列。

四、银行名称设置

【资料准备】

银行名称资料如下。

银行名称:工行保定市雁翔路支行。

账号定长:6。

录入时需要自动带出的账号长度:4。

【操作指导】

由财务主管曾月进行操作。

(1)执行"设置"→"银行名称设置"命令,打开"银行名称设置"对话框。

(2)单击"增加"按钮,默认账号定长,并将"账号长度"设为"6",在"银行名称"文本框中录入"工行保定市雁翔路支行",把"录入时需要自动带出的账号长度"设为"4",单击"返回"按钮,如图5-8所示。

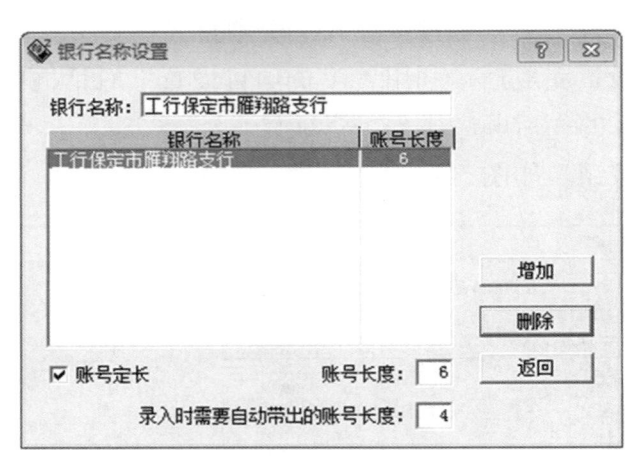

图5-8 银行名称设置

【业务实训】

(1)认真跟着老师学习操作,并看完教学视频,完成并掌握本业务活动教学内容操作。

(2)完成项目五实训一实训要求通用基础信息设置相关实训操作,见附录A。

业务活动5-3 专用基础信息设置

因为本工资核算案例涉及多个工资类别,所以通用基础信息设置完毕后,还要针对不同的工资类别设置其专用基础信息,以满足不同工资类别的核算管理。

一、建立工资类别

【资料准备】

工资类别资料如下。

工资类别一：正式人员；部门选择：所有部门。

工资类别二：临时人员；部门选择：生产车间。

【操作指导】

由财务主管曾月进行操作。

（1）执行"工资"→"工资类别"→"新建工资类别"命令，打开"新建工资类别"对话框，在文本框中输入"正式人员"，单击"下一步"按钮。

（2）选中所有部门，单击"完成"按钮，如图5-9所示，弹出"是否以2021-10-01为当前工资类别的启用日期？"信息提示框，单击"是"按钮，返回工资管理系统。

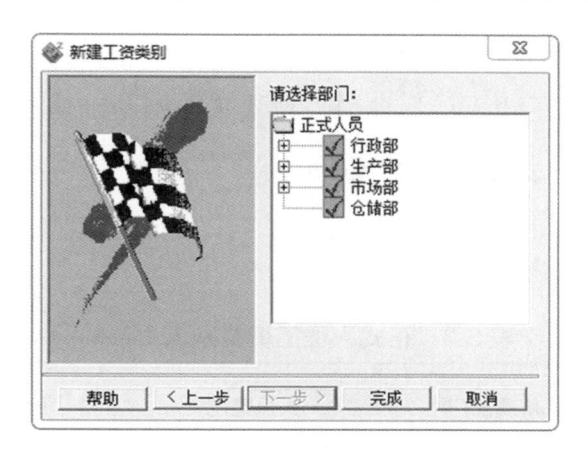

图 5-9　工资类别建立

（3）同理，可建立临时人员工资类别。

二、设置工资类别主管

【操作任务】

将李鸿飞设置成正式人员和临时人员的工资类别主管。

【操作指导】

由财务主管曾月进行操作。

（1）在工资管理系统中，执行"工资"→"设置"→"权限设置"命令，进入"权限设置"对话框。

（2）在左侧"操作员"栏内选中操作员"李鸿飞"，单击"修改"按钮，在"工资类别主管"下拉列表中选择"001（正式人员）"，选中"工资类别主管"复选框，单击"保存"按钮。同理，设置李鸿飞为"临时人员"类别主管，如图5-10所示。

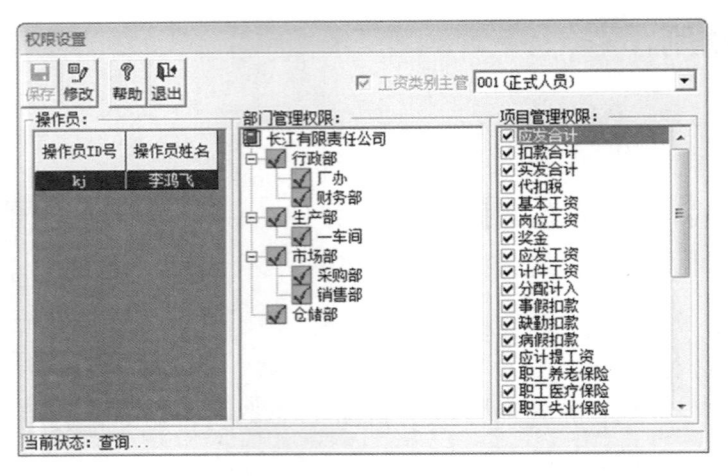

图 5-10 "权限设置"窗口工资类别主管设置

三、设置工资类别专用基础信息

（一）正式人员工资类别基础信息设置

首先打开"工资类别：正式人员"窗口，设置其专用基础信息。

1. 正式人员工资类别人员档案的设置

【资料准备】

正式人员工资类别人员档案如表 5-3 所示。

表 5-3 正式人员工资类别人员档案

职员编号	职员姓名	所属部门	人员类别	账　　号	是否计税	中方人员
001	王鹏飞	厂办	管理人员	000001	是	是
002	李东升	厂办	管理人员	000002	是	是
003	曾月	财务部	管理人员	000003	是	是
004	张长顺	财务部	管理人员	000004	是	是
005	李鸿飞	财务部	管理人员	000005	是	是
006	杨柳	仓储部	管理人员	000006	是	是
007	李铭	一车间	管理人员	000007	是	是
008	王翠洁	一车间	空压机壳直接人工	000008	是	是
009	李飞	一车间	空压机壳直接人工	000009	是	是
010	张德军	一车间	机床保护壳直接人工	000010	是	是
011	赵小静	采购部	管理人员	000011	是	是
012	杨帆	采购部	采购人员	000012	是	是
013	李海波	销售部	管理人员	000013	是	是
014	王涛	销售部	销售人员	000014	是	是
015	空压机壳人工分配	一车间	空压机壳人工分配		是	是
016	机床保护壳人工分配	一车间	机床保护壳人工分配		是	是

【操作指导】

由会计李鸿飞进行操作。

（1）打开"工资类别：正式人员"窗口，执行"设置"→"人员档案"命令，进入"人员档案"对话框。

（2）单击工具栏中的"批增"按钮，打开"人员批量增加"对话框，选中所有部门，单击"确定"按钮。

（3）进入"人员档案"对话框，单击"修改"按钮，按照资料补充完善人员档案的基本信息和附加信息，录入完一人的信息后，单击"确认"按钮，系统弹出"写入该人员档案信息吗"信息提示框，单击"确定"按钮，进行下一人的信息修改，直至录入完毕，如图 5-11 所示。

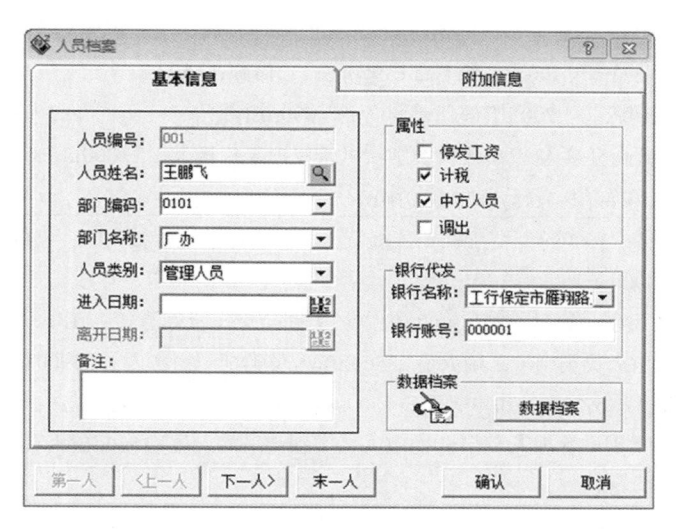

图 5-11 "人员的档案的基本信息和附加信息"对话框

2. 正式人员工资类别工资项目的录入

虽然一开始，我们在通用基础信息设置中设置好了工资项目，但只是打好了基础，还需在每个工资类别中对工资项目进行重新录入、确认，以便其更符合该工资类别的核算特点。

【资料准备】

正式人员工资类别工资项目。

该类别工资项目为通用基础信息设置中工资项目中的所有项目。

【操作指导】

由会计李鸿飞进行操作。

（1）打开"工资类别：正式人员"窗口，执行"工资"→"设置"→"工资项目设置"命令，打开"工资项目设置"对话框，列表中显示已有的工资项目。

（2）单击"增加"按钮，从"名称参照"下拉列表中，选择"基本工资"选项，该工资项目即设置为正式人员工资项目。同理，增加其他工资项目。

（3）按照工资项目计算先后顺序对所有工作项目进行排序，最后单击"确定"按钮，完成正式人员工资项目的设置。

提示：

● 如果发现专用基础信息设置中的工资项目有误，应该关闭工资类别，回到通用基础信息设置进行修改。同时，注意工资项目的顺序一定按将来各工资项目计算先后顺序来排列。

3. 正式人员工资类别计算公式的设置

【资料准备】

正式人员工资类别计算公式如表5-4所示。

表5-4 正式人员工资类别计算公式

工资项目	公式定义条件
基本工资	厂办：900元；财务部：800元；一车间的管理人员、空压机壳直接人工、机床保护壳直接人工：1000元；采购部：700元；销售部：950元；仓储部：650元。 iff(部门="厂办",900,iff(部门="财务部",800,iff(部门="一车间"and人员类别="管理人员"or人员类别="空压机壳直接人工"or人员类别="机床保护壳直接人工",1000,iff(部门="采购部",700,iff(部门="销售部",950,iff(部门="仓储部",650,0))))))
岗位工资	管理人员：3600元；空压机壳直接人工、机床保护壳直接人工：3800元；采购人员：3500元；销售人员：3900元。 iff(人员类别="管理人员",3600,iff(人员类别="空压机壳直接人工"or人员类别="机床保护壳直接人工",3800,iff(人员类别="采购人员",3500,iff(人员类别="销售人员",3900,0))))
奖金	管理人员：1600元；采购人员：1500元；销售人员：1800元。 iff(人员类别="管理人员",1600,iff(人员类别="采购人员",1500,iff(人员类别="销售人员",1800,0)))
计件工资	计件数量×50
日工资	（基本工资+岗位工资）/21
事假扣款	日工资×事假天数
病假扣款	工龄≥10，日工资×病假天数×0.2；工龄≥5且<10，日工资×病假天数×0.5；工龄<5，日工资×病假天数×0.8。 iff(工龄>=10,日工资*病假天数*0.2,iff(工龄>=5 and工龄<10,日工资*病假天数*0.5,iff(工龄<5,日工资*病假天数*0.8,0)))
缺勤扣款	日工资×缺勤天数×2
应发工资	应发合计-事假扣款-病假扣款-缺勤扣款
应计提工资	应发合计
职工养老保险	应计提工资×0.08
职工医疗保险	应计提工资×0.02
职工失业保险	应计提工资×0.005
职工住房公积金	应计提工资×0.12
计税工资	应发工资-职工养老保险-职工医疗保险-职工失业保险-职工住房公积金
扣款合计	事假扣款+病假扣款+缺勤扣款+职工养老保险+职工失业保险+职工医疗保险+职工住房公积金+代扣税
实发合计	应发合计-扣款合计
企业养老保险	应计提工资×0.2

续表

工 资 项 目	公式定义条件
企业医疗保险	应计提工资×0.1
企业失业保险	应计提工资×0.01
生育保险	应计提工资×0.01
工伤保险	应计提工资×0.005
企业社保费合计	企业养老保险+企业医疗保险+企业失业保险+生育保险+工伤保险
企业住房公积金	应计提工资×0.12

【操作指导】

由会计李鸿飞进行操作。

（1）利用函数向导"IFF"函数来录入。

本题中基本工资、岗位工资、奖金、病假扣款的计算公式设置可采用此方法。

① 打开"工资类别：正式人员"窗口，执行"工资"→"设置"→"工资项目设置"命令，打开"工资项目设置"窗口，单击"公式设置"选项卡。单击左上角"工资项目"栏的"增加"按钮，在"工资项目"下拉列表中选择"基本工资"项目。

② 单击"基本工资公式定义"文本框，单击"函数公式向导"按钮，打开"函数向导——步骤之1"对话框，从"函数名"列表中选择"IFF"函数，单击"下一步"按钮。

③ 进入"函数向导——步骤之2"对话框，在"逻辑表达式"下拉列表中选择"部门名称"选项，然后在下面的列表中选择"厂部"；在"算数表达式1"文本框中录入"900"，单击"完成"按钮，返回"公式设置"窗口。"厂部"计算公式录入过程如图5-12所示。

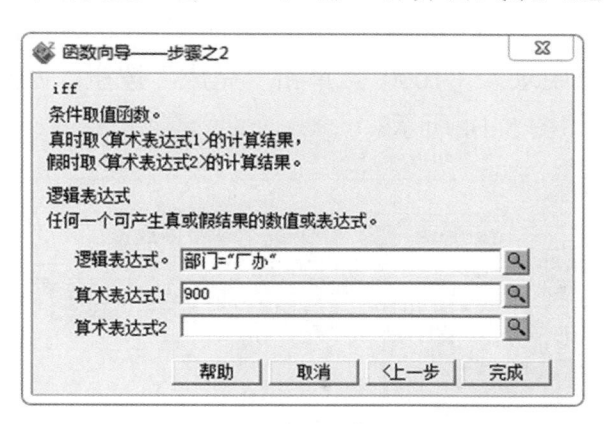

图5-12 "厂部"计算公式录入过程

④ 在"基本工资公式定义"文本框中，将光标调到刚输入的函数公式的反括号前面，单击"函数公式向导输入"按钮，打开"函数向导——步骤之1"对话框。从"函数名"列表中选择"IFF"函数，单击"下一步"按钮；进入"函数向导——步骤之2"对话框，在"逻辑表达式"下拉列表中选择"部门名称"选项，然后在下面的列表中选择"财务部"；在"算数表达式1"文本框中录入"800"，单击"完成"按钮，返回"公式设置"窗口。"财务部"计算公式录入结果如图5-13所示。

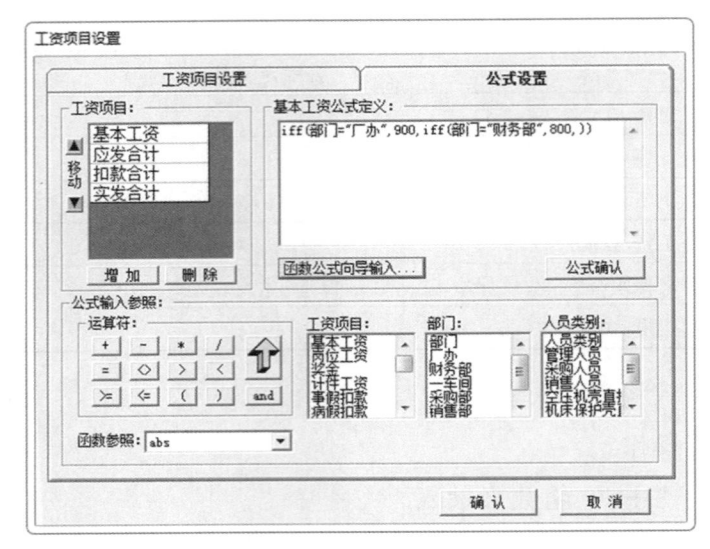

图 5-13 "财务部"计算公式录入结果

⑤ 在"基本工资公式定义"文本框中，将光标调到刚输入的函数公式的反括号前面，单击"函数公式向导输入"按钮，打开"函数向导——步骤之 1"对话框。从"函数名"列表中选择"IFF"函数，单击"下一步"按钮；进入"函数向导——步骤之 2"对话框，在"逻辑表达式"下拉列表中选择"部门名称"选项，然后在下面的列表中选择"一车间"，空格录入"and"，再空格，从"参照列表"下拉列表中选择"人员类别"选项，然后在下面的列表中选择"管理人员"，空格后录入"or"，再空格，从"参照列表"下拉列表中选择"人员类别"选项，然后在下面的列表中选择"空压机壳直接人工"，空格录入"or"，再空格，从"参照列表"下拉列表中选择"人员类别"选项，然后在下面的列表中选择"机床保护壳直接人工"；在"算数表达式 1"文本框中录入"1000"，单击"完成"按钮，返回"公式设置"窗口。"一车间"计算公式录入结果如图 5-14 所示。

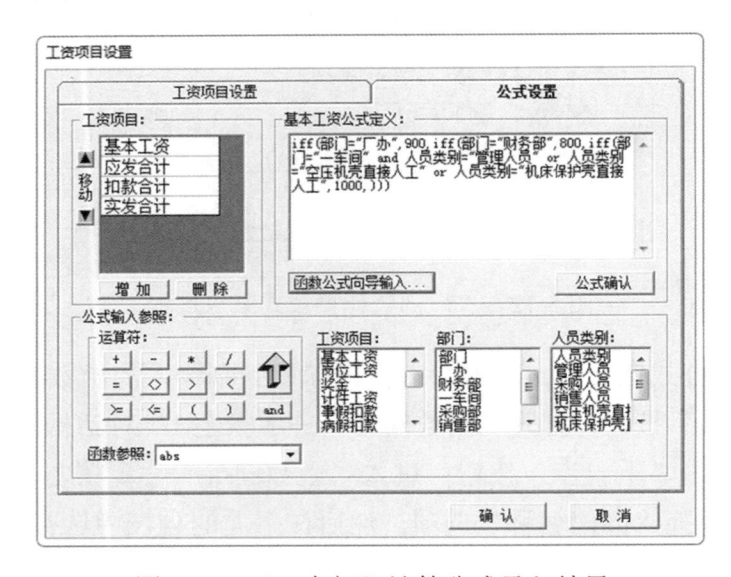

图 5-14 "一车间"计算公式录入结果

⑥ 在"基本工资公式定义"文本框中，将光标调到刚输入的函数公式的反括号前面，单

击"函数公式向导输入"按钮,打开"函数向导——步骤之 1"对话框。从"函数名"列表中选择"IFF"函数,单击"下一步"按钮;进入"函数向导——步骤之 2"对话框,在"逻辑表达式"下拉列表中选择"部门名称"选项,然后在下面的列表中选择"采购部";在"算数表达式 1"文本框中录入"700",单击"完成"按钮,返回"公式设置"窗口。"采购部"计算公式录入结果如图 5-15 所示。

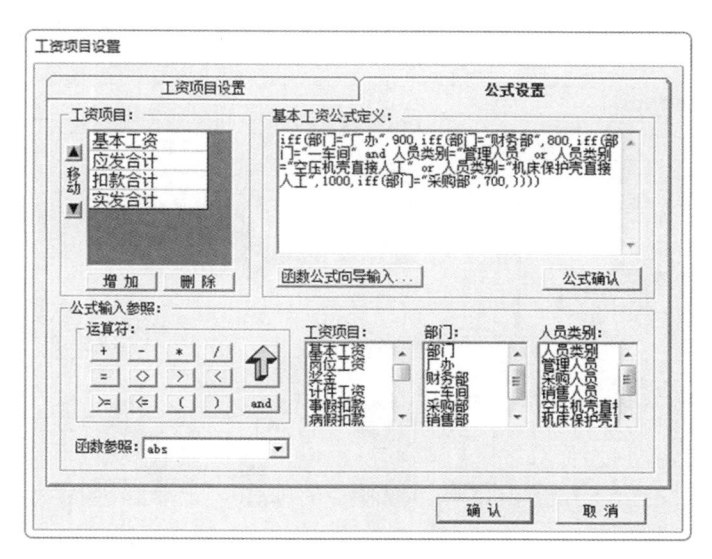

图 5-15 "采购部"计算公式录入结果

⑦ 在"基本工资公式定义"文本框中,将光标调到刚输入的函数公式的反括号前面,单击"函数公式向导输入"按钮,打开"函数向导——步骤之 1"对话框。从"函数名"列表中选择"IFF"函数,单击"下一步"按钮;进入"函数向导——步骤之 2"对话框,在"逻辑表达式"下拉列表中选择"部门名称"选项,然后在下面的列表中选择"销售部";在"算数表达式 1"文本框中录入"950",单击"完成"按钮,返回"公式设置"窗口。"销售部"计算公式录入结果如图 5-16 所示。

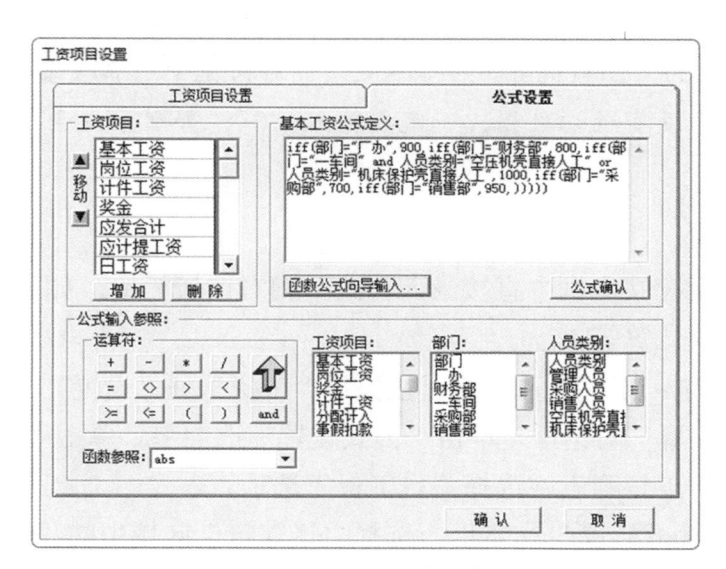

图 5-16 "销售部"计算公式录入结果

⑧ 在"基本工资公式定义"文本框中，将光标调到刚输入的函数公式的反括号前面，单击"函数公式向导输入"按钮，打开"函数向导——步骤之1"对话框。从"函数名"列表中选择"IFF"函数，单击"下一步"按钮；进入"函数向导——步骤之2"对话框，在"逻辑表达式"下拉列表中选择"部门名称"选项，然后在下面的列表中选择"仓储部"；在"算数表达式1"文本框中录入"650"，在"算数表达式2"后的文本框中输入"0"，单击"完成"按钮，返回"公式设置"窗口。"基本工资"公式录入结果如图5-17所示。

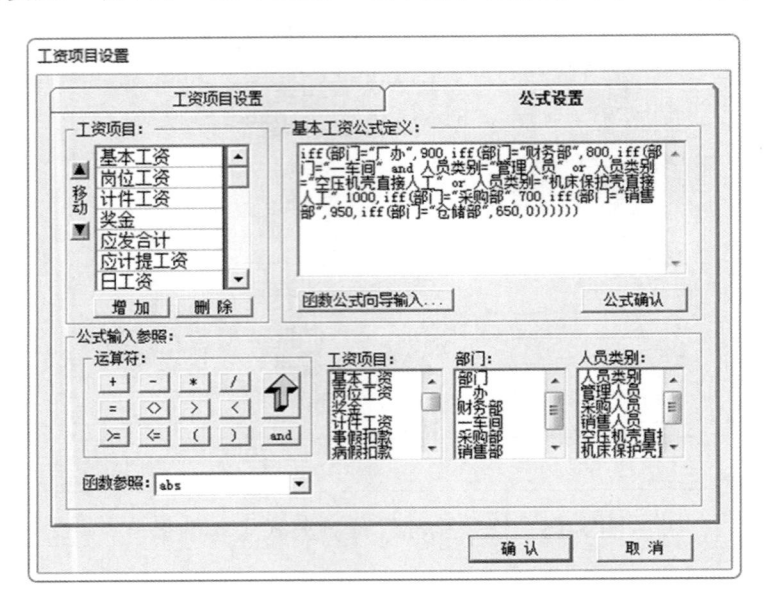

图5-17 "基本工资"公式录入结果

公式录入完毕，单击"公式确认"按钮。如果公式录入有问题，系统会弹出"不合法公式"信息提示框，进行公式修正。

岗位工资、奖金、病假扣款的计算公式设置可参考基本工资计算公式的设置方法。

提示：
● 在最后一个部门的"函数向导——步骤之2"对话框中"算数表达式2"后的文本框中一定要输入数据，如果没有确切数据，一定要输入"0"，否则系统会弹出"公式不合法"信息提示框。

（2）直接录入公式。

直接录入公式是指在文本框中直接录入公式，相对比较简单，如日工资、事假扣款、缺勤扣款、个人社保费的计算等。

① 打开"工资类别：正式人员"窗口，执行"工资"→"设置"→"工资项目设置"命令，打开"工资项目设置"对话框，单击"公式设置"选项卡。单击"工资项目"栏"增加"按钮，在"工资项目"下拉列表中选择"日工资"选项。

② 单击"日工资公式定义"文本框，选择"运算符"区域中的"("")"，在"("")"内录入"基本工资+岗位工资"，再选择"运算符"区域中的"/"，在文本框中录入"21"，单击

"公式确认"按钮。"日工资"计算公式录入结果如图 5-18 所示。

事假扣款、缺勤扣款、个人社保费等的计算公式可参考"日工资"的录入方法。

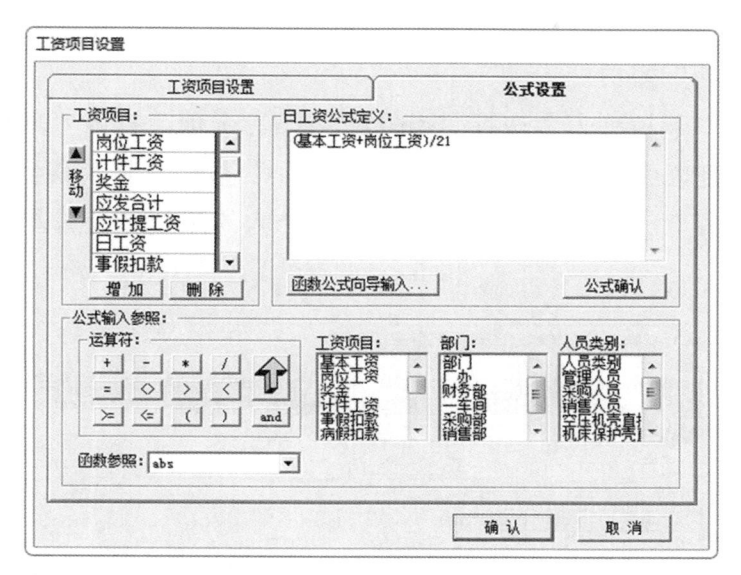

图 5-18 "日工资"计算公式录入结果

（3）所有计算公式录入完毕。

所有计算公式录入完毕，单击"确认"按钮后退出。有一点要注意，计算公式有先后顺序，一定要按照计算的先后顺序排列工资项目。

4．正式人员工龄的基本数据录入

【资料准备】

正式人员工龄的基本数据如表 5-5 所示。

表 5-5　正式人员工龄的基本数据

职员编号	职员姓名	工　龄
001	王鹏飞	20
002	李东升	18
003	曾月	15
004	张长顺	14
005	李鸿飞	12
006	杨柳	10
007	李铭	9
008	王翠洁	9
009	李飞	8
010	张德军	7
011	赵小静	7
012	杨帆	7
013	李海波	7
014	王涛	4

【操作指导】

由会计李鸿飞进行操作。

（1）打开"工资类别：正式人员"窗口，执行"工资"→"业务处理"→"工资变动"命令，进入"工资变动"窗口。

（2）在"过滤器"下拉列表中选择"<过滤设置>"选项，打开"项目过滤"对话框，选择"工资项目"下拉列表中的"工龄"选项，单击">"按钮，将其移到"已选项目"内，单击"确认"按钮，返回"工资变动"窗口，此时每个人的工资项目只显示"工龄"项目，如图5-19所示。

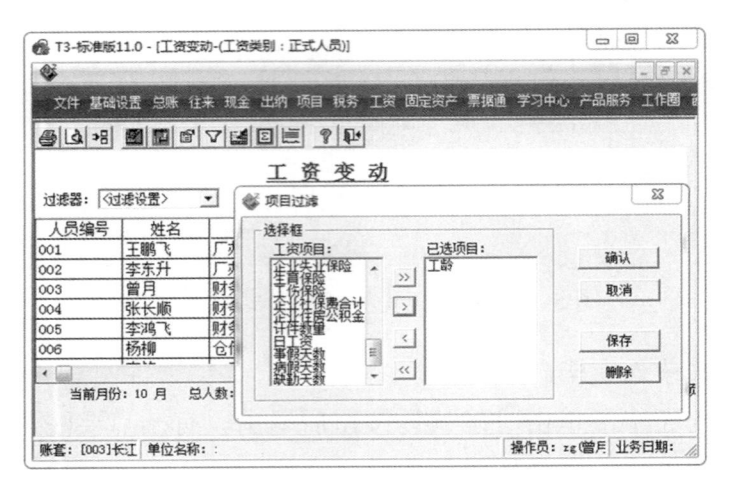

图5-19 "项目过滤"对话框

（3）按资料录入正式人员的工龄。录入完毕，单击"关闭"按钮，系统弹出"数据发生变动后请进行工资计算和汇总，否则工资数据可能不正确，是否进行工资计算与汇总？"信息提示框，单击"否"按钮退出，如图5-20所示。

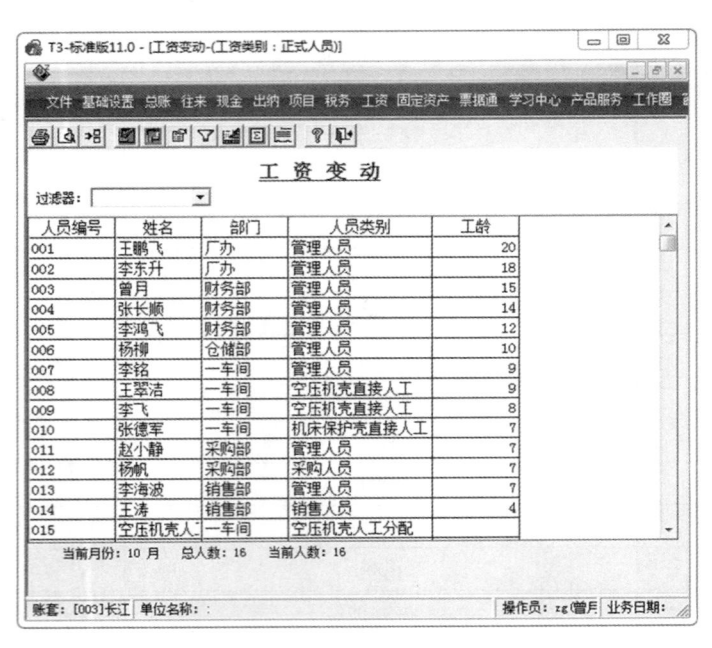

图5-20 "工资变动-过滤设置"工龄录入结果

5. 正式人员工资类别扣缴个人所得税设置

【资料准备】

正式人员工资类别个人综合所得月度税率和速算扣除数表如表 5-6 所示。

表 5-6　正式人员工资类别个人综合所得月度税率和速算扣除数表

\multicolumn{4}{c}{"对应工资项目"为"计税工资"}			
\multicolumn{4}{c}{计税基数为 5 000 元。附加费用为 0，对应工资项目为"计税工资"}			
级　数	月度应纳税所得额	税率/%	速算扣除数
1	不超过 3 000 元的	3	0
2	超过 3 000 元至 12 000 元的部分	10	210
3	超过 12 000 元至 25 000 元的部分	20	1 410
4	超过 25 000 元至 35 000 元的部分	25	2 660
5	超过 35 000 元至 55 000 元的部分	30	4 410
6	超过 55 000 元至 80 000 元的部分	35	7 160
7	超过 80 000 元的部分	45	15 160

【操作指导】

由会计李鸿飞进行操作。

（1）打开"工资类别：正式人员"窗口，单击图标"扣缴个人所得税"或执行"业务处理"→"扣缴所得税"命令，打开"栏目选择"对话框，选择"对应工资项目"为"计税工资"，单击"确认"按钮进入"个人所得税申报表"对话框。

（2）在"个人所得税申报表"对话框中，单击"税率"按钮，打开"个人所得税申报表——税率表"对话框，修改基数为"5000"，附加费用为"0"，然后双击"计算公式"下面的每一行，按照资料进行修改，修改完毕后，单击"确认"按钮，如图 5-21 所示。在"是否重新计算个人所得税"信息提示框中选择"是"后退出。

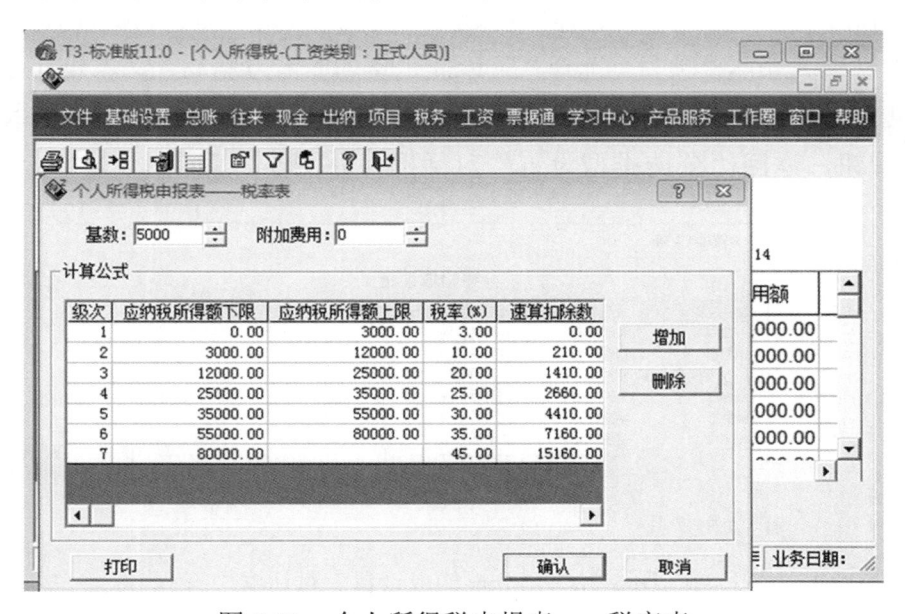

图 5-21　个人所得税申报表——税率表

6. 正式人员工资类别工资费用分摊及其他费用计提的分录设置

【资料准备】

正式人员工资类别工资费用分摊及其他费用计提资料。

（1）进行计提工资费用（工资分配）的分录设置。计提依据为"应计提工资"项目，计提比例为100%。

（2）进行计提福利费的分录设置。计提依据为"应计提工资"项目，计提比例为14%。

（3）进行计提工会经费的分录设置。计提依据为"应计提工资"项目，计提比例为2%。

（4）进行计提职工教育经费的分录设置。计提依据为"应计提工资"项目，计提比例为2.5%。

（5）进行计提企业社保费的分录设置。计提依据为"应计提工资"项目，计提比例为32.5%。

（6）进行计提企业住房公积金的分录设置。计提依据为"应计提工资"项目，计提比例为12%。

【操作指导】

由会计李鸿飞进行操作。

（1）了解企业有哪些部门，每个部门的人员类别有哪些，以免核算产生遗漏，所以一定要把每个部门及每个部门相应的人员类别搞清楚。

（2）打开"工资类别：正式人员"窗口，执行"工资"→"业务处理"→"工资分摊"命令，或者单击图标"工资分摊"，进入"工资分摊"对话框。

（3）在"工资分摊"对话框中，单击"工资分摊设置"按钮，进入"分摊类型设置"对话框。

（4）在"分摊类型设置"对话框中，单击"增加"按钮，进入"分摊计提比例"对话框，录入计提类型名称"计提工资费用"，计提比例"100%"，单击"下一步"按钮，进入"分摊构成设置"对话框。

（5）在"分摊构成设置"对话框中，由于厂办、财务部、采购部、仓储部几个部门的管理人员核算科目相同，所以"部门名称"可选中"厂办""财务部""采购部""仓储部"，"人员类别"选择"管理人员"，"项目"选择"应计提工资"，"借方科目"文本框中录入"660204"，"贷方科目"文本框中录入"221101"。其他部门的人员类别仿照上述方法录入。设置完成后单击"完成"按钮，返回"分摊类型设置"对话框，如图5-22所示。

图5-22 "分摊构成设置"对话框

（6）继续设置其他费用计提的分录。

（二）临时人员工资类别基础信息设置

【资料准备】

（1）临时人员工资类别人员档案如表 5-7 所示。

表 5-7　临时人员工资类别人员档案

职员编号	职员姓名	部门名称	人员类别	银行账号	是否中方	是否计税
017	于海	一车间	空压机壳直接人工	000015	是	是
018	顾涛	一车间	机床保护壳直接人工	000016	是	是
019	李海生	一车间	机床保护壳直接人工	000017	是	是

（2）临时人员工资项目如表 5-8 所示。

表 5-8　临时人员工资项目

工资项目	项目类型	长度	小数	增减项
计件数量	数字	10	0	其他
计件工资	数字	10	2	增项
应发合计	数字	10	2	增项
应计提工资	数字	10	2	其他
职工养老保险	数字	10	2	减项
职工医疗保险	数字	10	2	减项
代扣税	数字	10	2	减项
扣款合计	数字	10	2	减项
实发合计	数字	10	2	增项
企业养老保险	数字	10	2	其他
企业医疗保险	数字	10	2	其他
工伤保险	数字	10	2	其他
企业社保费合计	数字	10	2	其他

（3）临时人员工资计算公式如表 5-9 所示。

表 5-9　临时人员工资计算公式

工资项目	公式定义条件
计件工资	计件数量×80
应计提工资	应发合计
职工养老保险	应计提工资×0.08
职工医疗保险	应计提工资×0.02
扣款合计	职工养老保险+职工医疗保险+代扣税
实发合计	应发合计-扣款合计
企业养老保险	应计提工资×0.2
企业医疗保险	应计提工资×0.1
工伤保险	应计提工资×0.01
企业社保费合计	企业养老保险+企业医疗保险+工伤保险

（4）临时人员工资费用分摊及其他费用计提资料。

① 进行计提工资费用（工资分配）的分录设置。计提依据为"应计提工资"项目，计提比例为 100%。

② 进行计提福利费的分录设置。计提依据为"应计提工资"项目，计提比例为 14%。

③ 进行计提企业社保费的分录设置。计提依据为"应计提工资"项目，计提比例为 31%。

【操作指导】

由会计李鸿飞进行操作。

具体操作步骤可参考正式人员工资类别中各项内容的操作步骤，此处不再过多赘述。

【业务实训】

（1）认真跟着老师学习操作，并看完教学视频，完成并掌握本业务活动教学内容操作。

（2）完成项目五实训二实训要求专用基础信息设置相关实训操作，见附录 A。

任务二　工资管理系统日常业务处理

工资管理系统的日常业务主要包括工资变动情况的操作、工资费用及其他费用计提分录生成凭证、汇总工资类别等。

业务活动 5-4　工资变动情况的操作

一、正式人员工资变动情况

【资料准备】

正式人员工资变动情况如表 5-10、表 5-11 所示。

表 5-10　生产工人计件数量

单位：件

职员编号	职员姓名	产品产量记录				
		产品名称	合格品	料废品	工废品	计件数量合计
008	王翠洁	空压机壳	30	5	1	35
009	李飞	空压机壳	20	5	4	25
010	张德军	机床保护壳	42	3	0	45

表 5-11　事假天数、病假天数、缺勤天数统计表

单位：天

职员编号	职员姓名	事假天数	病假天数	缺勤天数
001	王鹏飞		2	
003	曾月	2		
005	李鸿飞			3

职 员 编 号	职 员 姓 名	事 假 天 数	病 假 天 数	缺 勤 天 数
007	李铭	3		
008	王翠洁			2

【操作指导】

由会计李鸿飞进行操作。

1. 计件数量的录入

（1）打开"工资类别：正式人员"窗口，执行"工资"→"业务处理"→"工资变动"命令，进入"工资变动"窗口，单击"筛选"按钮，打开"数据筛选"对话框。

（2）单击"工资项目"下拉列表，选择"部门"选项，条件框中选择"="，在"值"文本框中录入"一车间"；下一行"且"后的"工资项目"下拉列表，选择"人员类别"选项，条件框选择"="，在"值"文本框中录入"空压机壳直接人工"；下一行中将"且"换成"或"，"工资项目"下拉列表选择"人员类别"选项，条件框选择"="，在"值"文本框中录入"机床保护壳直接人工"，单击"确认"按钮，回到"工资变动"窗口，如图5-23所示。

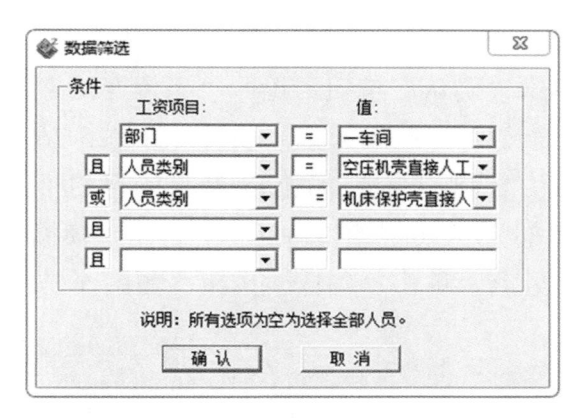

图5-23 "数据筛选"对话框

（3）此时，在"工资变动"窗口中，会出现一车间生产这两种产品的人员，此时在"过滤器"下拉列表中选择"过滤设置"选项，打开"项目过滤"对话框，选择"工资项目"下拉列表中的"计件数量"选项，单击">"按钮，将其移到"已选项目"内，如图5-24所示，单击"确认"按钮，返回"工资变动"窗口，此时每个人的工资项目只显示"计件数量"项目，在每个人"计件数量"文本框处按资料录入数量后，单击"重新计算"按钮，如图5-25所示。

提示：

● 当人员较多时，这样"筛选"功能和"过滤"功能结合的录入数据变动优势就会明显显现出来。

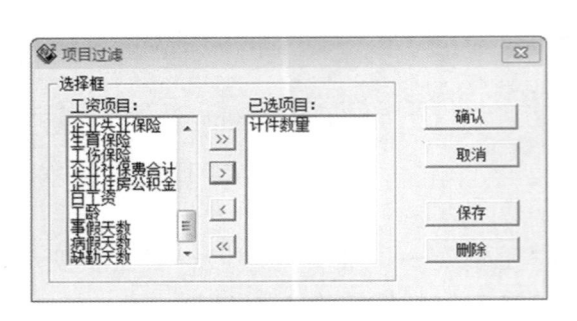

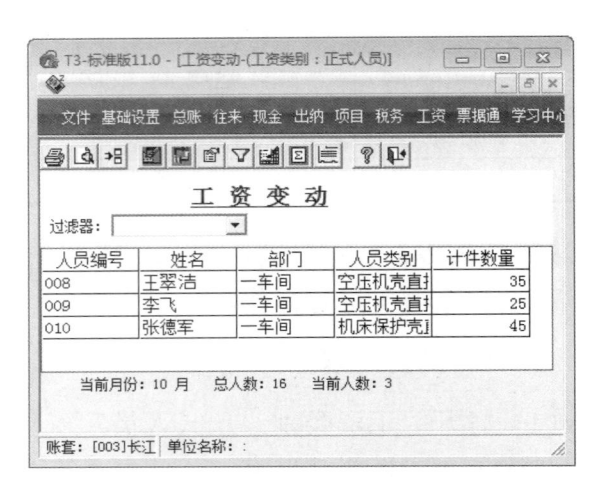

图 5-24　"项目过滤"对话框　　　　图 5-25　"计件数量"过滤后录入结果示意图

2. 出勤情况的录入

（1）打开"工资类别：正式人员"，执行"工资"→"业务处理"→"工资变动"命令，进入"工资变动"窗口。

（2）在"过滤器"下拉列表中选择"过滤设置"选项，打开"项目过滤"对话框，选择"工资项目"下拉列表中的"事假天数""病假天数""缺勤天数"选项，单击">"按钮，将其移到"已选项目"内，单击"确认"按钮，返回"工资变动"窗口，此时每个人的工资项目只显示"事假天数""病假天数""缺勤天数"项目，如图 5-26 所示。

（3）在出现"事假天数""病假天数""缺勤天数"项目的"工资变动"窗口，单击"部门/人员定位"按钮，打开"部门/人员定位"对话框。选中"模糊定位"复选框，在"人员姓名"文本框中录入相关人员姓名，单击"确认"按钮，如图 5-27 所示。

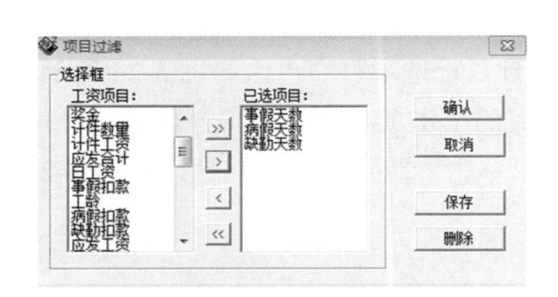

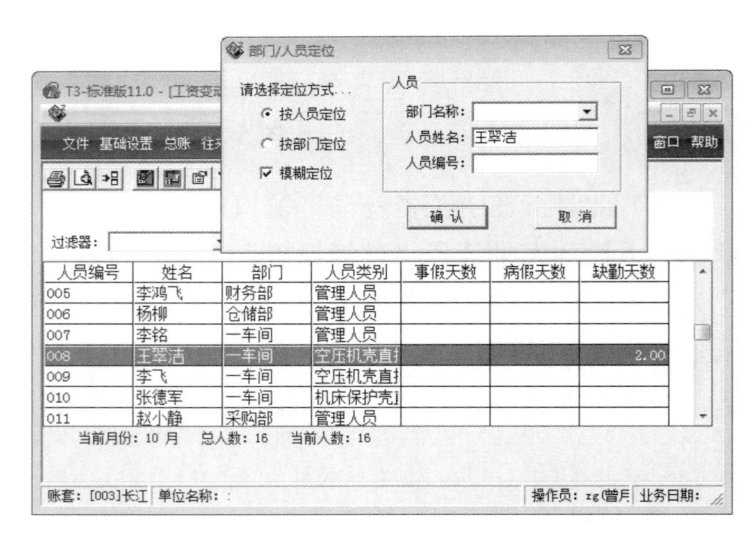

图 5-26　"项目过滤"对话框　　　　图 5-27　"部门/人员定位"对话框

提示：

● 当企业人员较多，又不清楚人员编号和所在部门，只知道姓名时，"过滤"功能和"定位"功能结合的录入数据变动优势就会明显显现出来。

3. 分配费用的录入

由于一车间生产的两种产品在生产工艺上有相同之处,所以将两种产品集中在一起生产,从而产生共同费用,需要将两种产品所耗费用按工时进行分配。两种产品所耗工时及费用如表 5-12 所示。

表 5-12　两种产品所耗工时及费用

产 品 名 称	共同费用/元	所耗工时/时
空压机壳	10 000	200
机床保护壳		300

(1)将两种产品所耗费用按照工时进行分配,分配结果如表 5-13 所示。

表 5-13　两种产品所耗费用分配结果

产 品 名 称	共同费用/元	所耗工时/时	分配费用/元
空压机壳	10 000	200	4 000
机床保护壳		300	6 000

(2)打开"工资类别:正式人员"窗口,执行"工资"→"业务处理"→"工资变动"命令,进入"工资变动"窗口,将分配结果填入"015-空压机壳人工分配""016-机床保护壳人工分配"相对应的"分配计入"栏内,单击"重新计算"和"汇总"按钮后,退出,如图 5-28 所示。

图 5-28　"分配费用的录入"示意图

二、临时人员工资变动情况

【资料准备】

临时人员工资变动情况如表 5-14 所示。

表 5-14 临时人员工资变动情况

单位：件

职员编号	职员姓名	产品产量记录				
		产品名称	合格品	料废品	工废品	计件数量合计
017	于海	空压机壳	60	5	4	65
018	顾涛	机床保护壳	50	5	0	55
019	李海生	机床保护壳	70	5	3	75

【操作指导】

由会计李鸿飞进行操作。

关闭正式人员工资类别，打开临时人员工资核算账套，具体操作步骤可参考正式人员计件数量录入的操作步骤。

【业务实训】

（1）认真跟着老师学习操作，并看完教学视频，完成并掌握本业务活动教学内容操作。

（2）完成项目五实训三实训要求第 1 项不同工资类别录入日常数据相关实训操作，见附录 A。

业务活动 5-5 工资费用及其他费用计提分录生成凭证

期末随着工资的重新计算和汇总，需要将相关的工资费用及其他费用计提分录生成凭证。

一、正式人员工资类别工资费用及其他费用计提分录生成凭证

【操作指导】

由会计李鸿飞进行操作。

（1）执行"工资"→"业务处理"→"工资分摊"命令，打开"工资分摊"对话框，在"计提费用类型"列表框中选中"计提工资费用"复选框，在"选择核算部门"列表框中选择所有的部门，单击"分配到部门"单选按钮，选中"明细到工资项目"复选框，单击"确定"按钮，进入"工资分配一览表"窗口，如图 5-29、图 5-30 所示。

（2）在"工资分配一览表"窗口中，选中"合并科目相同、辅助项相同的分录"复选框，单击"制单"按钮生成转账凭证，一车间"空压机壳"和"机床保护壳"相关借方科目都为"500102"，为项目辅助核算的科目。不同的产品要分别核算生产成本，需对照"工资分配一览表"确定相关产品生产成本，并计入不同的项目，如图 5-31 所示。

图 5-29 "工资分摊"对话框

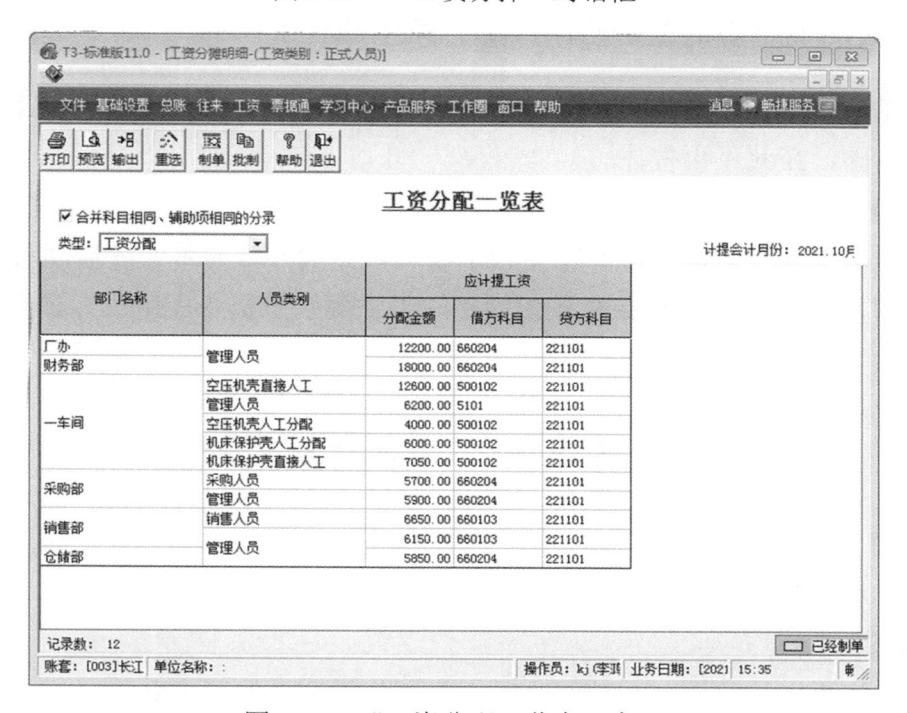

图 5-30 "工资分配一览表"窗口

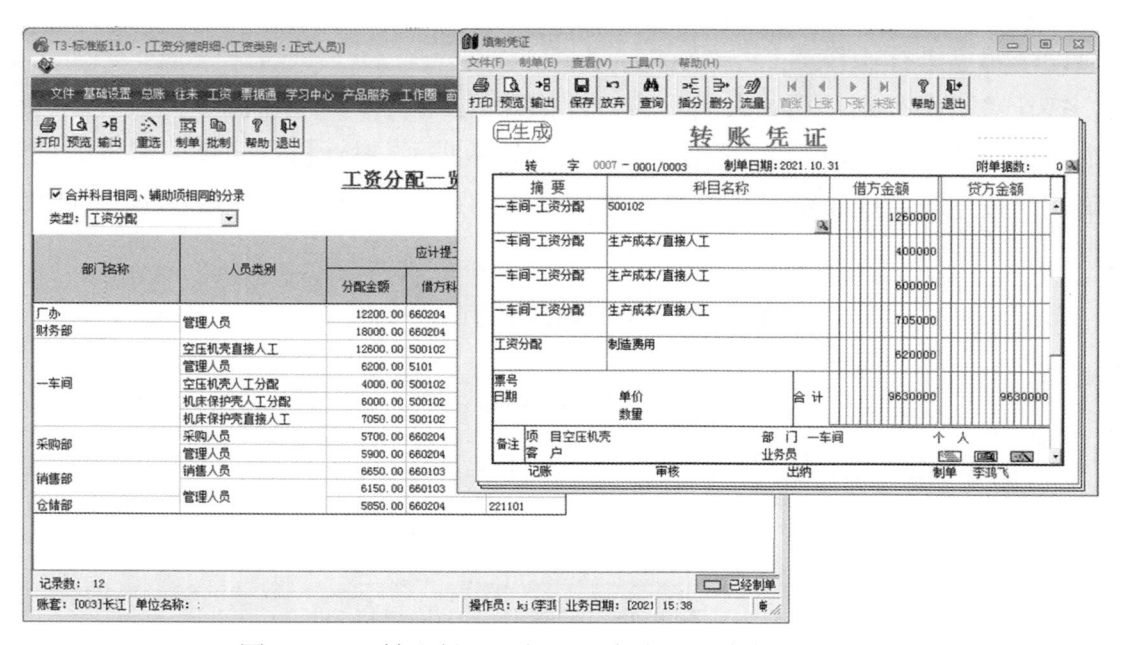

图 5-31 "转账凭证"与"工资分配一览表"对照图

（3）最后单击"保存"按钮，保存凭证后退出。继续其他费用生成凭证的处理。

其他费用凭证的生成可参考工资费用凭证生成的步骤。

提示：

● 凭证生成后，会自动传递到总账管理系统。如果发现凭证有错，需要删除，要在工资管理系统进行删除。此时执行"工资"→"统计分析"→"凭证查询"命令，打开"凭证查询"对话框，选中有错的凭证，单击"删除"按钮，即可删除凭证。

二、临时人员工资类别工资费用计提分录生成凭证

临时人员工资类别工资费用计提分录生成凭证可参考正式人员工资类别工资费用计提分录生成凭证的步骤，在此不再赘述。

【业务实训】

（1）认真跟着老师学习操作，并看完教学视频，完成并掌握本业务活动教学内容操作。

（2）完成项目五实训三实训要求第 2 项不同工资类别工资费用生成凭证实训操作，见附录 A。

业务活动 5-6　汇总工资类别

【操作任务】

将正式人员和临时人员的工资类别进行汇总。

【资料准备】

正式人员工资类别核算管理系统和临时人员工资类别核算管理系统。

【操作指导】

由会计李鸿飞进行操作。

（1）打开"工资类别：正式人员"窗口，执行"工资"→"系统工具"→"工资类别汇总"命令，打开"工资类别汇总-（工资类别：原始数据）"对话框；选择要汇总的工资类别，单击"确认"按钮，完成工资类别汇总，如图 5-32 所示。系统自动生成编号"998"的汇总工资类别。

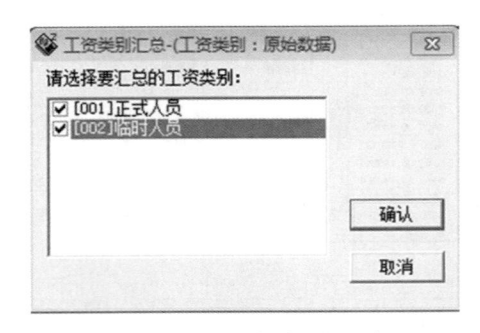

图 5-32　工资类别汇总

（2）执行"工资类别"→"打开工资类别"命令，打开"选择工资类别"对话框。
（3）选择"998 汇总工资类别"，单击"确认"按钮，查看工资类别汇总后的数据。

提示：

- 汇总前需要关闭工资类别。
- 如果是第一次进行工资类别汇总，需要在汇总工资类别时设置工资项目计算公式，如果每次汇总的工资类别一致，则公式无须重新设置。
- 汇总工作类别不需要进行月末处理和年末结转。
- 汇总工资类别中不需要再设置工资分摊，否则就重复了。
- 汇总工资类别的主要作用是能在一个界面查看所有人员的工资数据。

【业务实训】
（1）认真跟着老师学习操作，并看完教学视频，完成并掌握本业务活动教学内容操作。
（2）完成项目五实训三实训要求第 3 项汇总工资类别相关实训操作，见附录 A。

任务三　工资管理系统月末及期末处理

月末处理是指将当月数据处理后结转到下月。月末处理只能在会计年度的 1~11 月进行，处理后，当月数据不允许变动。月末处理功能只有账套主管才能执行。

工资每月会发生变化的项目称为"清零项目"，如计件数量、事假天数、病假天数、缺勤天数等项目，每个月都会变化，需要每月重新录入；对于每月不变的项目，如基本工资，则不需要清零，下月的工资变动中会带出这些数据。

如果有多个工资类别，则应按照工资类别分别进行月末结转；若本月工资未汇总，系统不允许进行月末结转。

业务活动 5-7　工资核算管理系统期末处理

工资核算管理系统期末处理包括月末结账、反结账和年结账。

【操作任务】
在工资核算管理系统进行月末结账。

【资料准备】
正式人员工资类别核算管理系统和临时人员工资类别核算管理系统。

【操作指导】
由财务主管曾月进行操作。
（1）打开"工资类别：正式人员"窗口，执行"工资"→"业务处理"→"月末处理"命令，打开"月末处理"对话框，单击"确认"按钮，系统弹出"是否选择清零"信息提示框，单击"是"按钮，弹出"选择清零项目"对话框。

（2）在"选择清零项目"对话框中，选择"计件数量""事假天数""病假天数""缺勤天数"项目，单击"＞"按钮，将所选清零项目移动到右侧列表中，单击"确认"按钮，如图 5-33 所示，系统弹出"月末处理完毕"信息提示框，单击"确定"按钮。

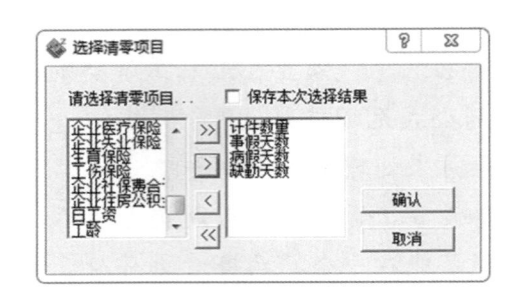

图 5-33　选择清零项目

以同样方法完成临时人员工资类别月末结账。

【业务实训】

（1）认真跟着老师学习操作，并看完教学视频，完成并掌握本业务活动教学内容操作。

（2）完成项目五实训四实训要求相关实训操作，见附录 A。

业务活动 5-8　备份长江公司工资数据

【操作任务】

将长江公司 2021 年 10 月份工资数据进行备份，保存至"D:\长江公司\10 月份工资"文件夹内。

【操作指导】

略。

业务活动 5-9　反结账

结账完成后，发现数据有误需要修改时，要进行反结账。反结账完成后，原结转下月的数据将自动删除。

【操作任务】

将正式人员工资类别核算管理系统和临时人员工资类别核算管理系统 10 月份已结账的工资核算资料进行反结账。

【操作指导】

由财务主管曾月进行操作。

（1）以下个月"2021 年 11 月 1 日"日期登录用友 T3 软件，进入工资管理系统。

（2）执行"工资"→"业务处理"→"反结账"命令，进入"反结账"对话框，"请选择反结账工资类别"选择"001[正式人员]""002[临时人员]"工资类别，选中001[正式人员]，单击"确定"按钮，打开"工资类别：001 反结账"对话框，单击"确定"按钮，系统弹出"反结账已成功完成！"信息提示框，单击"确定"按钮，即可完成"工资类别：001[正式人员]"的反结账。

按照上面的操作步骤，完成"工资类别：002[临时人员]"的反记账。

【业务实训】

认真跟着老师学习操作，并看完教学视频，完成并掌握本业务活动教学内容操作。

提示：

● 年末结转是指将工资数据经过处理后结转到下年。进行年末结转后，新的年度账将自动建立。如果有多个工资类别，应关闭所有工资类别，然后在系统管理中选择"年度账"，进行上年数据结转。其他操作与月末结账类似。进行年末结转后，本年各月数据将不允许变动。年末结账功能只有主管才能执行。

项目六
固定资产管理系统

学习任务

1. 了解固定资产管理系统的主要功能。
2. 熟悉固定资产管理系统的业务流程。
3. 理解固定资产账套中各种参数的含义。
4. 掌握固定资产管理系统设置参数与选项的各项操作。
5. 掌握固定资产日常业务处理的操作。

能力目标

1. 能设置固定资产各项基础信息、录入原始卡片。
2. 能正确进行固定资产增减、变动处理,固定资产评估和计提折旧等操作。
3. 能进行各种相关信息的查询。

任务一　固定资产管理系统初始化

固定资产管理系统初始化包括建立固定资产账套及设置参数与选项、固定资产基础设置。引入恢复"D:\长江公司\10月份工资"文件夹内的数据。

业务活动 6-1　建立固定资产账套及设置参数与选项

一、建立固定资产账套并设置参数

【资料准备】

长江有限责任公司固定资产账套建立的有关参数如表 6-1 所示。

表 6-1　长江有限责任公司固定资产账套建立的有关参数

参 数 控 制	设 置 参 数
约定与说明	我同意
启用月份	2021年10月1日

续表

参 数 控 制	设 置 参 数
折旧信息	本账套计提折旧。主要折旧方法：平均年限法（一）。 折旧汇总分配周期：1个月。 当（月初已计提月份=可使用月份–1）时，将剩余折旧全部提足
编码方式	资产类别编码方式：2112。 固定资产编码方式：按"部门编码+类别编码+序号"自动编码。 卡片序号长度：3
财务接口	与账务系统进行对账。 对账科目：固定资产对账科目——1601固定资产；累计折旧对账科目——1602累计折旧。 在对账不平的情况下不允许固定资产进行月末结账

【操作指导】

由财务主管曾月进行操作。

1. 启用固定资产账套

（1）以财务主管的身份登录用友T3软件，执行"账套"→"启用"命令，进入"系统启用"界面。

（2）在"系统启用"界面选中"固定资产"，设置登录日期为"2021-10-01"，退出。

2. 设置固定资产账套参数

（1）以账套主管身份登录用友T3软件，登录日期为2021年10月1日；单击"固定资产"按钮，弹出"这是第一次打开此账套，还未进行过初始化，是否进行初始化？"信息提示框，单击"是"按钮，打开"固定资产初始化向导—约定与说明"对话框。

（2）在"固定资产初始化向导—约定与说明"对话框中，选择"我同意"选项，单击"下一步"按钮，打开"固定资产初始化向导—启用月份"对话框，选择账套启用月份"2021.10.01"；

（3）单击"下一步"按钮，打开"固定资产初始化向导—折旧信息"对话框，选中"本账套计提折旧"复选框，选择折旧方法为"平均年限法（一）"、折旧汇总分配周期为"1个月"，选中"当（月初已计提月份=可使用月份-1）时，将剩余折旧全部提足"复选框。

（4）单击"下一步"按钮，打开"固定资产初始化向导—编码方式"对话框，确定资产类别编码长度为"2112"，单击"自动编码"单选按钮，选择固定资产编码方式为"部门编码+类别编码+序号"，选择卡片序号长度为"3"。

（5）单击"下一步"按钮，打开"固定资产初始化向导—财务接口"对话框，选中"与账务系统进行对账"复选框，对账科目下录入固定资产对账科目"1601固定资产"、累计折旧对账科目"1602累计折旧"，不选中"在对账不平的情况下允许固定资产月末结账"复选框。

（6）单击"下一步"按钮，打开"固定资产初始化向导—完成"对话框，单击"完成"按钮，完成本账套的初始化，弹出"是否确定所设置的信息完全正确并保存对新账套的所有设置？"信息提示框，单击"是"按钮，弹出"已成功初始化本固定资产账套"信息提示框，单击"确定"按钮。

二、固定资产账套选项设置

【操作任务】

长江有限责任公司固定资产账套选项设置。

（1）业务发生后立即制单。

（2）月末结账前一定要完成制单并登账。

（3）可纳税调整的增加方式有直接购入、投资者投入、捐赠；固定资产默认入账科目为1601，累计折旧默认入账科目为1602，可抵扣税额入账科目为"22210101"。

【操作指导】

由财务主管曾月进行操作。

（1）执行"固定资产"→"设置"→"选项"命令，打开"选项"对话框。

（2）单击"与财务系统接口"选项卡，选中"业务发生后立即制单""月末结账前一定要完成制单登账业务"复选框，可纳税调整的增加方式选择"直接购入""投资者投入""捐赠"，[固定资产]缺省入账科目选择"1601，固定资产"，[累计折旧]缺省入账科目选择"1602，累计折旧"，可抵扣税额入账科目选择"22210101，进项税额"，如图6-1所示，单击"确定"按钮。

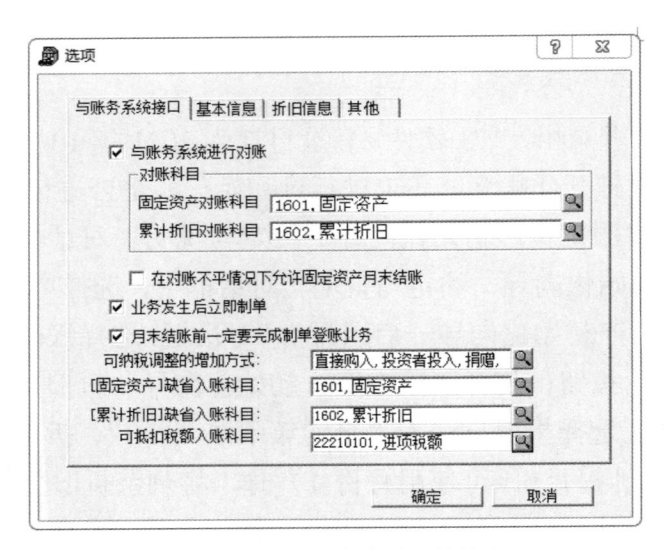

图6-1 固定资产选项设置

提示：

● 初始化设置完成后，有些参数不能修改，所以要慎重。

● 如果发现参数有错，必须改正，只能通过固定资产管理系统菜单"维护"→"重新初始化账套功能"命令实现，该操作将清空您对该子账套所做的一切工作。

【业务实训】

（1）认真跟着老师学习操作，并看完教学视频，完成并掌握本业务活动教学内容操作。

（2）完成项目六实训一实训要求第1项相关实训操作，见附录A。

业务活动 6-2　固定资产基础设置

固定资产种类繁多、规格不一，要强化固定资产管理、准确及时做好固定资产核算，必须设置科学的固定资产类别、设置部门对应折旧科目、设置固定资产增减方式对应入账科目等，用户还可以根据企业核算需要自定义卡片样式，同时录入原始卡片。

一、设置固定资产类别

【资料准备】

长江有限责任公司固定资产类别如表 6-2 所示。

表 6-2　长江有限责任公司固定资产类别

类别编码	类别名称	使用年限	净残值率/%	计量单位	计提属性	折旧方法	卡片样式
01	生产设备	4	5.00	套	正常计提	年数总和法	通用样式
02	房屋	20	4.00	间	正常计提	平均年限法（一）	
03	办公设备	5	7.00	台	正常计提	平均年限法（一）	
04	运输工具	5	3.00	辆	正常计提	双倍余额递减法	

【操作指导】

由财务主管曾月进行操作。

（1）执行"设置"→"资产类别"命令，进入"类别编码表"窗口。

（2）单击"增加"按钮，在"类别名称"文本框中录入"生产设备"，"使用年限"文本框中录入"4"，"净残值率"文本框中录入"5%"，"计提属性"选择"正常计提"，"折旧方法"选择"年数总和法"，"卡片样式"选择"通用样式"，单击"保存"按钮。

（3）根据资料完成其他资产类别的设置，如图 6-2 所示。

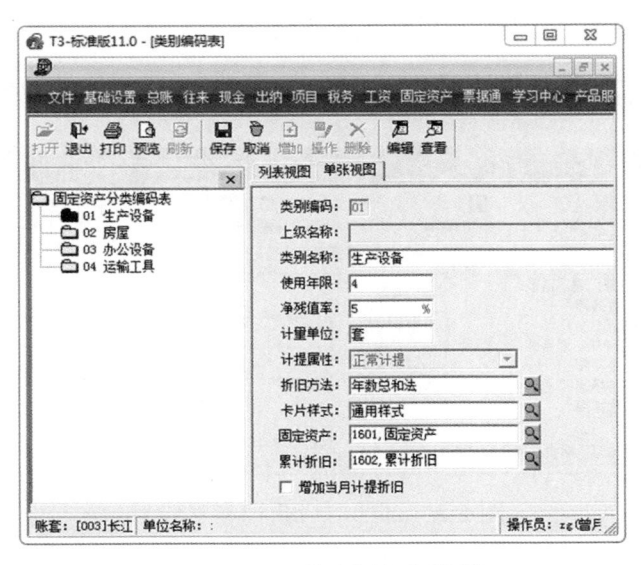

图 6-2　设置固定资产类别

112 | 会计信息化一体化实训教程

提示：
- 资产的类别编码不能重复，同一级的类别名称不能相同。
- 类别编码、类别名称、计提属性、卡片样式不能为空。
- 已使用过的类别不能设置新下级。

二、设置部门对应折旧科目

【资料准备】

部门对应折旧科目如表 6-3 所示。

表 6-3 部门对应折旧科目

部门编码	部门名称	折旧科目
01	行政部	
0101	厂办	660205，折旧费
0102	财务部	660205，折旧费
02	生产部	
0201	一车间	5101，制造费用
03	市场部	
0301	采购部	660205，折旧费
0302	销售部	660102，折旧费
04	仓储部	660205，折旧费

【操作指导】

由财务主管曾月进行操作。

（1）执行"设置"→"部门对应折旧科目设置"命令，进入"部门编码表"窗口，部门名称选择"厂办"，单击"操作"按钮，"折旧科目"选择"660205"，单击"保存"按钮，结果如图 6-3 所示。

（2）根据资料完成其他部门折旧科目的设置。

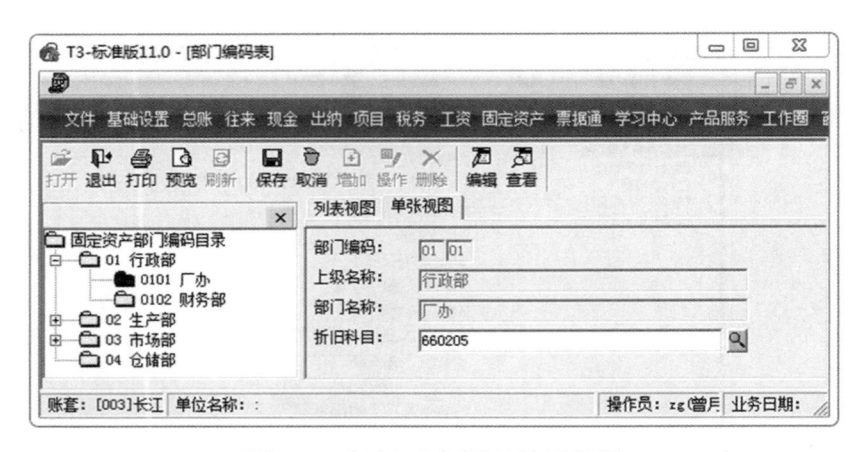

图 6-3 部门对应折旧科目设置

三、设置固定资产增减方式对应入账科目

【资料准备】

固定资产增减方式对应入账科目如表 6-4 所示。

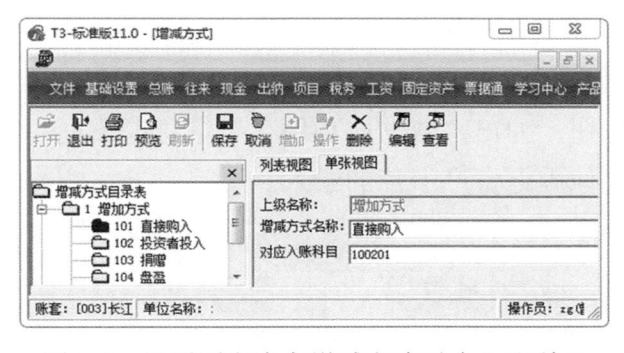

表 6-4　固定资产增减方式对应入账科目

增加方式	对应入账科目	减少方式	对应入账科目
直接购入	100201，工行存款	出售	1606，固定资产清理
捐赠	6301，营业外收入	投资转出	1606，固定资产清理
盘盈	190101，待处理流动资产损溢	捐赠转出	1606，固定资产清理
在建工程转入	1604，在建工程	报废	1606，固定资产清理
融资租入	2701，长期应付款	毁损	1606，固定资产清理
更新改造转入	1604，在建工程	融资转出	1606，固定资产清理
		更新改造转出	1604，在建工程
		盘亏	190101，待处理流动资产损溢

【操作指导】

由财务主管曾月进行操作。

（1）执行"设置"→"增减方式"命令，进入"增减方式"窗口。

（2）在左边列表框中，选择"101 直接购入"选项，单击"操作"按钮，在"对应入账科目"文本框中录入"100201"，单击"保存"按钮，如图 6-4 所示。

（3）输入其他增减方式的对应入账科目。

图 6-4　设置固定资产增减方式对应入账科目

提示：

● 当系统中没有某个增加或减少方式时，应先选中"增加方式"或"减少方式"，再单击"增加"按钮，在"增减方式名称"文本框中录入该方式，同时在"对应入账科目"文本框中录入折旧科目，单击"保存"按钮。

四、录入固定资产原始卡片

【资料准备】

固定资产原始卡片如表 6-5 所示。

表 6-5　固定资产原始卡片

卡片编号	00001	00002	00003	00004	00005	00006
固定资产名称	办公楼	厂房	数控机床	汽车	打印机	电脑
类别编号	02	02	01	04	03	03
使用部门	厂办	一车间	一车间	销售部	财务部	采购部
增加方式	在建工程转入	在建工程转入	直接购入	直接购入	直接购入	直接购入
使用状况	在用	在用	在用	在用	在用	在用
开始使用日期	2018-10-05	2019-08-01	2020-09-01	2019-09-12	2018-10-10	2018-10-10
使用年限/年	20年0月	20年0月	4年0月	5年0月	5年0月	5年0月
折旧方法	平均年限法（一）	平均年限法（一）	年数总和法	双倍余额递减法	平均年限法（一）	平均年限法（一）
残值率	4%	4%	5%	3%	7%	7%
原值/元	1 200 000	3 000 000	8 000 000	300 000	6 000	20 000
已累计折旧/元	168 000	300 000	3 040 000	192 000	3 255	10 850
月折旧率	0.004	0.004	0.0250	0.0333	0.0155	0.0155

【操作指导】

由财务主管曾月进行操作。

（1）执行"卡片"→"录入原始卡片"命令，进入"资产类别参照"窗口。

（2）选择固定资产类别"02 房屋"，单击"确认"按钮，进入"固定资产卡片"窗口。

（3）在"固定资产名称"文本框中录入"办公楼"，"部门名称"选择"厂办"，"增加方式"选择"在建工程转入"，"使用状况"选择"在用"，在"开始使用日期"文本框中录入"2018-10-05"，"原值"文本框中录入"1 200 000"，"累计折旧"文本框中录入"168 000"，其他信息由系统自动算出。

（4）单击"保存"按钮，弹出"数据成功保存"信息提示框，结果如图 6-5 所示。

（5）根据资料完成其他固定资产卡片的录入。

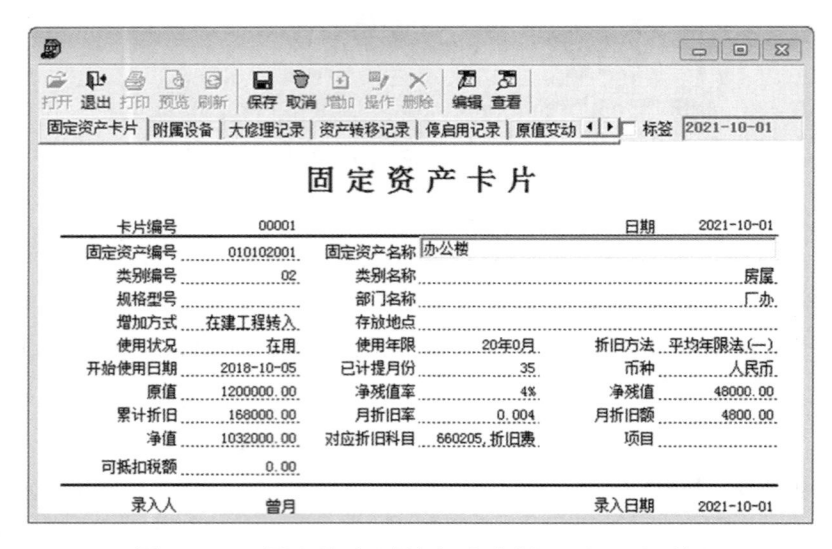

图 6-5　"固定资产原始卡片资料"录入对话框

提示：

- 卡片编号：系统根据初始化时定义的编码方案自动设定，不能修改。如果删除一张卡片，但又不是最后一张时，系统将保留空号。
- 已计提月份：系统将根据开始使用日期自动算出，但可以修改，可将使用期间停用等不计提折旧的月份扣除。
- 月折旧率、月折旧额：与计提折旧有关的项目录入后，系统会按照输入的内容自动算出并显示在相应项目内，可与手工计算的值比较，核对是否有错误。
- 在进入"固定资产卡片"窗口后，若单击"取消"按钮，则表示不增加固定资产卡片，此时可查询以前输入的卡片进行修改。
- 卡片录入完后，为保证数据录入的正确性，需将固定资产原值合计和累计折旧合计，与总账期初余额核对。方法是先将总账进行记账，在初始设置固定资产时，选择"与账务系统对账"功能，之后在固定资产管理系统中执行"固定资产"→"处理"→"对账"命令即可。

【业务实训】

（1）认真跟着老师学习操作，并看完教学视频，完成并掌握本业务活动教学内容操作。

（2）完成项目六实训一实训要求第 1 项相关实训操作，见附录 A。

任务二　固定资产管理系统日常业务处理

固定资产管理系统的日常业务主要包括固定资产增加、固定资产变动、固定资产减少、固定资产评估、计提固定资产折旧、固定资产凭证的处理及账表的查询等业务。

业务活动 6-3　固定资产增加的处理

（扫描二维码，观看微课）

【资料准备】

2021 年 10 月 3 日，厂办、一车间分别购入办公楼和厂房各一栋，两栋楼房的结构一样、价款相同。总价款 3 600 000 元，增值税税率为 9%，税额 324 000 元。购入时发生契税 108 000 元，土地登记费 100 元，房屋产权登记费 480 元，印花税 18 000 元。以上费用全部以银行存款支付，转账支票号为 ZZR100301。

【操作指导】

由会计李鸿飞进行操作。

1. 厂办购入办公楼的操作

（1）执行"固定资产"→"卡片"→"资产增加"命令，进入"资产类别参照"窗口。

（2）选择固定资产类别"02 房屋"，单击"确认"按钮，进入"固定资产卡片"窗口。

（3）在"固定资产名称"文本框中录入"办公楼"，"部门名称"选择"厂办"，"增加方式"选择"直接购入","使用状况"选择"在用",在"原值"文本框中录入"1 863 290","开始使用日期"文本框中录入"2021-10-03","可抵扣税额"文本框中录入 162 000",如图 6-6 所示。

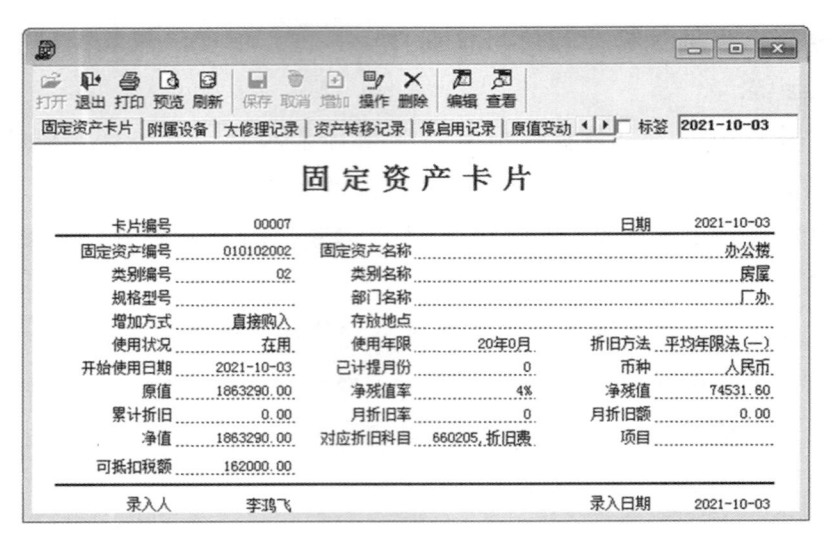

图 6-6 "固定资产增加卡片"的录入

(4) 单击"保存"按钮,进入"填制凭证"窗口,选择凭证类型"付款凭证",修改制单日期、附单据数,录入进项税额相应摘要"10 月 3 日购入办公楼认证相符抵扣",单击"保存"按钮,如图 6-7 所示。

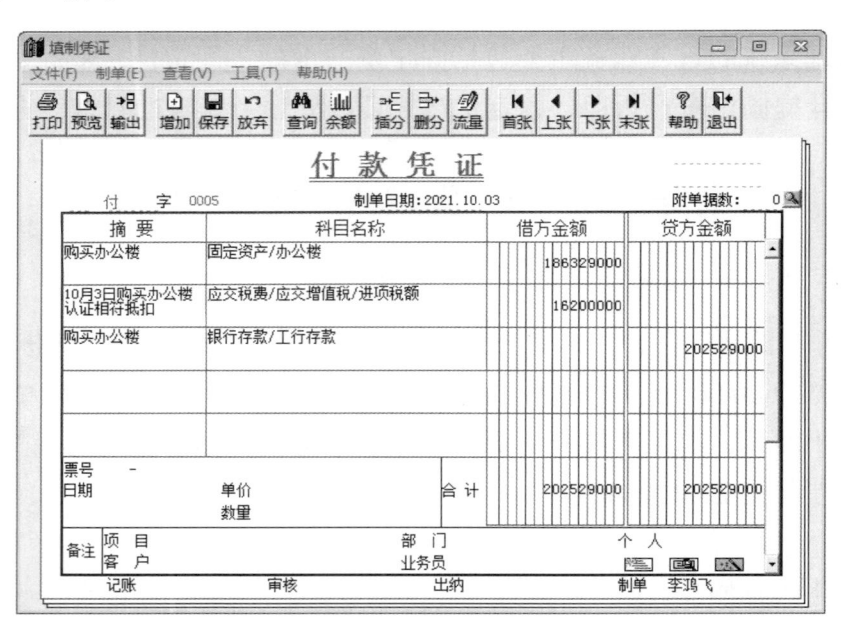

图 6-7 生成凭证

2. 一车间购入生产车间的操作

可参照厂办购入办公楼的操作。由于两栋楼房的价格相同,只是使用部门不同,所以也可以利用卡片复制功能来进行操作。

(1) 执行"固定资产"→"卡片"→"卡片管理"命令,进入"卡片管理"窗口。

(2) 双击打开厂部增加办公楼的卡片,执行"编辑"→"复制"命令,弹出信息提示框后,在"资产编号范围"文本框中录入"010102003～0102003",在"卡片复制数量"文本框中录入"1",如图6-8所示。

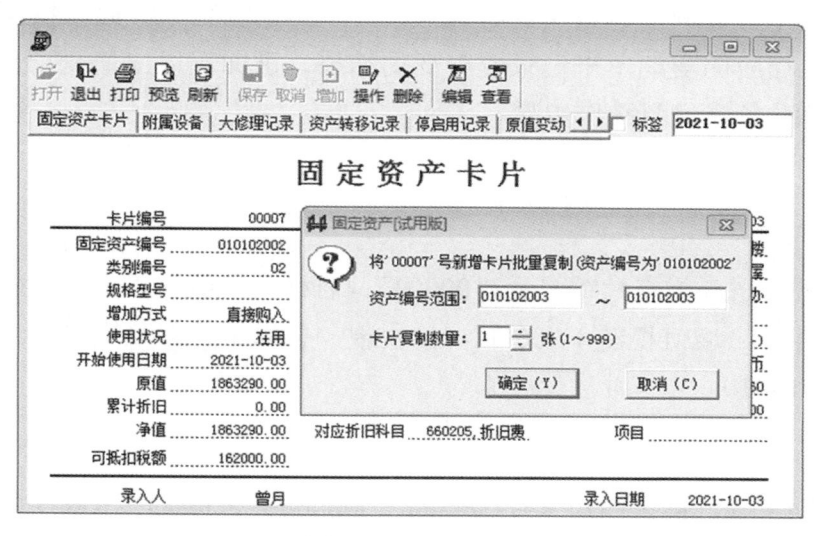

图6-8 卡片复制

(3) 单击"确定"按钮,系统弹出"卡片复制成功"信息提示框,单击"确定"按钮,进入新的固定资产卡片。

(4) 在新的固定资产卡片界面,单击"操作"按钮,将固定资产名称改为"厂房",将使用部门改成"一车间",单击"保存"按钮,回到固定资产管理系统。

(5) 单击固定资产管理系统中的"批量制单"图标,选择"制单"选项,然后单击"制单设置"按钮,再单击"制单"按钮,生成凭证,修改进项税额对应的摘要为"10月3日购入厂房认证相符抵扣",单击"保存"按钮。

提示:

● 卡片的修改。具体操作:执行"固定资产"→"卡片"→"卡片管理"命令,双击打开需要修改的卡片,单击工具栏中的"操作"按钮,或执行"编辑"→"修改"命令进行修改。

● 卡片的删除。具体操作:执行"固定资产"→"卡片"→"卡片管理"命令,双击打开需要删除的卡片,单击工具栏中的"删除"按钮,或执行"编辑"→"删除"命令进行删除。

【业务实训】

(1) 认真跟着老师学习操作,并看完教学视频,完成并掌握本业务活动教学内容操作。

(2) 完成项目六实训二业务第1题相关实训操作,见附录A。

业务活动 6-4 固定资产变动的处理

固定资产变动包括原值变动、部门转移、使用状况变动、使用年限调整、折旧方法调整、净残值率调整、工作总量调整、累计折旧调整、资产类别调整、计提减值准备等情况。固定资产变动要求录入相应的变动单来记录资产变动结果。下面仅以原值变动——原值增加、部门转移、计提减值准备来说明操作步骤。

【资料准备】

1. 原值变动——原值增加

2021年10月13日，为卡片编号为"00003"、名称为"数控机床"的生产设备配置新的配件，价款10 000元，增值税额1 300元，价税款一并以银行存款支付（结算方式：转账支票；票号：ZZR101301）。

2. 部门转移

2021年10月13日，将采购部卡片编号为"00006"、名称为"电脑"的办公设备调拨到财务部使用。

3. 计提减值准备

2021年10月15日，将销售部卡片编号为"00004"、名称为"汽车"的运输设备计提1 000元的减值准备。

【操作指导】

由会计李鸿飞进行操作。

1. 原值变动——原值增加

（1）在固定资产管理系统中，执行"卡片"→"变动单"→"原值增加"命令，进入"固定资产变动单"窗口。

（2）"卡片编号"选择"00003"，系统自动显示原卡片信息，在"增加金额"文本框中录入"10 000"，"变动原因"文本框中录入"增加配件"，单击"保存"按钮，不立即生成凭证，如图6-9所示。

（3）在批量制单中生成凭证。因为存在增值税，需要插入分录，所以一定要在"批量制单"窗口中生成凭证，如图6-10所示。

2. 部门转移

（1）在固定资产管理系统中，执行"卡片"→"变动单"→"部门转移"命令，进入"固定资产变动单"窗口。

（2）"卡片编号"选择"00006"，系统自动显示原卡片信息，在"变动后部门"文本框中录入"财务部"，"变动原因"文本框中录入"工作需要"，单击"保存"按钮，如图6-11所示。

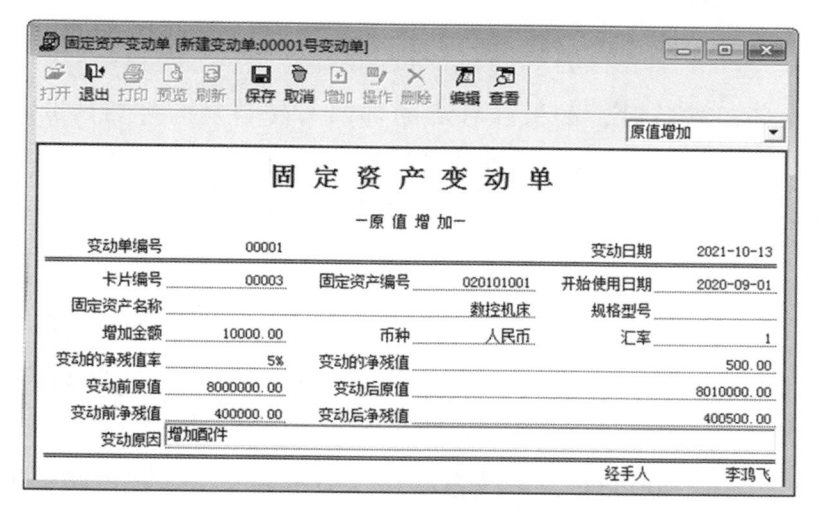

图 6-9　固定资产变动单——原值增加

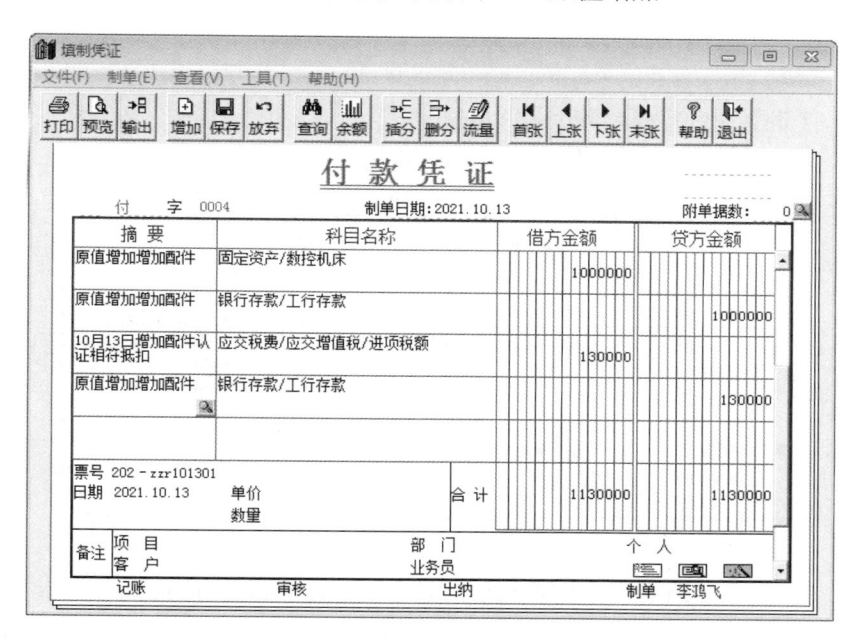

图 6-10　批量制单中生成凭证

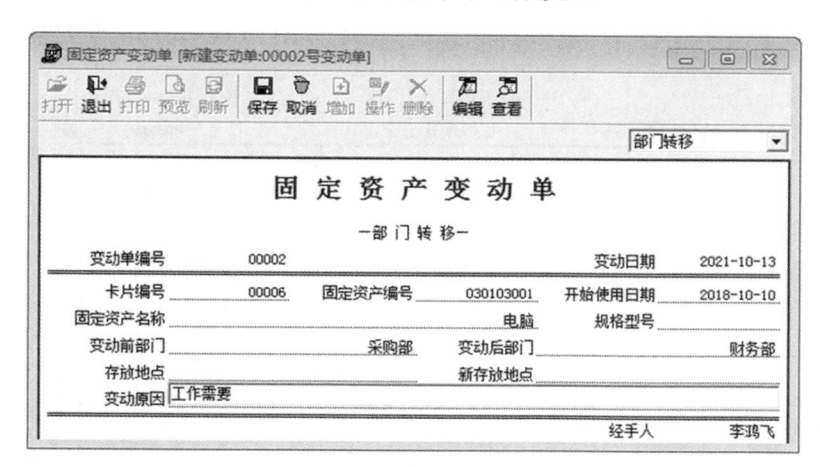

图 6-11　固定资产变动单——部门转移

> 提示:
> ● 固定资产发生部门转移时，如果转移后的部门与转移前的部门的分录一致，此时分录是不用写的，如本案例；如果转移后的部门与转移前的部门的分录不一致，则需要写分录，假如本案例转入销售部，因为转移前与转移后部门确认的费用不一样，所以此时需要写新的分录。

3. 计提减值准备

（1）在固定资产管理系统中，执行"卡片"→"变动单"→"计提减值准备"命令，进入"固定资产变动单"窗口。

（2）"卡片编号"选择"00004"，系统自动显示原卡片信息，在"减值准备金额"文本框中录入"1 000"，"变动原因"文本框中录入"技术进步"，单击"保存"按钮，选择立即生成凭证，如图6-12、图6-13所示。

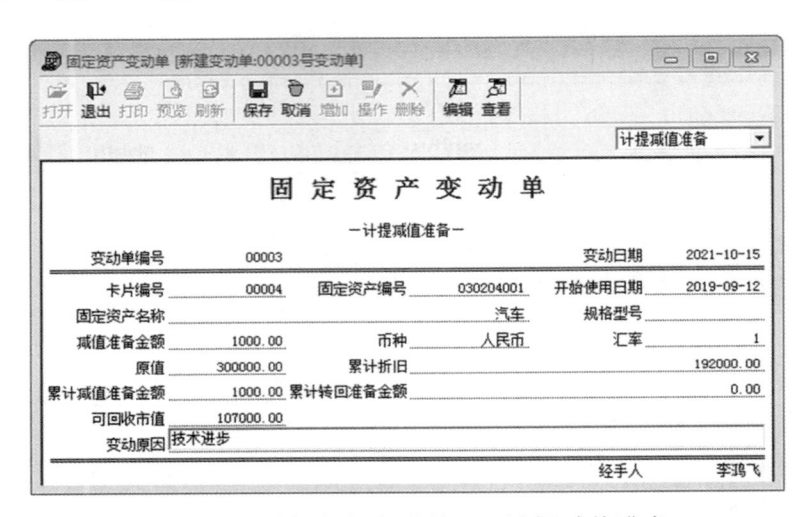

图6-12 固定资产变动单——计提减值准备

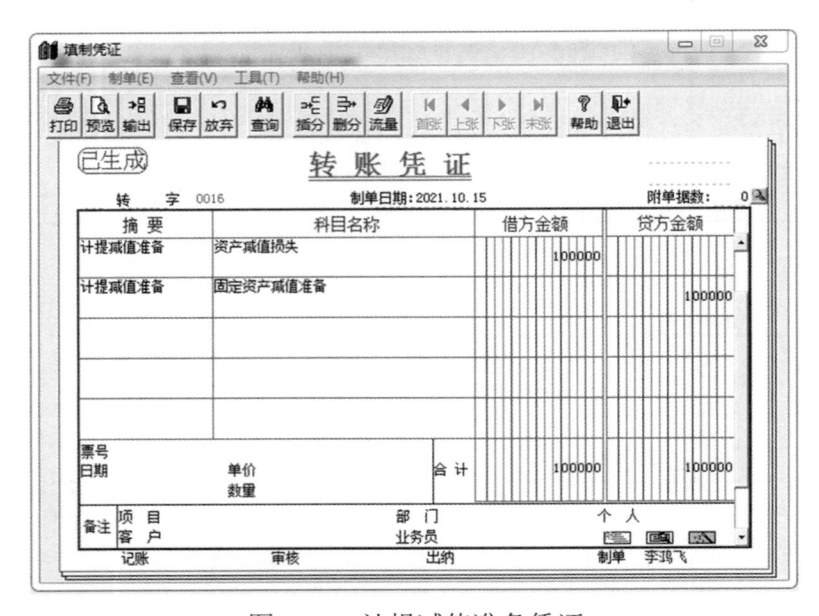

图6-13 计提减值准备凭证

【业务实训】

（1）认真跟着老师学习操作，并看完教学视频，完成并掌握本业务活动教学内容操作。

（2）完成项目六实训二业务第 3 题相关实训操作，见附录 A。

业务活动 6-5　固定资产减少的处理

固定资产减少是指固定资产在使用过程中，由于毁损、出售、盘亏、对外投资、对外捐赠等原因而退出企业。只有在计提折旧后才可以使用固定资产减少功能，所以我们要先计提折旧，可不必生成凭证。

【资料准备】

2021 年 10 月 30 日，长江有限责任公司将卡片编号为"00001"的老办公楼卖掉，发生清理费用 20 000 元，进项税额 1 800 元，以银行存款支付，票号为 ZZR103001。办公楼售价 1 000 000 元，销项税额 90 000 元，收到对方的转账支票，票号为 ZZS103001。长江有限责任公司用一般计税法对其进行核算。

【操作指导】

由会计李鸿飞进行操作。

1. 固定资产减少转入清理时的处理

在固定资产管理系统进行操作。

（1）执行"固定资产"→"处理"→"计提本月折旧"命令，弹出"本操作将计提本月折旧，并花费一定时间，是否要继续？"信息提示框，单击"是"按钮，弹出"是否要查看折旧清单？"信息提示框，单击"否"按钮。

（2）执行"固定资产"→"卡片"→"资产减少"命令，进入"资产减少"窗口，"卡片编号"选择"00001"，单击"增加"按钮，"减少方式"选择"出售"，单击"确定"按钮，立即生成凭证，进入"填制凭证"窗口，单击"保存"按钮，如图 6-14、图 6-15 所示。

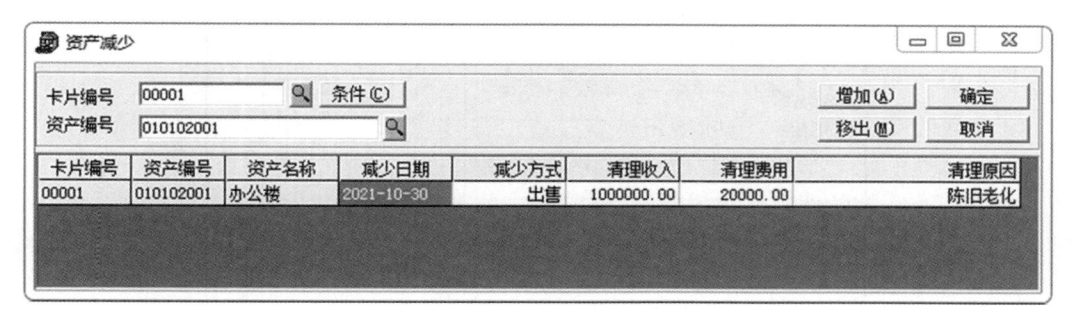

图 6-14　"资产减少"窗口

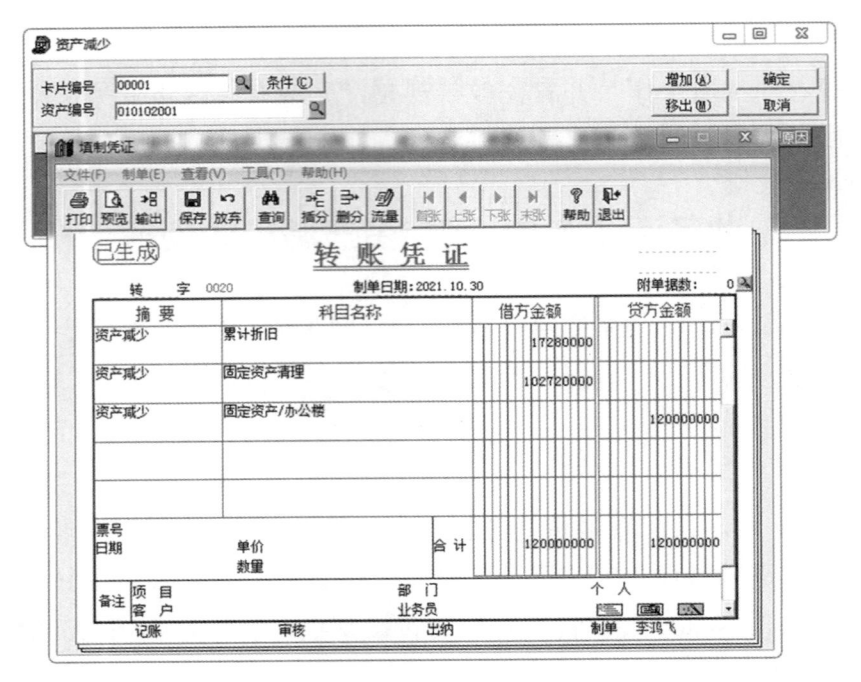

图 6-15 "资产减少"转入清理时的凭证

2. 清理费用的处理

在总账管理系统进行操作。

（1）执行"总账"→"填制凭证"命令，进入"填制凭证"窗口。

（2）录入借方科目名称"固定资产清理"、金额"20 000"，"应交税费——应交增值税（进项税额）"、金额"1800"，贷方科目名称"银行存款/工行存款"、金额"21 800"，单击"保存"按钮，如图 6-16 所示。

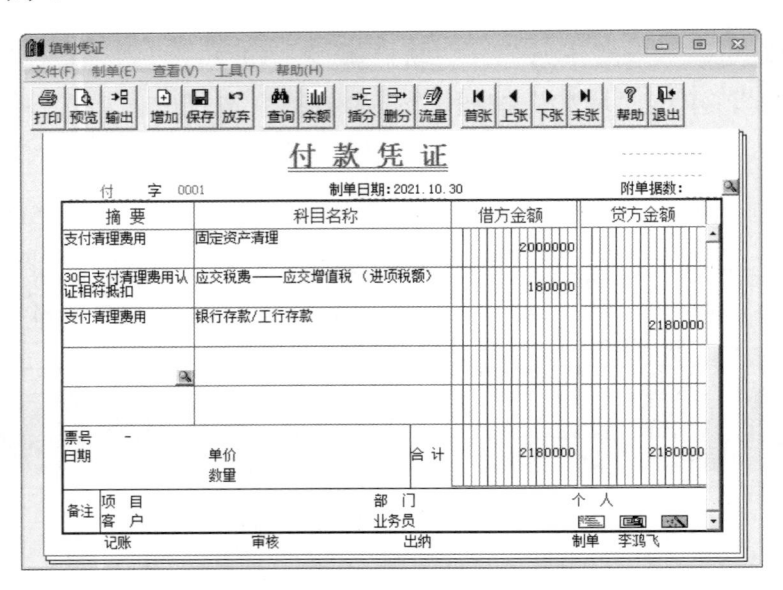

图 6-16 "资产减少"清理费用的凭证

3. 出售收入

在总账管理系统进行操作。

(1) 执行"总账"→"填制凭证"命令，进入"填制凭证"窗口。

(2) 录入借方科目名称"银行存款"、金额"1 090 000"，贷方科目名称"固定资产清理"、金额"1 000 000"，"应交税费——应交增值税（销项税额）"、金额"90 000"，单击"保存"按钮，如图6-17所示。

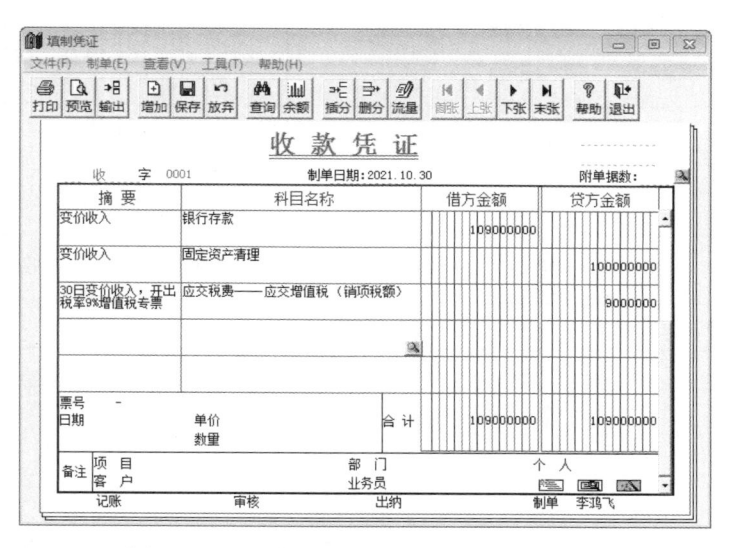

图6-17 "资产减少"出售收入的凭证

4. 清理完毕，结转清理净损益

在总账管理系统进行操作。

执行"总账"→"填制凭证"命令，进入"填制凭证"窗口，在"摘要"文本框中录入"结转清理净损益"，"科目名称"文本框中录入"固定资产清理"，单击"余额"按钮，查询"固定资产清理"科目余额，经查"固定资产清理"科目借方金额47 200元，如图6-18所示，表示清理亏损。录入"固定资产清理"科目贷方金额"47 200"，"资产处置损益"科目借方金额"47 200"，单击"保存"按钮，如图6-19所示。

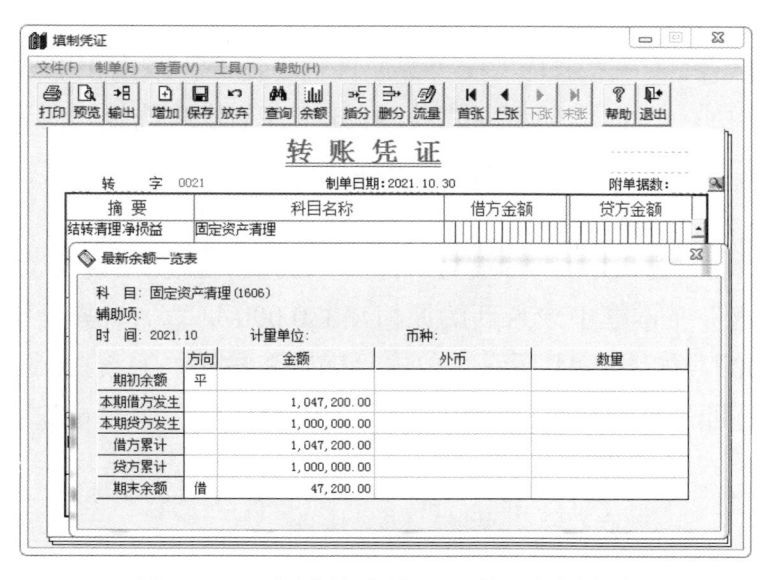

图6-18 "固定资产清理"科目余额查询

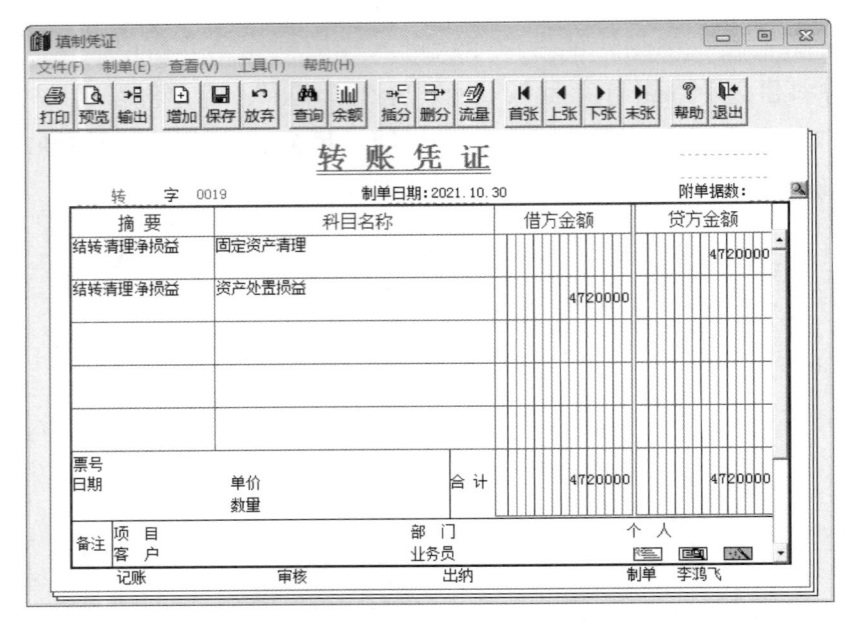

图 6-19 "资产减少"结转清理损益的凭证

【业务实训】

（1）认真跟着老师学习操作，并看完教学视频，完成并掌握本业务活动教学内容操作。

（2）完成项目六实训二业务第 2 题相关实训操作，见附录 A。

业务活动 6-6　固定资产评估

【资料准备】

2021 年 10 月 30 日，长江有限责任公司将卡片编号为"00004"的运输工具进行重新评估。由于市场原因，该车原值应调整增加 30 000 元，累计折旧应调整减少 1 000 元。

【操作指导】

由会计李鸿飞进行操作。

（1）执行"固定资产"→"卡片"→"资产评估"命令，或直接单击"资产评估"图标，进入"资产评估"窗口，单击"增加"按钮，打开"评估资产选择"对话框，"可评估项目"列表框中选中"原值""累计折旧"复选框，"选择评估资产"单击"手工选择"单选按钮，单击"确定"按钮，如图 6-20 所示。

（2）在"资产评估"窗口，"卡片编号"选择"00004"，在出现的"00004"卡片相应的资料里的"（A）原值"文本框中录入新的原值"330 000"，"（A）累计折旧"文本框中录入新的折旧值"191 000"，如图 6-21 所示，单击"确定"按钮，系统提示"是否确认要进行资产评估？"信息提示框，单击"是"按钮，出现生成的凭证，如图 6-22 所示，单击"保存"按钮。

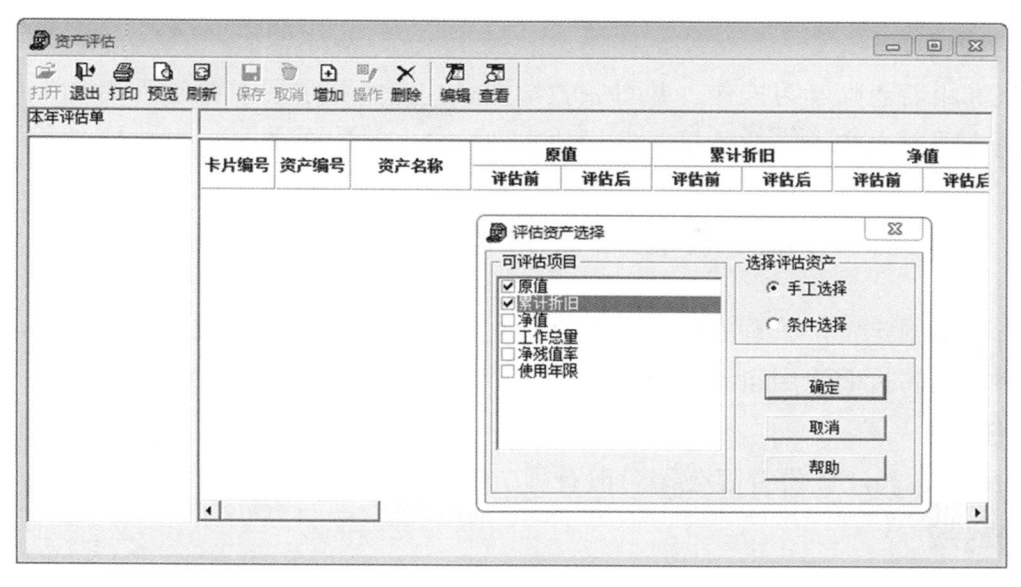

图 6-20 "评估资产选择"对话框

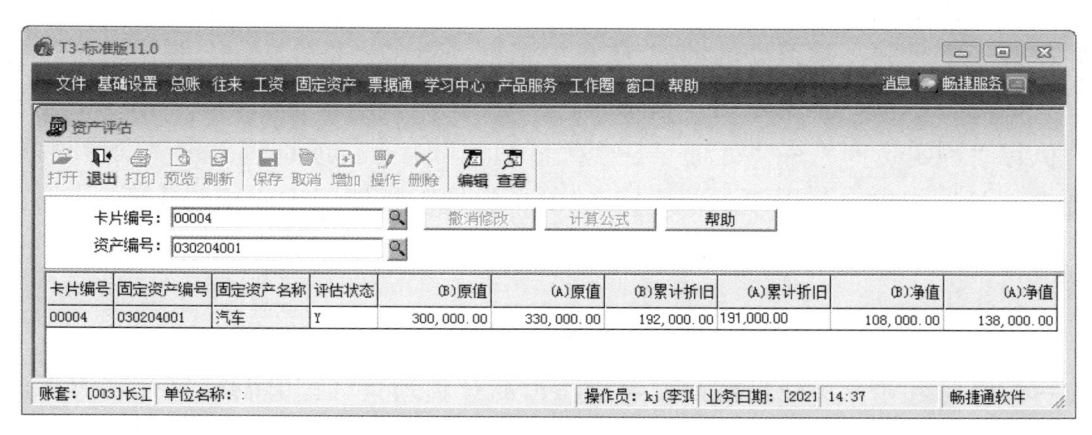

图 6-21 "资产评估"窗口

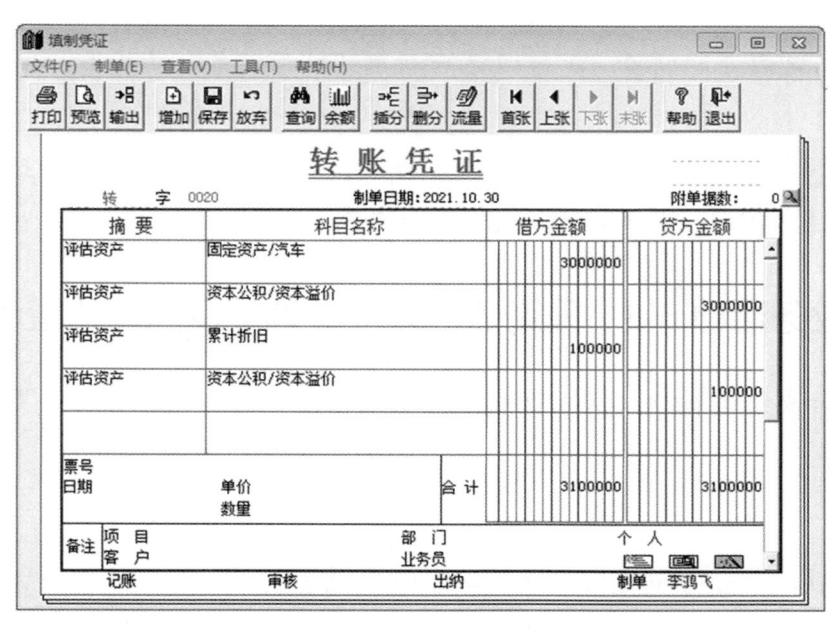

图 6-22 固定资产评估生成的凭证

【业务实训】

（1）认真跟着老师学习操作，并看完教学视频，完成并掌握本业务活动教学内容操作。

（2）完成项目六实训二业务第 4 题相关实训操作，见附录 A。

业务活动 6-7　计提固定资产折旧

计提折旧是固定资产管理系统的主要功能之一。系统能自动生成折旧分配表，编制记账凭证，并将本期的折旧费用自动登账。

【操作任务】

10 月 26 日，长江股份有限公司对现有固定资产计提折旧。

【操作指导】

由会计李鸿飞进行操作。

（1）执行"固定资产"→"处理"→"计提本月折旧"命令，弹出"本操作将计提本月折旧，并花费一定时间，是否要继续？"信息提示框，单击"是"按钮，弹出"是否要查看折旧清单？"信息提示框，单击"否"按钮。

（2）执行"固定资产"→"处理"→"批量制单"命令，或直接单击"批量制单"图标，进入"批量制单"窗口，单击"制单选择""制单设置"按钮，生成相关凭证。

提示：

- 启用固定资产管理系统后，每月都需要计提折旧才能结账。
- 在一个周期内可多次计提折旧，每次折旧的计提均累计到月初的累计折旧上，不会重复计算累计；如果上次计提折旧已制单并传递到总账管理系统，则必须删除该凭证才能重新计提折旧。
- 计提折旧后可以立即制单，也可以之后利用"批量制单"功能进行制单。

【业务实训】

（1）认真跟着老师学习操作，并看完教学视频，完成并掌握本业务活动教学内容操作。

（2）完成项目六实训二业务第 5 题相关实训操作，见附录 A。

业务活动 6-8　固定资产凭证的处理及账表的查询

固定资产凭证的处理包括生成凭证，以及凭证查询、修改与删除等。

1. 生成凭证

【操作指导】

记账凭证可以以"业务发生后立即制单"或"批量制单"的方式生成。

（1）"业务发生后立即制单"方式。

执行"固定资产"→"设置"→"选项"命令，进入"选项"窗口，单击"与财务系统接口"选项卡，选中"业务发生后立即制单"复选框，单击"确定"按钮。以后只要相关操作完成，就会跳出"立即生成凭证"信息提示框。

（2）"批量制单"方式。

执行"固定资产"→"处理"→"批量制单"命令，或直接单击"批量制单"图标，进入"批量制单"窗口，单击"制单选择""制单设置"按钮，生成相关凭证。

2．凭证查询、修改和删除

【操作指导】

执行"固定资产"→"处理"→"凭证查询"命令，进入"凭证查询"对话框，单击工具栏中"查询""编辑""删除""冲销""查看""凭证"按钮，可进行相关操作。

3．固定资产账表的查询

用户可以通过系统提供的"账表管理"功能，及时掌握资产的统计、汇总和其他各方面的信息。账表包括账簿、折旧表、统计表和分配表等。

【操作指导】

执行"固定资产"→"账表"→"我的账表"命令，进入"账表查询"窗口，单击需要查看的账表即可。

【业务实训】

认真跟着老师学习操作，并看完教学视频，完成并掌握本业务活动教学内容操作。

任务三　固定资产管理系统期末处理

固定资产管理系统期末处理包括期末对账与月末结账，以及反结账等基本内容。

业务活动 6-9　固定资产管理系统期末对账与月末结账

固定资产管理系统在运行过程中，应保证固定资产的价值和总账管理系统中固定资产科目的数值相等。而两个系统的相关数值是否相等，通过对账功能来确定。对账不限制时间，任何时候均可进行。系统在执行月末结账时自动对账一次，给出对账结果，并根据初始化选项中的选择确定在对账不平的情况下是否允许结账。

一、期末对账

【资料准备】

长江有限责任公司 10 月份固定资产管理系统与总账管理系统。

【操作指导】

由会计李鸿飞进行操作。

(1) 先将总账中新录入的凭证进行记账。

(2) 执行"固定资产"→"处理"→"对账"命令，弹出"与财务对账结果"信息提示框，单击"确定"按钮，系统弹出对账结果。

提示：

- 当总账管理系统记账完毕后，固定资产管理系统才可以进行对账。对账平衡，则开始月末结账。
- 如果在初始化设置时，选择了"与账务系统对账"功能，则对账的操作不限制时间，任何时候都可以进行。

二、月末结账

当固定资产管理系统本月完成了全部制单业务后，可进行月末结账，结账后当期数据不能修改。本期不结账，将不能处理下月的数据。结账前一定要进行数据备份，否则，数据一旦丢失，将造成无法挽回的损失。

【资料准备】

长江有限责任公司 10 月份固定资产管理系统。

【操作指导】

由财务主管曾月进行操作。

(1) 在总账管理系统内完成出纳签字、审核凭证、记账等操作。

(2) 执行"固定资产"→"处理"→"月末结账"命令，进入"月末结账"窗口，单击"开始结账"按钮，系统将自动对账，并完成结账。

提示：

- 如果固定资产管理系统"选项"中未选中"对账不平允许结账"复选框，则在对账不平的情况下，不能结账；反之，如果将其选中，则在对账不平的情况下，也能结账。
- 如果固定资产管理系统"选项"中选中"月末结账前一定要完成制单登账业务"复选框，则当"批量制单"中还有业务没有制单时，不允许结账。
- 本月没有计提折旧，不允许结账。

【业务实训】

(1) 认真跟着老师学习操作，并看完教学视频，完成并掌握本业务活动教学内容操作。

(2) 完成项目六实训三相关实训操作，见附录 A。

业务活动 6-10　固定资产管理系统反结账

如果结账后发现有错，必须修改，则可通过系统提供的"恢复月末结账前状态"功能反结账，再进行修改。

【操作任务】

长江有限责任公司 10 月份固定资产管理系统结账后进行反结账。

【操作指导】

由财务主管曾月进行操作。

（1）以要进行反结账的月份登录，即 10 月 31 日。

（2）在固定资产管理系统中，执行"固定资产"→"处理"→"恢复月末结账前状态"命令，屏幕显示提示信息，单击"是"按钮，系统即执行本操作，完成后以登录日期打开，系统弹出"该日期是否是可操作日期"信息提示框，单击"是"按钮。

提示：

- 成本系统每月从固定资产管理系统中提取折旧费数据，一旦从固定资产管理系统提取了某数据，则固定资产管理系统不能进行反结账。
- 反结账后，新的月份执行的操作将全部被取消，如对 11 月份的固定资产管理系统进行反结账后，12 月份新增的卡片会自动删除。

【业务实训】

认真跟着老师学习操作，并看完教学视频，完成并掌握本业务活动教学内容操作。

业务活动 6-11　备份固定资产 10 月份数据

【操作任务】

将长江责任有限公司 10 月份固定资产数据备份至"D:\长江公司\10 月固定资产数据"文件夹内。

【操作指导】

略。

项目七
购销存管理系统

学习任务

1. 了解购销存管理系统的组成。
2. 熟悉购销存管理系统的初始化。
3. 了解采购与应付账款管理的核算流程。
4. 了解销售与应收账款管理的核算流程。
5. 了解库存管理的核算流程。
6. 了解核算管理的核算流程。

能力目标

1. 掌握购销存管理系统的各项初始化操作。
2. 掌握采购与应付账款管理的采购结算、暂估业务、预付款业务及付款结算的业务处理。
3. 掌握销售与应收账款管理的普通销售、代垫费用、预收款业务及收款结算的业务处理。
4. 掌握库存管理材料领用出库、产品入库、调拨、盘点的业务处理。
5. 掌握核算管理入库调整的业务处理。

任务一　购销存管理系统的初始化

购销存管理系统的初始化一般包括启用购销存管理系统、购销存管理系统基础信息的设置、购销存管理系统会计科目的数量、购销存管理系统期初余额的录入、购销存管理系统各模块参数的设置及期初记账。

业务活动 7-1　启用购销存管理系统

重点说明：为保证数据的一体化要求，本案例是在总账管理系统初始化后，直接进行工资核算、固定资产核算的，所以工资核算是在引入总账管理系统初始化的账套后进行的，固定资产核算是在引入工资账套后进行的，本项目核算要引入恢复"D:\长江公司\10月固定资产"文件夹中的数据。2021 年 10 月 1 日启用购销存管理系统。

【操作指导】

启用购销存管理系统的主要步骤如下。

(1) 以账套主管身份登录"系统管理",执行"账套"→"启用"命令,进入"系统启用"窗口。

(2) 在"系统启用"窗口选择"购销存"及"核算",设置登录日期"2021-10-01",退出。

业务活动 7-2　购销存管理系统基础信息的设置

【资料准备】

长江有限责任公司购销存管理系统基础信息如下。

(1) 存货分类资料如表 7-1 所示。

表 7-1　存货分类资料

存货类别编码	存货类别名称
1	原材料
2	产成品
3	劳务费用

(2) 存货档案资料如表 7-2 所示。

表 7-2　存货档案资料

存货编号(代码)	存货名称	计量单位	所属分类	税率/%	存货属性	启用日期
101	TZ型合金粉	千克	1	13	销售、外购、生产耗用	2021-10-01
102	MT复合金粉	千克	1	13	销售、外购、生产耗用	2021-10-01
201	空压机壳	台	2	13	自制、销售	2021-10-01
202	机床保护壳	台	2	13	自制、销售	2021-10-01
301	运费	元	3	9	劳务费用	2021-10-01
302	杂费	元	3	9	劳务费用	2021-10-01

(3) 仓库档案资料如表 7-3 所示。

表 7-3　仓库档案资料

仓库编码	仓库名称	所属部门	负责人	计价方式
1	原材料库	仓储部	杨柳	先进先出法
2	产成品库	仓储部	杨柳	全月平均法

(4) 费用项目资料如表 7-4 所示。

表 7-4 费用项目资料

费用项目编号	费用项目	备 注
01	代垫运费	
02	销售费用	杂费
03	包装费	杂费
04	保险费	杂费

（5）产品结构资料如表 7-5 所示。

表 7-5 产品结构资料

项 目	存货编号	存货名称	定额数量/千克	存放仓库	生产部门
父项存货	201	空压机壳		产成品库	一车间
子项存货	101	TZ 型合金粉	2	原材料库	一车间
子项存货	102	MT 复合金粉	1	原材料库	一车间
父项存货	202	机床保护壳		产成品库	一车间
子项存货	101	TZ 型合金粉	2	原材料库	一车间
子项存货	102	MT 复合金粉	1	原材料库	一车间

（6）非合理损耗类型资料如表 7-6 所示。

表 7-6 非合理损耗类型资料

非合理损耗编号	非合理损耗名称	是否默认值
01	管理不善	否
02	计量不准	否
03	运输单位责任	否
04	意外事故	否

【操作指导】

由财务主管曾月进行操作。

1. 存货分类的设置

（1）进入系统后，执行"基础设置"→"存货"→"存货分类"命令，打开"存货分类"窗口。

（2）单击"增加"按钮，录入类别编码"1"，类别名称"原材料"，单击"保存"按钮。

（3）增加其他存货分类资料，完成后退出。

2. 存货档案的设置

（1）进入系统后，执行"基础设置"→"存货"→"存货档案"命令，打开"存货档案"对话框。

（2）存货类别选择"原材料"，单击"增加"按钮，打开"存货档案卡片"对话框。

（3）根据上表资料，选择"基本"选项，在"存货编号"文本框中录入"101"，"存货名称"文本框中录入"TZ 型合金粉"，"计量单位"文本框中录入"千克"，"所属分类码"文本框中录入"1","税率"文本框中录入"13","存货属性"选中"销售""外购""生产耗用"复选框,单击"保存"按钮,如图 7-1 所示。

(4) 继续增加其他存货资料,完成后退出。

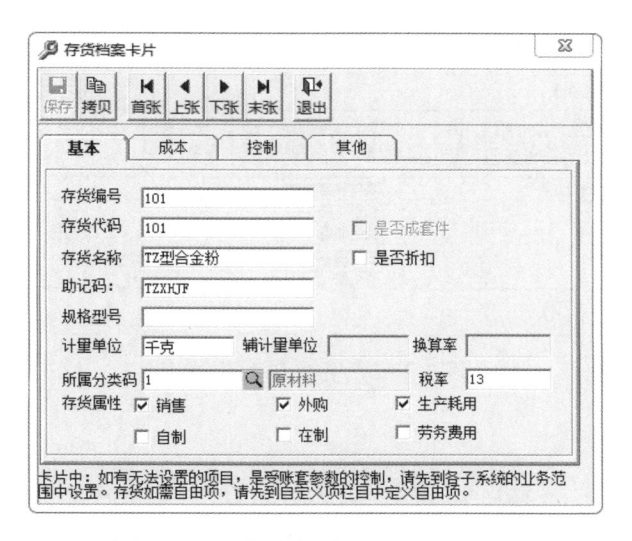

图 7-1 "存货档案"设置对话框

3. 仓库档案的设置

(1) 进入系统后,执行"基础设置"→"购销存"→"仓库档案"命令,打开"仓库档案"对话框。

(2) 单击"增加"按钮,打开"仓库档案卡片"对话框,根据资料,在"仓库编码"文本框中录入"1","仓库名称"文本框中录入"原材料库",选择"仓储部"选项,"计价方式"选择"先进先出法"选项,单击"保存"按钮,如图 7-2 所示。

(3) 继续完成其他仓库档案信息,退出。

图 7-2 "仓库档案卡片"对话框

4. 费用项目的设置

(1) 进入系统后,执行"基础设置"→"购销存"→"费用项目"命令,打开"费用项目"窗口。

（2）根据资料，在"费用项目编号"文本框中录入"01"，"费用项目名称"文本框中录入"代垫运费"。

（3）敲击回车键，单击"增加"按钮，继续录入其他费用资料，完成后退出，如图7-3所示。

图7-3 "费用项目"窗口

5. 产品结构的设置

（1）进入系统后，执行"基础设置"→"购销存"→"产品结构"命令，进入"产品结构"对话框。

（2）单击"增加"按钮，进入"产品结构定义"对话框，录入父项编码、部门编码及子项相关信息。如果子项有多项，则单击"增行"按钮，录入子项相关信息后保存退出，如图7-4所示。

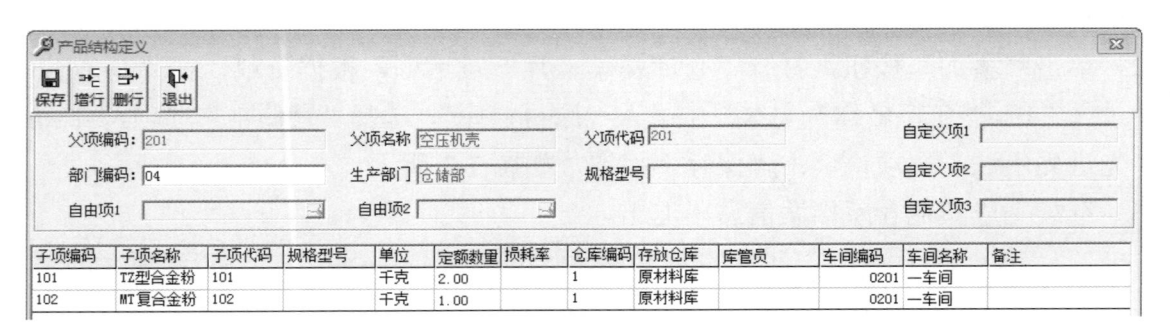

图7-4 "产品结构定义"对话框

6. 非合理损耗类型的设置

（1）进入系统后，执行"基础设置"→"购销存"→"非合理损耗类型"命令，进入"非合理损耗类型"对话框。

（2）在"非合理损耗编号"文本框中录入"01"，"非合理损耗名称"文本框中录入"管理不善"，敲击回车键，单击"增加"按钮，继续录入其他非合理损耗类型信息。完成后，单击"退出"按钮，系统弹出"是否保存当前信息"信息提示框，单击"是"按钮，退出即可。

【业务实训】

（1）认真跟着老师学习操作，并看完教学视频，完成并掌握本业务活动教学内容操作。

（2）完成项目七实训一相关实训操作，见附录A。

业务活动 7-3　购销存管理系统会计科目的设置

设置购销存管理系统会计科目，主要设置系统生成凭证所需的各种会计科目，包括存货科目、存货对方科目、非合理损耗类型科目、客户往来科目、供应商往来科目等。这些科目的设置均在核算管理系统中完成，可以说核算管理系统是购销存管理系统和总账管理系统联系的桥梁，各种存货的购进、销售及其他出入库业务，均在核算系统生成凭证并传到总账管理系统。

【资料准备】

长江有限责任公司购销存管理系统会计科目资料如下。

（1）存货科目资料如表 7-7 所示。

表 7-7　存货科目资料

仓库编码	仓库名称	存货分类名称	存货科目
1	原材料库	原材料	140301
2	产成品库	产成品	140501

（2）存货对方科目资料如表 7-8 所示。

表 7-8　存货对方科目资料

收发类别	对方科目	
采购入库	普通采购入库	暂估入库
	1402 在途物资	220203 暂估应付款
产成品入库	500101 生产成本（直接材料）	
销售出库	640101 主营业务成本（空压壳机）	
材料领用出库	500101 生产成本（直接材料）	

（3）设置所有非合理损耗类型的科目为"190101 待处理财产损溢——待处理流动资产损溢"。

（4）客户往来科目的设置要求。

基本科目：应收账款科目为"1122"，销售收入科目为"600101"，应交税费——应交增值税科目为"22210104"，预收账款科目为"2203"，财务费用科目为"6603"。

结算科目：转账支票、银行汇票、汇兑结算科目为"100201"，商业汇票科目为"1121"。

（5）供应商往来科目的设置要求。

基本科目：应付账款科目为"220201"，在途物资科目为"1402"，应交税费——应交增值税科目为"22210101"，预付账款科目为"1123"，现金折扣科目为"660303"。

结算科目：转账支票、汇兑结算科目均为"100201"，银行汇票科目为"1012"，商业汇票科目为"2201"。

【操作指导】

由财务主管曾月进行操作。

1. 存货科目的设置

(1) 进入核算管理系统,执行"核算"→"科目设置"→"存货科目"命令,打开"存货科目"对话框。

(2) 单击"增加"按钮,在"仓库编码"文本框中录入"1","存货分类编码"文本框中录入"1","存货科目编码"文本框中录入"140301",如图7-5所示,单击"保存"按钮,退出。

(3) 重复上述步骤完成其他存货科目的设置。

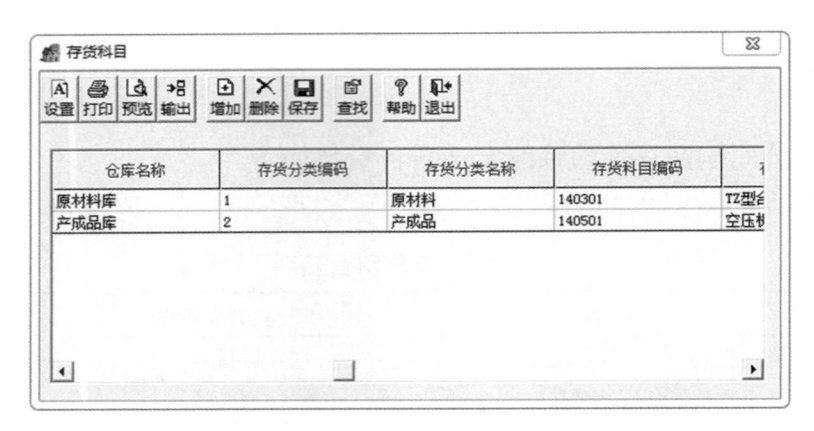

图 7-5 "存货科目"对话框

提示:

- 同一仓库的同一存货科目不可重复设置,如原材料下甲材料、乙材料不可同时设置,但生成分录时可以互换。

2. 存货对方科目的设置

(1) 进入核算管理系统,执行"核算"→"科目设置"→"存货对方科目"命令,打开"对方科目设置"窗口。

(2) 单击"增加"按钮,依次选择收发类别名称,并录入与其对应的对方科目编码,如图7-6所示,单击"保存"按钮,退出。

(3) 重复上述步骤,完成其他存货对方科目的设置。

图 7-6 "存货对方科目设置"对话框

3. 非合理损耗类型科目的设置

（1）进入核算管理系统，执行"核算"→"科目设置"→"非合理损耗"命令，打开"非合理损耗类型"对话框。

（2）双击所有非合理损耗类型的会计科目，选择"190101 待处理财产损溢——待处理流动资产损溢"选项，单击"退出"按钮，系统弹出"是否保存当前信息？"信息提示框，单击"是"按钮，退出即可。

4. 客户往来科目的设置

（1）进入核算管理系统，执行"核算"→"科目设置"→"客户往来科目"命令，打开"客户往来科目设置"窗口。

（2）依次选择"基本科目设置""结算方式科目设置"选项，分别根据资料输入相应的科目编码，如图 7-7 所示。

（3）单击"保存"按钮，退出。

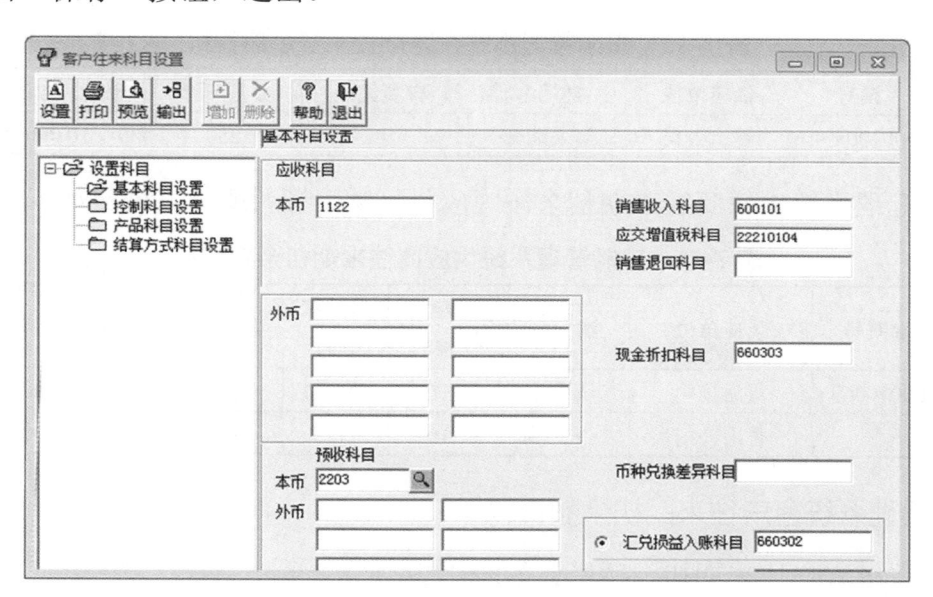

图 7-7　"客户往来科目设置"窗口

5. 供应商往来科目的设置

供应商往来科目的设置步骤可参考客户往来科目的设置步骤。

【业务实训】

（1）认真跟着老师学习操作，并看完教学视频，完成并掌握本业务活动教学内容操作。

（2）完成项目七实训二相关实训操作，见附录 A。

业务活动 7-4　购销存管理系统期初余额的录入

购销存管理系统期初余额包括采购管理系统期初余额、销售管理系统期初余额、库存（核算）系统期初余额。

【资料准备】

长江有限责任公司 2021 年 10 月购销存管理系统期初余额资料如下。

1. 采购管理系统期初余额资料

采购管理系统期初余额包括暂估期初余额、在途存货期初余额和供应商往来期初余额等内容。

（1）采购管理系统暂估期初余额（货到单未到）资料如表 7-9 所示。

表 7-9　采购管理系统暂估期初余额资料

日期	供应单位	摘要	仓库	存货编码	数量/千克	单价/元	金额/元	业务员
2021-9-15	黄河公司	暂估入库	原材料库	101	1000	30.00	30 000.00	赵小静
2021-9-18	香山公司	暂估入库	原材料库	102	1500	40.00	60 000.00	杨帆

（2）采购管理系统在途存货期初余额（单到货未到）资料如表 7-10 所示。

表 7-10　采购管理系统在途存货期初余额资料

日期	发票号	供应单位	部门名称	存货编码	数量/千克	金额（含税）/元	业务员
2021-9-20	00010059	香山公司	采购部	102	250	10 000.00	赵小静

（3）采购管理系统供应商往来期初余额（应付账款、预付账款）资料如表 7-11 所示。

表 7-11　采购管理系统供应商往来期初余额资料

日期	发票号	供应单位	部门名称	存货编码	科目名称	数量/千克	金额（含税）/元	业务员
2021-9-16	00010069	黄河公司	采购部	101	220211	5000	150 000.00	赵小静
2021-9-19		香山公司	采购部	102	1123		100 000.00	杨帆

2. 销售管理系统客户往来期初余额资料

销售管理系统客户往来期初余额资料如表 7-12 所示。

表 7-12　销售管理系统客户往来期初余额资料

日期	发票号	客户	科目编号	存货编码	数量/台	金额（含税）/元	业务员
2021-9-15	47632159	汉江公司	1122	201	6	90 000.00	李海波
2021-9-18	39874053	宝蓝公司	1122	202	5	100 000.00	王涛
2021-9-18		长虹公司	2203	202		10 000.00	李海波

3. 库存（核算）系统期初余额资料

库存（核算）系统期初余额资料如表 7-13 所示。

表 7-13　库存（核算）系统期初余额资料

仓库编码	仓库名称	存货编码	存货名称	单位	期初数量	单价/元	金额/元
1	原材料库	101	TZ 型合金粉	千克	100 000	30.00	3 000 000.00
1	原材料库	101	MT 复合金粉	千克	100 000	40.00	4 000 000.00

续表

仓库编码	仓库名称	存货编码	存货名称	单位	期初数量	单价/元	金额/元
2	产成品库	201	空压机壳	台	1 000	15 000.00	15 000 000.00
2	产成品库	201	机床保护壳	台	1 000	20 000.00	20 000 000.00

【操作指导】

（一）采购管理系统期初余额录入

由采购主管赵小静进行操作。

1. 采购管理系统暂估期初余额（货到单未到）录入

（1）进入采购管理系统，执行"采购"→"采购入库单"命令，打开"期初采购入库单"窗口。

（2）单击"增加"按钮，在"入库日期"文本框中录入"2021-09-15"，"仓库"文本框中录入"原材料库"，"供货单位"选择"黄河公司"，"部门"选择"采购部"，"入库类别"选择"采购入库"，"采购类型"选择"普通采购"，"业务员"选择"赵小静"。

（3）在"存货编码"文本框中录入"101"，"计量单位"文本框中录入"千克"，"数量"文本框中录入"1000"，"单价"文本框中录入"30"，单击"保存"按钮，如图7-8所示。

（4）录入其他采购管理系统暂估期初余额。

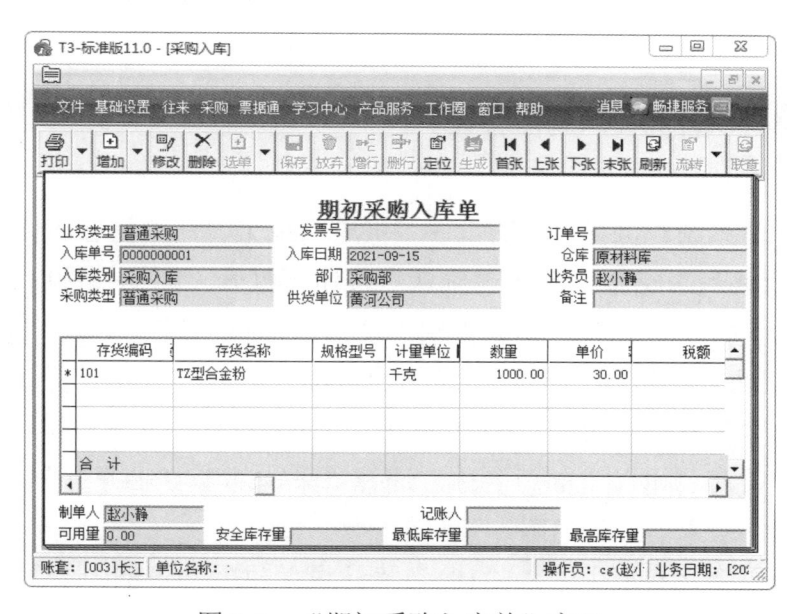

图7-8 "期初采购入库单"窗口

2. 采购管理系统在途存货期初余额（单到货未到）录入

（1）进入采购管理系统，执行"采购"→"采购发票"命令，选择"增加"下拉列表"专用发票"选项，打开"期初采购专用发票"窗口。

（2）在"发票号"文本框中录入"00010059"，"开票日期"文本框中录入"2021-09-20"，"供货单位"选择"香山公司"，"部门名称"选择"采购部"，"采购类型"选择"普通采购"，

"业务员"选择"赵小静","税率"文本框中录入"13"。

（3）在"存货编码"文本框中录入"102","计量单位"文本框中录入"千克","数量"文本框中录入"250","本币价税合计"文本框中录入"10 000",系统自动算出不含税单价,之后检查无误,单击"保存"按钮退出,如图7-9所示。

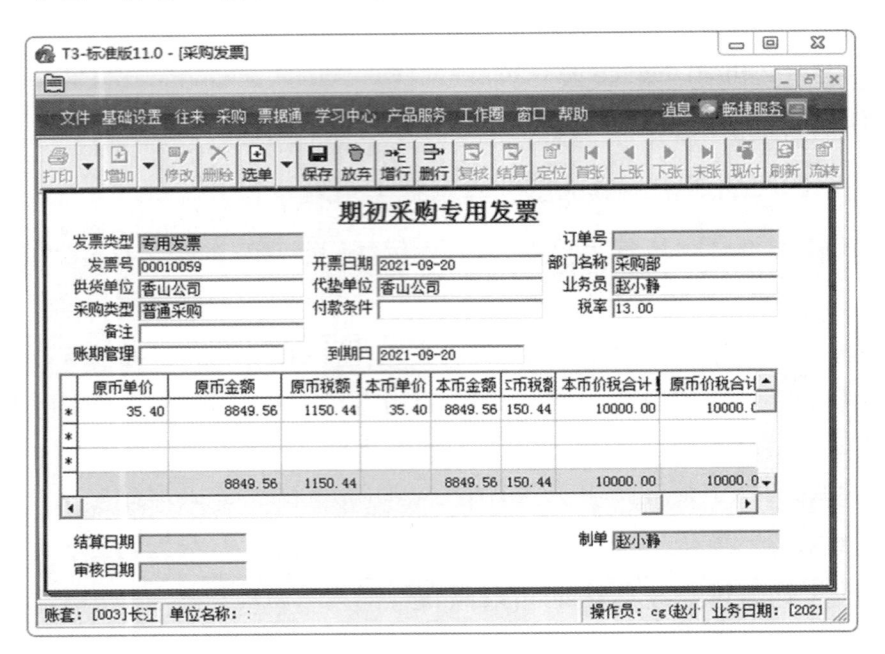

图7-9 "期初采购专用发票"窗口

3. 采购管理系统供应商往来期初余额录入

（1）应付账款的期初余额录入。

① 进入采购管理系统,执行"采购"→"供应商往来"→"供应商往来期初"命令,打开"期初余额——查询"对话框,单击"确认"按钮,打开"期初余额明细表"对话框。

② 单击"增加"按钮,打开"单据类别"窗口,选择"采购发票"选项,"单据类型"选择"专用发票","方向"选择"正项",单击"确认"按钮,进入"采购专用发票"窗口。

③ 在"发票号"文本框中录入"00010069","开票日期"文本框中录入"2021-09-16","供货单位"选择"黄河公司","部门名称"选择"采购部","业务员"选择"赵小静",在"科目编号"文本框中录入"220211"。

④ 在"存货编码"文本框中录入"101","计量单位"文本框中录入"千克","数量"文本框中录入"5 000",计算不含税金额=150 000/1.13=132 743.36,录入"金额"文本框中,单价、税额自动算出,单击"保存"按钮退出,如图7-10所示。

（2）预付账款的期初余额录入。

① 进入采购管理系统,执行"采购"→"供应商往来"→"供应商往来期初"命令,打开"期初余额——查询"对话框,单击"确认"按钮,打开"期初余额明细表"对话框。

② 单击"增加"按钮,打开"单据类别"窗口,"单据名称"选择"预付款","单据类型"选择"付款单","方向"选择"正项",单击"确认"按钮,进入"预付款"窗口。

③ 在"结算日期"文本框中录入"2021-09-19","供货商"选择"香山公司","部门"选择"采购部","业务员"选择"杨帆",在"结算方式"文本框中录入"转账支票","科目"文本框中录入"1123","金额"文本框中录入"100 000","摘要"文本框中录入"预付MT复合金粉款",单击"保存"按钮后退出,如图7-11所示。

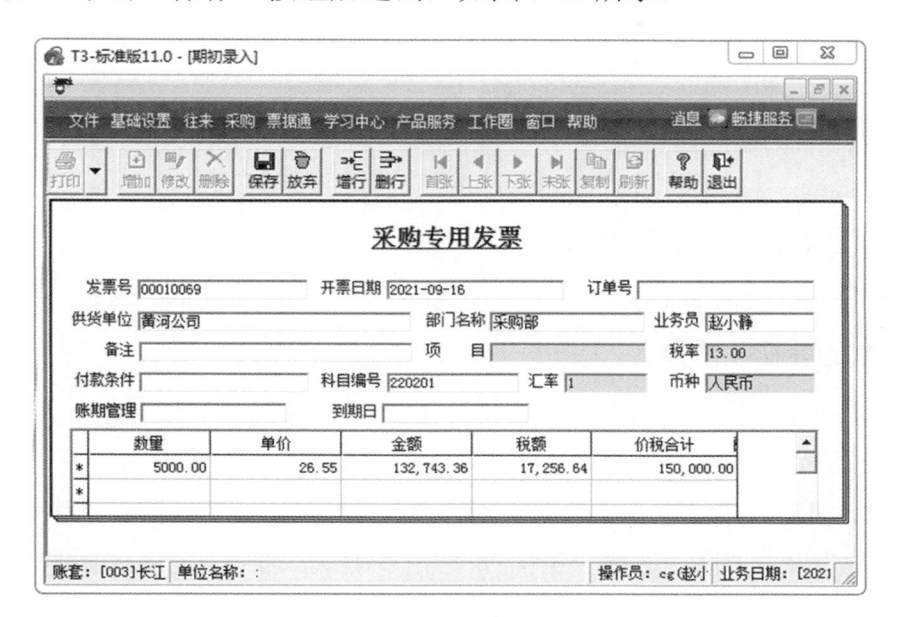

图7-10 "采购专用发票"窗口

图7-11 "预付款"窗口

(3)录入完毕,将供应商往来期初余额和总账管理系统的数据进行对账。

① 进入采购管理系统,执行"采购"→"供应商往来"→"供应商往来期初"命令,打开"期初余额——查询"对话框,单击"确认"按钮,打开"期初余额明细表"对话框。

② 单击"对账"按钮,进入"期初对账"窗口。"差额"栏内的数据为0,说明两个系

统的供应商往来期初余额是一致的，如图7-12所示。

图7-12 "期初对账"窗口

（二）销售管理系统期初余额录入

由销售主管李海波进行操作。

1. 应收账款的期初余额录入

（1）进入销售管理系统，执行"销售"→"客户往来"→"客户往来期初"命令，打开"期初余额——查询"对话框，单击"确认"按钮，打开"期初余额明细表"对话框。

（2）单击"增加"按钮，打开"单据类别"窗口，"单据名称"选择"销售发票"，"单据类型"选择"专用发票"，"方向"选择"正项"，单击"确认"按钮，进入"销售专用发票"窗口。

（3）在"开票日期"文本框中录入"2021-09-15"，"发票号"文本框中录入"47632159"，"客户名称"选择"汉江公司"，"业务员"选择"李海波"，"科目编号"文本框中录入"1122"。

（4）在"存货编码"文本框中录入"201"，"计量单位"文本框中录入"台"，"数量"文本框中录入"6"，计算不含税金额=90 000/1.13=79 646.02，在"金额"文本框中录入"79 646.02"，单价、税额自动算出，单击"保存"按钮后退出，如图7-13所示。

（5）录入下一应收账款数据。

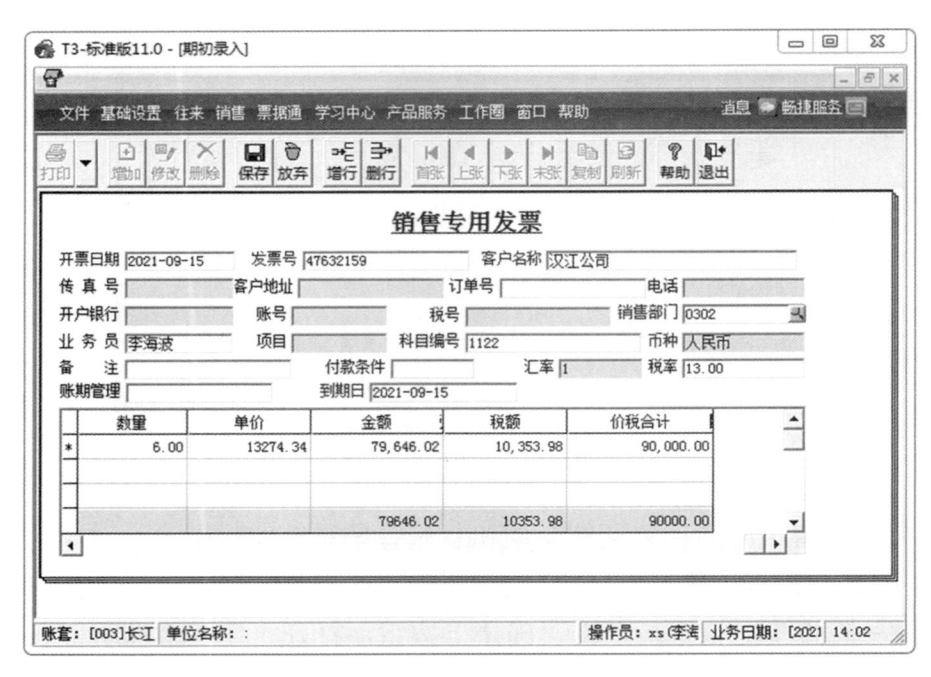

图7-13 "销售专用发票"窗口

2. 预收账款的期初余额录入

（1）进入销售管理系统，执行"销售"→"客户往来"→"客户往来期初"命令，打开"期初余额—查询"对话框，单击"确认"按钮，打开"期初余额明细表"对话框。

（2）单击"增加"按钮，打开"单据类别"窗口，"单据名称"选择"预收款"，"单据类型"选择"收款单"，"方向"选择"正项"，单击"确认"按钮，进入"预收款"窗口。

（3）在"结算日期"文本框中录入"2021-09-18"，"客户"选择"长虹公司"，"部门"选择"销售部"，"业务员"选择"李海波"，在"结算方式"文本框中录入"转账支票"，"科目"文本框中录入"2203"，"金额"文本框中录入"10 000"，"摘要"文本框中录入"预收长虹公司货款"，单击"保存"按钮后退出，如图7-14所示。

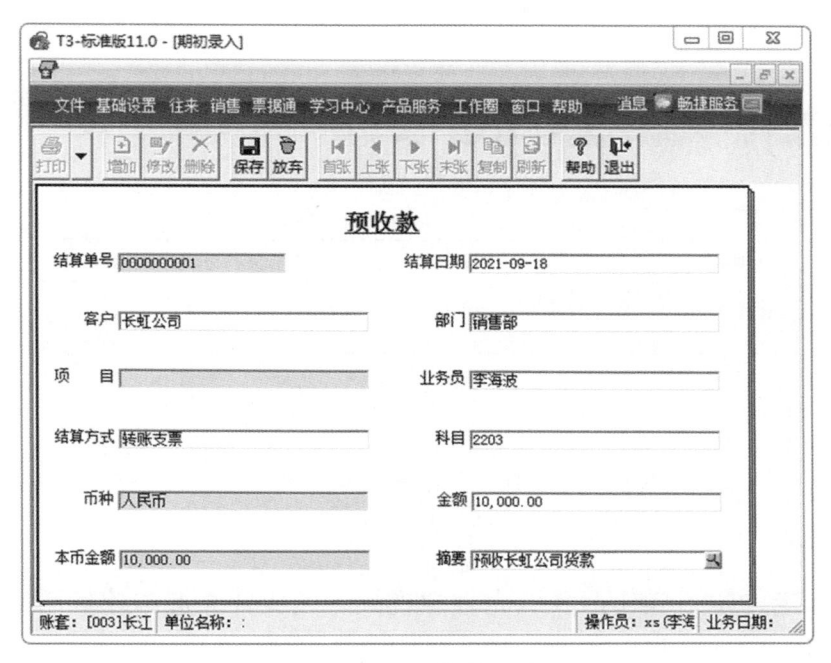

图7-14 "预收款"窗口

3. 录入完毕，将客户往来期初余额和总账管理系统的数据进行对账

（1）进入销售管理系统，执行"销售"→"客户往来"→"客户往来期初"命令，打开"期初余额—查询"对话框，单击"确认"按钮，打开"期初余额明细表"对话框。

（2）单击"对账"按钮，进入"期初对账"窗口。"差额"栏内的数据为0，说明两个系统的客户往来期初余额是一致的，如图7-15所示。

图7-15 "期初对账"窗口

（三）库存（核算）管理系统期初余额录入

由库存主管杨柳进行操作。

库存管理系统与核算管理系统期初调用的是同一个系统，只需要在两者中任意一处操作即可。

（1）进入库存（核算）系统，执行"库存"→"期初数据"→"库存期初"命令，打开"期初余额"窗口。

（2）"仓库"选择"1　原材料库"，"存货大类"选择"原材料"，单击"增加"按钮，录入存货编码、数量、单价、金额等信息，之后单击"保存"按钮，如图7-16所示。

（3）录完原材料后，"仓库"选择"产成品库"，单击"增加"按钮，录入存货编码、数量、单价、金额等信息，之后单击"保存"按钮，最后退出。

存货编码	存货代码	存货名称	规格型号	计量单位	数量	单价	金额
101	101	TZ型合金粉		千克	100000.00	30.00	3000000.00
102	102	MT复合金粉		千克	100000.00	40.00	4000000.00
合计：					200,000.00		7,000,000.00

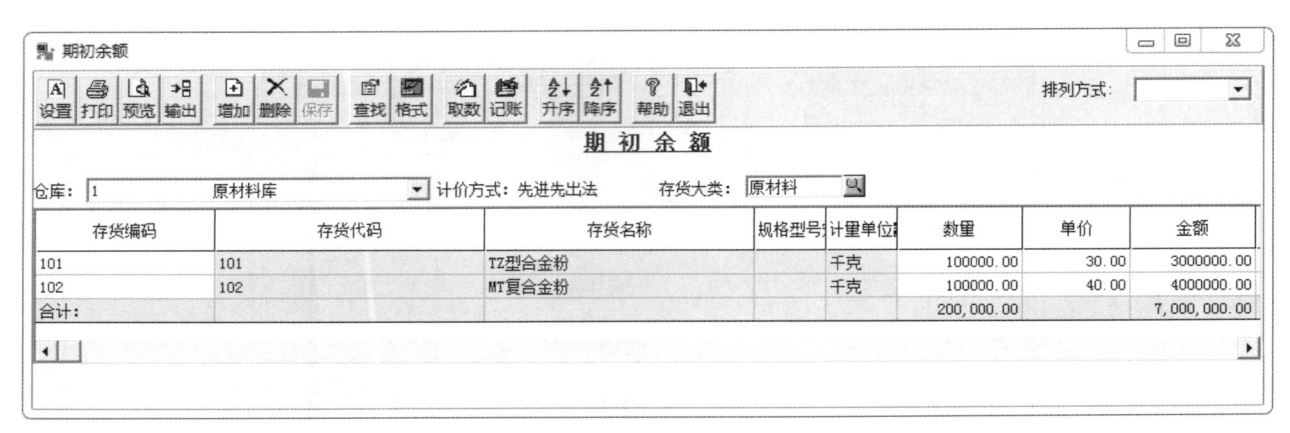

图7-16　"期初余额"窗口

【业务实训】

（1）认真跟着老师学习操作，并看完教学视频，完成并掌握本业务活动教学内容操作。

（2）完成项目七实训三相关实训操作，见附录A。

业务活动7-5　购销存管理系统各模块参数的设置及期初记账

一、购销存管理系统各模块参数的设置

购销存管理系统各模块参数设置包括采购模块、销售模块、库存模块及核算模块参数的设置。

【资料准备】

购销存管理系统各模块参数设置资料如表7-14所示。

表7-14　购销存管理系统各模块参数设置资料

模　块	参　数　设　置
采购模块	允许查看、修改他人的单据，专用发票默认税率为13%，业务流程是标准流程，入库单单价录入方式为手工录入，显示现金折扣，其他参数选择系统默认
销售模块	显示现金折扣，其他参数选择系统默认

续表

模　块	参　数　设　置
库存模块	无批次管理，无辅助计量单位，其他参数选择系统默认
核算模块	暂估方式为月初回冲，进项税额转出科目为"应交税费——应交增值税（进项税额）转出"科目，可以查看、修改他人票据，其他参数选择系统默认

【操作指导】

由财务主管曾月进行操作，以采购模块参数设置为例。

（1）进入采购管理系统，执行"采购"→"采购业务范围设置"命令，进入"采购管理系统选项设置"对话框。

（2）打开"业务控制"选项卡，选中"允许查看修改他人的单据"复选框，在"专用发票默认税率"文本框中录入"13"，单击"标准流程"单选按钮和"手工录入"单选按钮。

（3）打开"应付参数"选项卡，选中"显示现金折扣"复选框。

（4）设置完毕，单击"确认"按钮后退出，如图7-17所示。

同理，可打开其他模块，找到需要设置的参数进行设置。

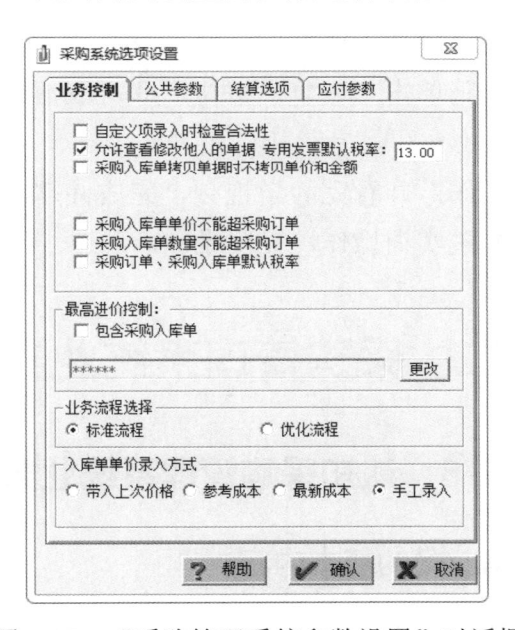

图7-17　"采购管理系统参数设置"对话框

二、购销存管理系统期初记账

在正式处理购销存业务之前，必须进行购销存管理系统期初记账。购销存管理系统期初记账包括采购管理系统期初记账、库存（核算）管理系统期初记账。期初记账的顺序是先采购管理系统期初记账，后库存（核算）管理系统期初记账。

我们还要注意的是，即使采购管理系统没有期初余额也必须记账。采购管理系统进行期初记账后，库存（核算）管理系统任选一个来进行期初记账，另一个会自动记账。

【资料准备】

长江有限责任公司购销存管理系统。

【操作指导】

由财务主管曾月进行操作。

1. 采购管理系统期初记账

（1）进入采购管理系统，执行"采购"→"期初记账"命令，进入"期初记账"对话框。

（2）单击"记账"按钮，对期初数据进行记账。若单击"取消记账"按钮，则取消期初记账。

提示：

- 若库存（核算）管理系统已经进行期初记账，要想取消采购管理系统期初记账，必须先取消库存（核算）管理系统期初记账，方能取消采购管理系统期初记账。

2. 库存（核算）管理系统期初记账

（1）进入库存管理系统，执行"库存"→"期初数据"→"期初余额"命令，进入"期初余额"窗口。

（2）单击"记账"按钮，系统弹出"期初记账成功"信息提示框，单击"确定"按钮后退出。若需要取消期初记账，则单击"恢复"按钮，即可取消库存管理系统期初记账。

【业务实训】

（1）认真跟着老师学习操作，并看完教学视频，完成并掌握本业务活动教学内容操作。

（2）完成项目七实训四相关实训操作，见附录 A。

任务二　采购管理系统业务处理

业务活动 7-6　认知采购管理系统业务处理程序

一、采购管理系统日常业务的基本内容

采购管理系统日常业务的基本内容包括采购订单、采购发票、采购入库单的录入，采购结算，付款结算，供应商往来处理及采购账表查询等。

采购订单、采购发票、采购入库单的录入是基础工作。其中，采购发票的录入是明确资金流方面的内容，采购入库单的录入是明确物流方面的内容。

采购结算也称采购报账，是将同一业务的采购发票和采购入库单进行核对，便于实现资金流和物流的相互印证、相互监督，从而明确经济责任，落实成本的精确计算。

付款结算主要是核销采购业务形成的应付账款等款项。

供应商往来处理主要是指购货单位与供应商之间因为款项结算形成的往来关系的处理，包括付款结算、应付冲应付、预付冲应付、应付冲应收、红票对冲等。

采购账表查询分为采购明细表查询、采购统计表查询。采购明细表主要包含货到票未到

明细表、票到货未到明细表、费用明细表、存货采购明细表等。采购统计表主要包括货到票未到统计表、票到货未到统计表、存货采购余额一览表等。

二、采购管理系统业务处理程序

采购业务按照货物和发票到达的先后顺序，分为单货同到、单到货未到（在途存货）、月底货到单未到（暂估入库）三种类型。业务类型不同，相应的处理方式也有所不同。

（1）单货同到业务处理程序如图7-18所示。

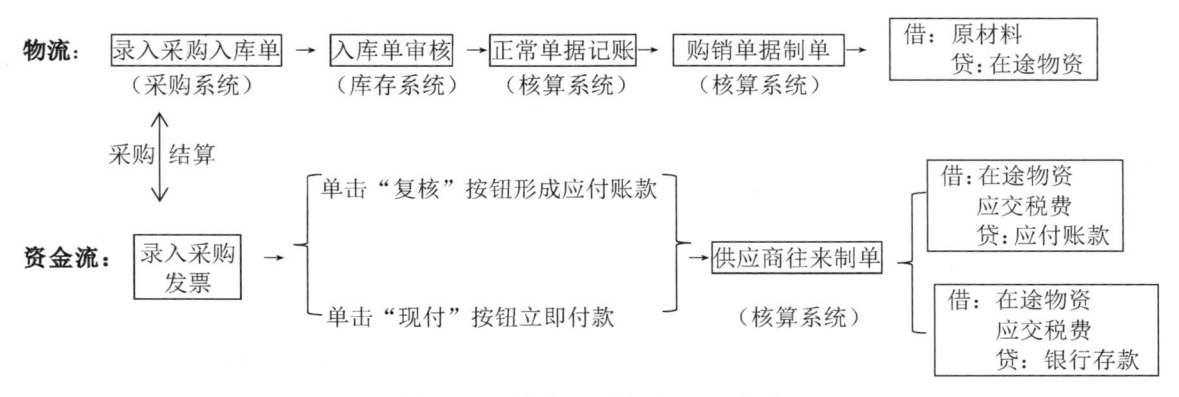

图7-18 单货同到业务处理程序

从图中我们看到，在单货同到这种情况下，采购发票与采购入库单要同时录入，而且还要通过采购结算进行核对。同时可以看出不管是物流凭证还是资金流凭证都要在核算管理系统中生成凭证。物流凭证需在"购销单据制单"处制单，资金流凭证需在"供应商往来制单"处制单。

（2）单到货未到（在途存货）业务处理程序如图7-19所示。

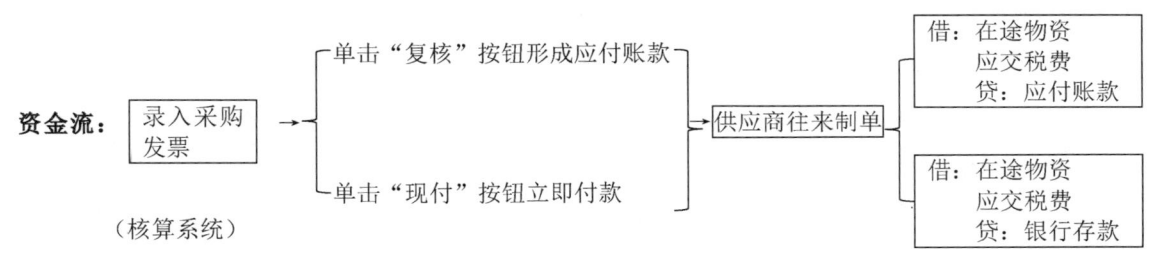

图7-19 单到货未到（在途存货）业务处理程序

从图中可以看出，在单到货未到（在途存货）这种情况下货物暂未收到，所以只反映资金流的核算。

（3）月底货到单未到（暂估入库）业务处理程序如图7-20所示。

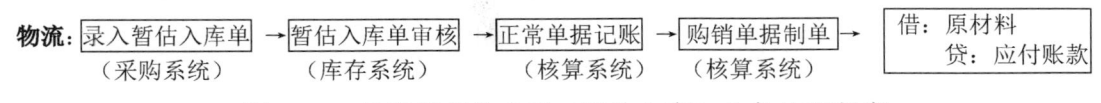

图7-20 月底货到单未到（暂估入库）业务处理程序

从图中可以看出，在月底货到单未到（暂估入库）这种情况下，期间由于未收到发票单据等凭证，不能反映资金流，只反映物流。但是，到月末为便于结账，要按照暂估的价格反映资金流，这是暂时的，目的是便于结账，也为了防止税务检查。但是到了下月，一定要对这暂估的账务进行红字回冲，收到发票单据时再按照"单货同到"的方式进行处理，具体程序如图 7-21 所示。

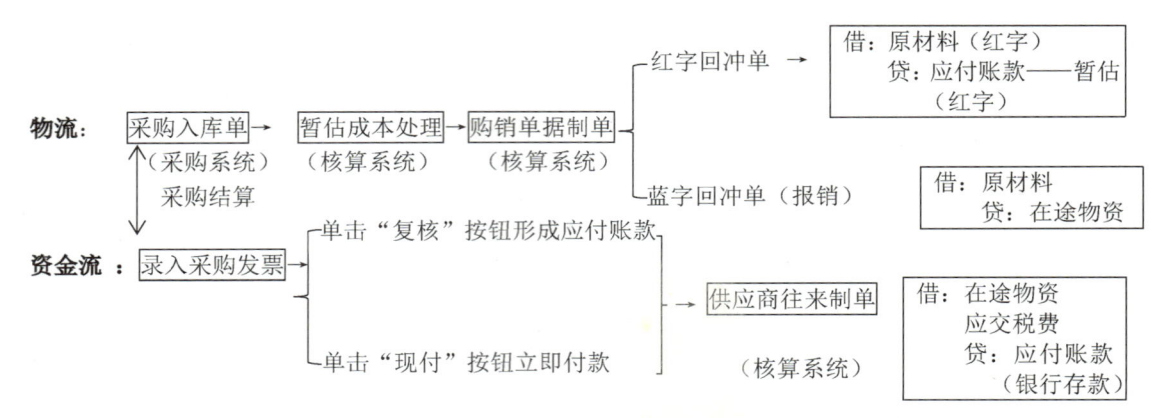

图 7-21 货到单未到（暂估入库）下月发票到达业务处理程序

业务活动 7-7　采购管理系统日常业务操作

【资料准备】

长江有限公司 10 月份发生下列采购业务。

1. 普通采购业务

（1）10 月 1 日，采购部赵小静向黄河公司订货一批，商品为 TZ 型合金粉，数量为 100 千克，单价为 30 元，预计 2 日到货，填制订单。

（2）10 月 2 日，向黄河公司所订商品到货，商品为 TZ 型合金粉，单价为 30 元，将收到的货物 100 千克，验收入原材料库，填制采购入库单。

（3）10 月 2 日，收到该笔商品的专用发票，发票号为 5310692580，数量为 100 千克，单价为 30 元，增值税税率为 13%，款未付。

（4）10 月 3 日，支付给黄河公司转账支票一张，为 TZ 型合金粉的价税款，票据号为 33980217。

2. 采购现付业务

10 月 4 日，向香山公司订货一批，商品为 MT 复合金粉，数量为 100 千克，单价为 40 元，验收入原材料库，填制采购入库单。当天收到该笔货物的专用发票，发票号为 5310692581，数量为 100 千克，单价为 40 元，增值税税率为 13%，当天以电汇方式将款项支付给香山公司。

3. 发生运费业务

（1）10 月 5 日，向黄河公司订购 TZ 型合金粉，当天收到该笔货物的专用发票，发票号为 5310692582，数量为 80 千克，单价为 30 元，增值税税率为 13%。同时收到上海达途运输公司增值税发票一张，发票号为 5310692583，载明运输费 750 元，增值税税率为 9%。以现金支付该运费。运费按照数量分摊。

（2）10 月 5 日，收到货物，验收入原材料库，填制采购入库单。

（3）10 月 6 日，支付给黄河公司转账支票一张，为 TZ 型合金粉的价税款，票据号为 33980218。

4. 发生损耗

（1）10 月 7 日，向香山公司订货一批，商品为 MT 复合金粉，发票号为 5310692584，数量为 50 千克，单价为 40 元。增值税税率为 13%。同时收到北京运达运输公司发票一张，载明运输费 700 元，增值税税率为 9%，发票号为 5310692585。两者款项都未支付。

（2）10 月 8 日，该批货物到达，验收入库，发现短缺 5 千克。经查明，其中 2 千克为合理损耗，3 千克为非合理损耗，由管理不善造成。最后以 45 千克入库。按照数量分摊后再结算。

5. 在途物资

（1）10 月 8 日，向黄河公司订货一批，商品为 TZ 型合金粉，收到增值税发票，发票号为 5310692586，数量为 60 千克，单价为 30 元。增值税税率为 13%。货款尚未支付，材料尚在运输途中。

（2）10 月 9 日，收到 9 月 20 日采购的已开出专用发票的货物，按照采购数量验收入库。

6. 暂估业务

（1）10 月 10 日，收到 9 月 18 日已验收入库的从香山公司采购的货物相应的采购专用发票，发票号为 5310692587，列明货物名称 MT 复合金粉，数量为 1 500 千克，单价为 45 元，增值税税率为 13%。货款未支付。

（2）10 月 12 日，收到 9 月 15 日已验收入库的从黄河公司采购货物相应的采购专用发票，发票号为 5310692588，列明货物名称 TZ 型合金粉，数量为 900 千克，单价为 32 元，增值税税率为 13%。货款未支付。

7. 预付冲应付业务

10 月 13 日，用预付款冲减所有应付香山公司的货款。

8. 现金折扣业务

（1）10 月 14 日，向香山公司订货一批，商品为 MT 复合金粉，发票号为 5310692589，数量为 200 千克，单价为 40 元，增值税税率为 13%。付款条件为 2/10，1/20，$n/30$。计算现金折扣不考虑税费。同时收到货物验收入库。

（2）10 月 20 日，用转账支票支付上述应付货款，票据号为 7635。

9. 采购结算后收到运费发票

（1）10月21日，向香山公司订货一批，商品为MT复合金粉，发票号为5310692590，数量为50千克，单价为40元，增值税税率为13%。货款尚未支付。

（2）10月23日收到货物，验收入库。同时用预付款核销。

（3）10月26日收到一张运费发票，发票号为5310692591，系北京运达运输公司运输上述货物而生，运费600元，增值税税率为9%，以转账支票支付，票据号为33980219。采购结算按照数量分摊。

10. 退货业务

（1）10月20日，发现10月14日从香山公司采购的200千克MT复合金粉中有50千克存在质量问题，要求退货。对方同意退货。

（2）10月26日，收到香山公司提供的红字采购专用发票一张，发票号为5310692592，数量为-50千克，单价为40元，增值税税率为13%。付款条件为2/10，1/20，n/30。计算现金折扣不考虑税费。同时收到货物验收入库。

（3）10月27日，收到转张支票一张，票据号为46980219，为退货款。

11. 付款核销时多支付款

10月28日收到10月8日向黄河公司订购的货物，货物为TZ型合金粉，验收入库。10月29日签发一张2 600元转账支票对上述货款进行支付，票据号为73695142。

12. 月底暂估入账业务

10月29日，收到黄河公司发来TZ型合金粉，数量为50千克，验收入库。10月30日，按照单价30元暂估入账。

【操作指导】

（一）普通采购业务

1. 进入采购管理系统，填制订单

由采购主管赵小静进行操作。

（1）进入采购管理系统，单击"采购订单"图标，打开"采购订单"窗口。

（2）在"采购订单"窗口，单击"增加"按钮，在"日期"文本框中录入"2021-10-01"，"供货单位"选择"黄河公司"，"部门"选择"采购部"，"业务员"选择"赵小静"。

（3）在"存货编码"文本框中录入"101"，"计量单位"文本框中录入"千克"，"数量"文本框中录入"100"，"原币单价"文本框中录入"30"，单击"保存"按钮，单击"审核"按钮，之后单击"退出"按钮，如图7-22所示。

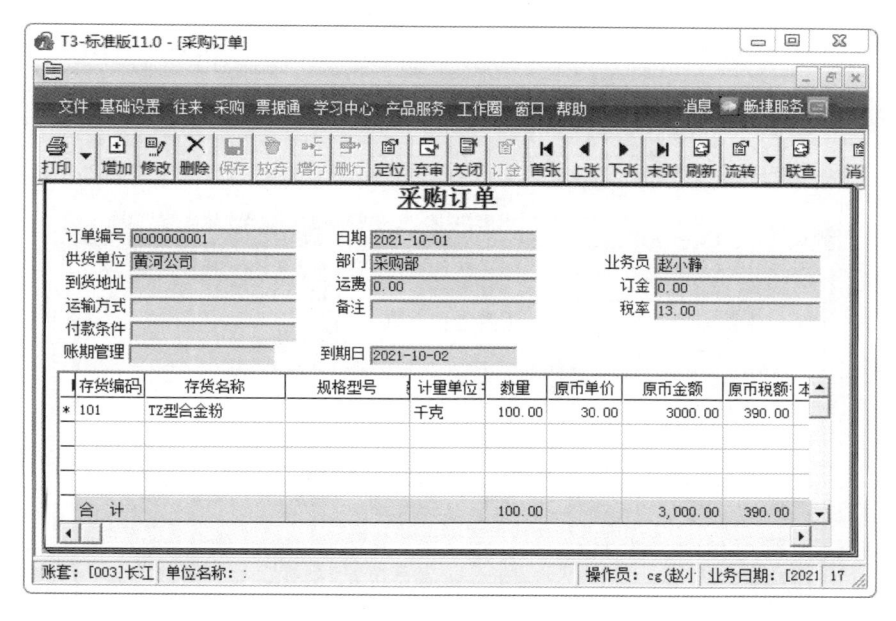

图 7-22 "采购订单"窗口

2. 分别进入采购管理系统、库存管理系统、核算管理系统

1)进入采购管理系统

由采购主管赵小静进行操作。

(1)进入采购管理系统,填制采购发票,复核形成应付账款。

① 进入采购管理系统,单击"采购发票"图标,打开"采购发票"窗口。

② 在"采购发票"窗口,单击"增加"按钮,选择"专用发票"选项,打开"采购专用发票"窗口。

③ 在"采购专用发票"窗口,单击"选单"按钮,选择"采购订单"选项,进入"单据拷贝"窗口,单击"过滤"按钮,打开"订单列表"窗口,选中要生成采购专用发票的"采购订单",单击"确认"按钮,如图 7-23 所示。

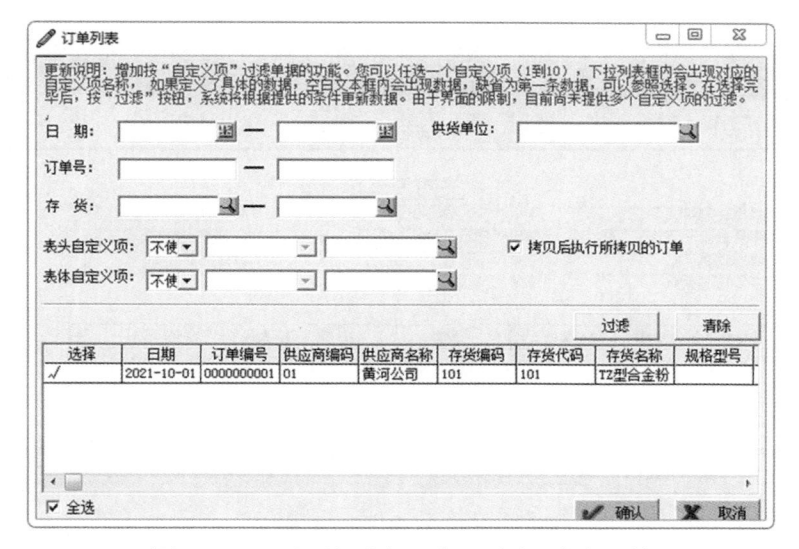

图 7-23 "订单列表"窗口选择采购订单

④ 生成采购专用发票，录入发票号、开票日期等相关信息，单击"保存"按钮，如图 7-24 所示。再单击"复核"按钮，形成应付账款。

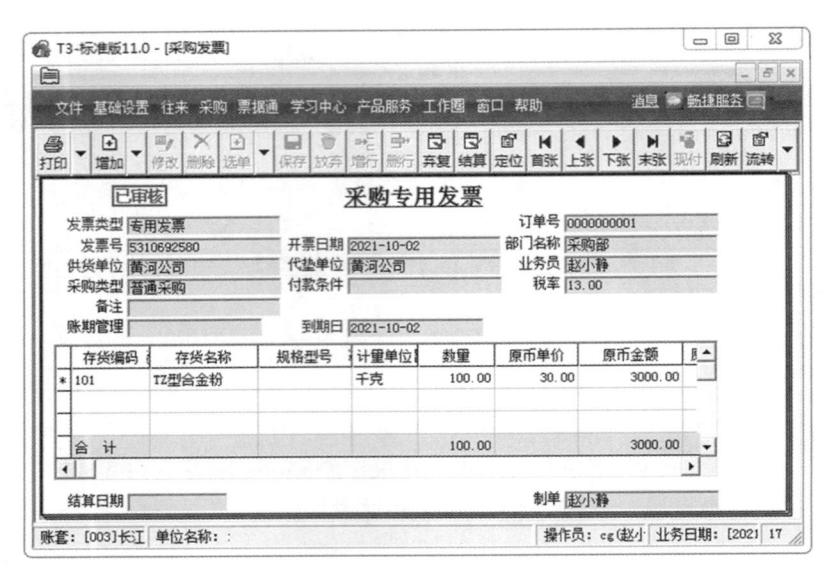

图 7-24　采购专用发票

（2）10 月 2 日，填制采购入库单。

① 进入采购管理系统，单击"采购入库单"图标，打开"采购入库单"窗口。

② 在"采购入库单"窗口，单击"增加"按钮，选择"采购入库单"选项，在"入库日期"文本框中录入"2021-10-02"，"仓库"选择"原材料库"。

③ 单击"选单"按钮，选择"采购订单"选项，打开"单据拷贝"窗口，单击"过滤"按钮，打开"订单列表"窗口，选中要生成采购入库单的"采购订单"，单击"确认"按钮，生成采购入库单，完善业务类型、入库类别、部门、供货单位、采购类型等相关信息，如图 7-25 所示。

图 7-25　生成采购入库单

（3）进入采购管理系统，进行采购结算。

① 进入采购管理系统，单击"采购结算"图标，打开"条件输入"对话框，输入条件过滤的相关信息（日期选择正确，默认10月1日至10月31日），如图7-26所示，单击"确认"按钮，打开"入库单和发票选择"窗口。

② 在"入库单和发票选择"窗口，选择入库单和发票，注意选择的入库单和发票相关信息的正确性，如图7-27所示，单击"确认"按钮，打开"手工结算"窗口。

图 7-26 "条件输入"对话框 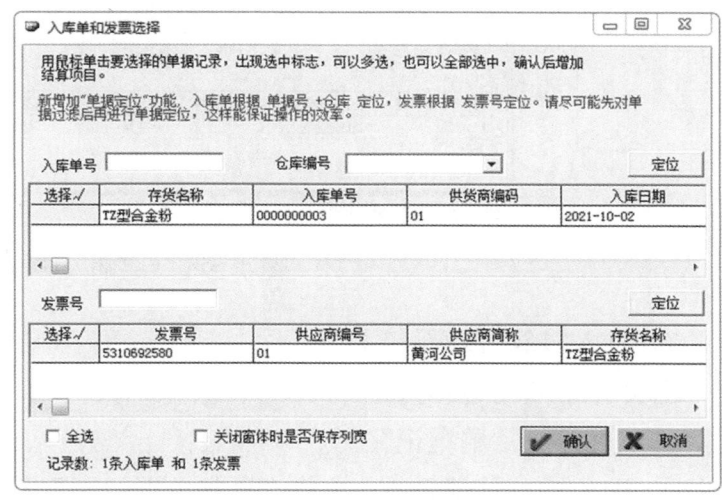　　图 7-27 "入库单和发票选择"窗口

③ 在"手工结算"窗口，单击"结算"按钮，结算完毕后退出，如图7-28所示。

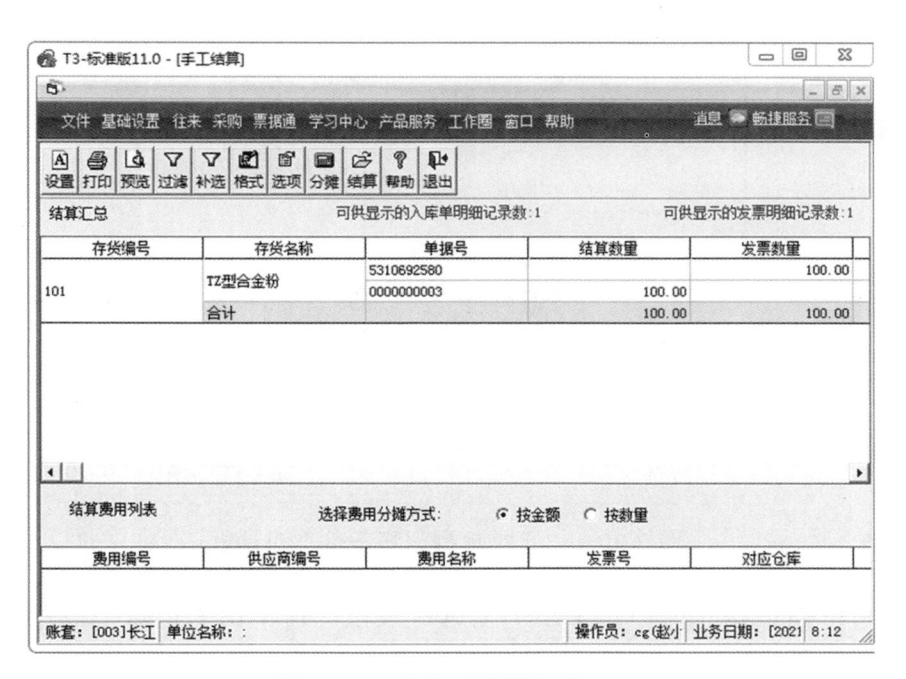

图 7-28 "手工结算"窗口

2）进入库存管理系统

由库存主管杨柳进行操作。

单击"采购入库单"图标,打开"采购入库单"窗口,单击"审核"按钮,如图 7-29 所示。

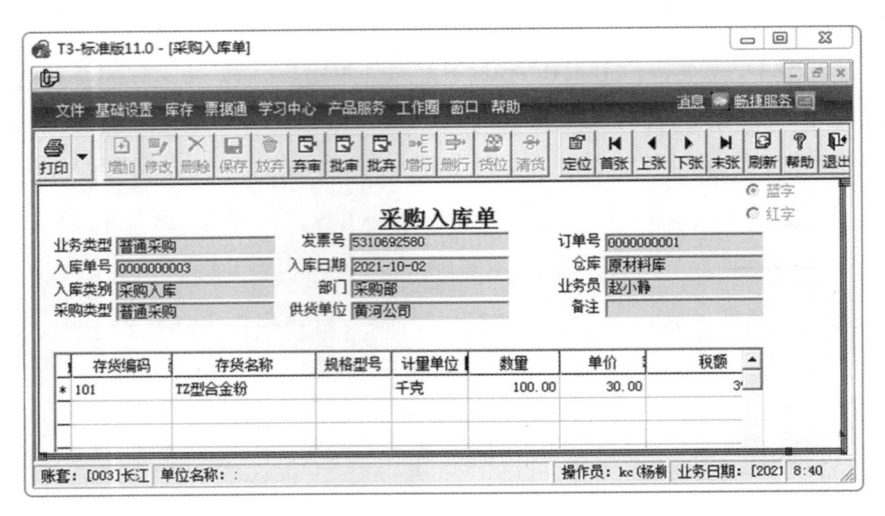

图 7-29 "采购入库单"窗口

3)进入核算管理系统

由会计李鸿飞进行操作。

(1)进行正常单据记账。

① 进入核算管理系统,单击"正常单据记账"图标,打开"正常单据记账条件"对话框,选中"原材料库"复选框,选中"采购入库单"复选框,单击"确定"按钮,如图 7-30 所示,打开"正常单据记账"窗口。

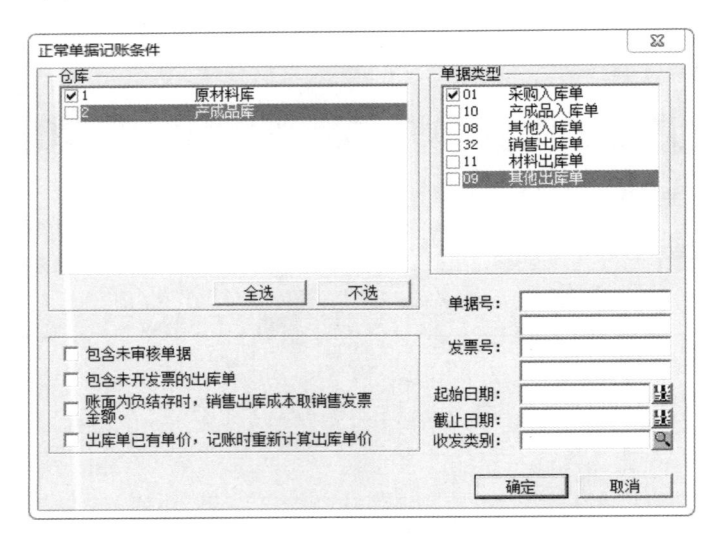

图 7-30 "正常单据记账条件"对话框

② 在"正常单据记账"窗口,单击"全选"按钮,再单击"记账"按钮,记账完毕,退出即可,如图 7-31 所示。

(2)制单生成物流、资金流凭证。

① 物流方面:在"购销单据制单"处形成凭证。

进入核算管理系统,单击"购销单据制单"图标,进入"生成凭证"窗口,单击"选择"

按钮,打开"查询条件"对话框,选中"采购入库单(报销记账)"复选框(也可全选),如图 7-32 所示。单击"确认"按钮,打开"选择单据"窗口,单击"全选"按钮,再单击"确定"按钮,如图 7-33 所示。打开"生成凭证"窗口,可输入凭证类别和科目编码,注意存货名称与科目编码要对应,如图 7-34 所示。单击"生成"按钮,生成物流凭证,填入制单日期、摘要及其他有关项目,单击"保存"按钮后退出,如图 7-35 所示。

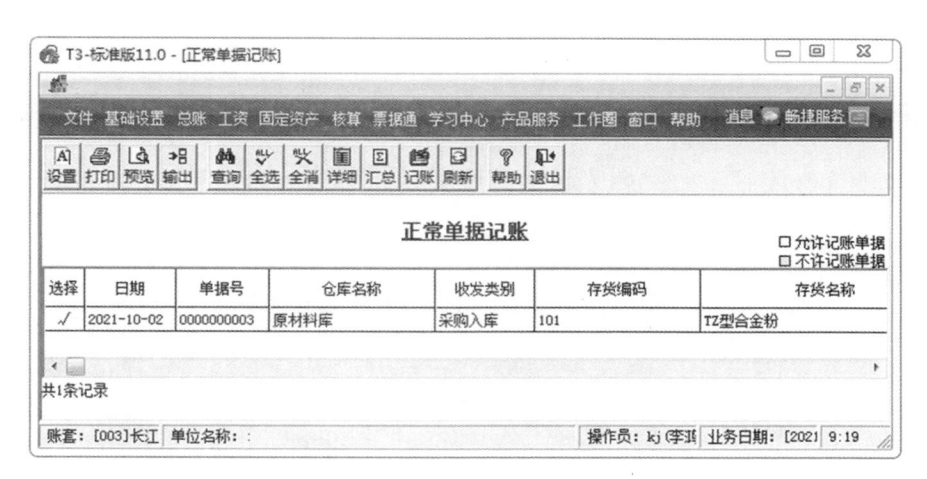

图 7-31　"正常单据记账"窗口

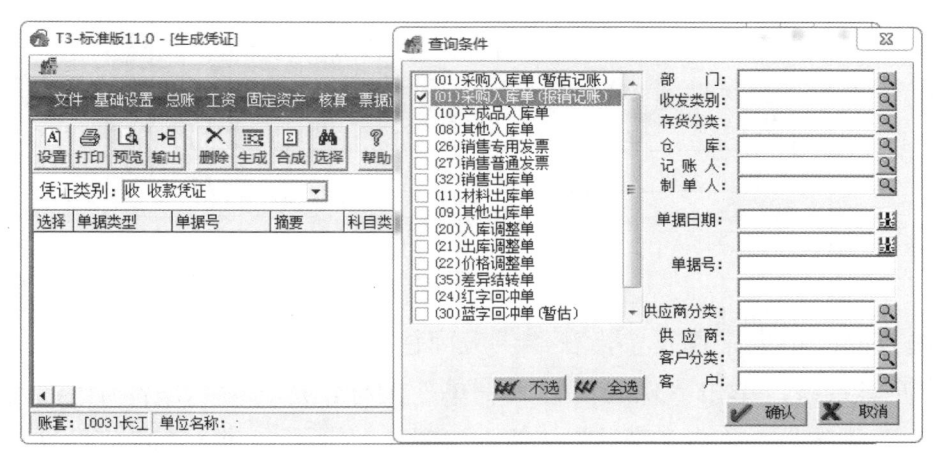

图 7-32　"查询条件"对话框

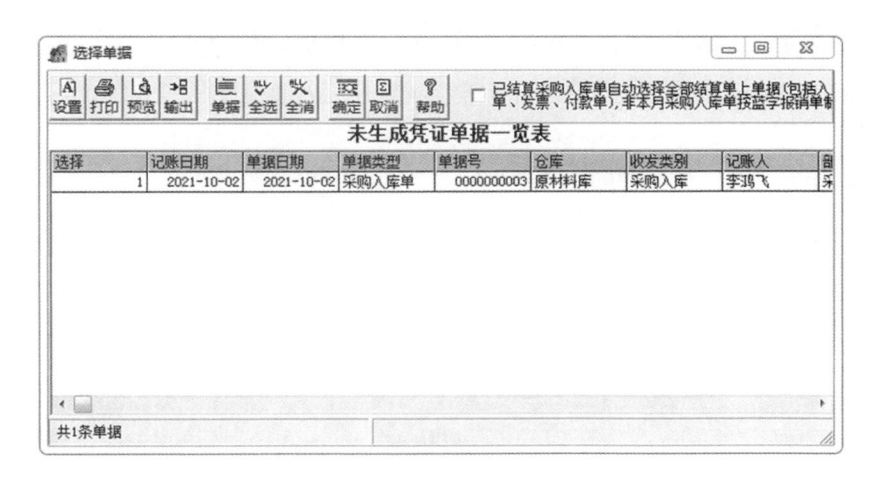

图 7-33　"选择单据"窗口

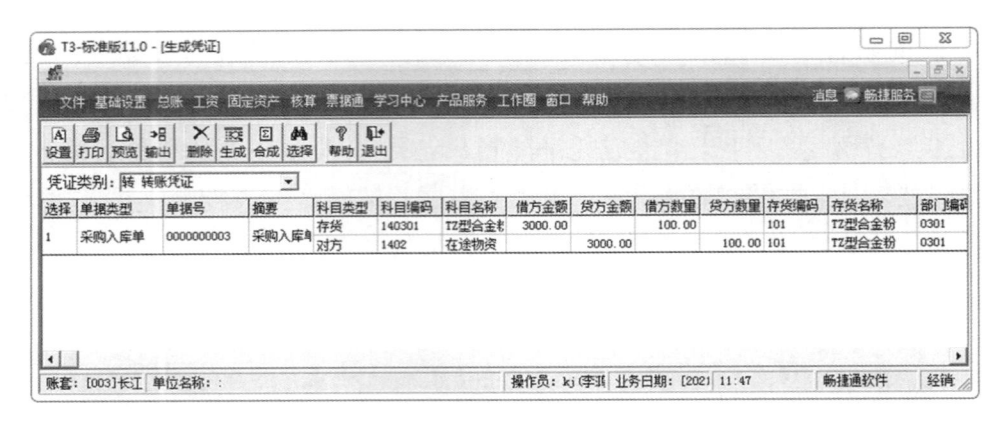

图 7-34 "生成凭证"窗口

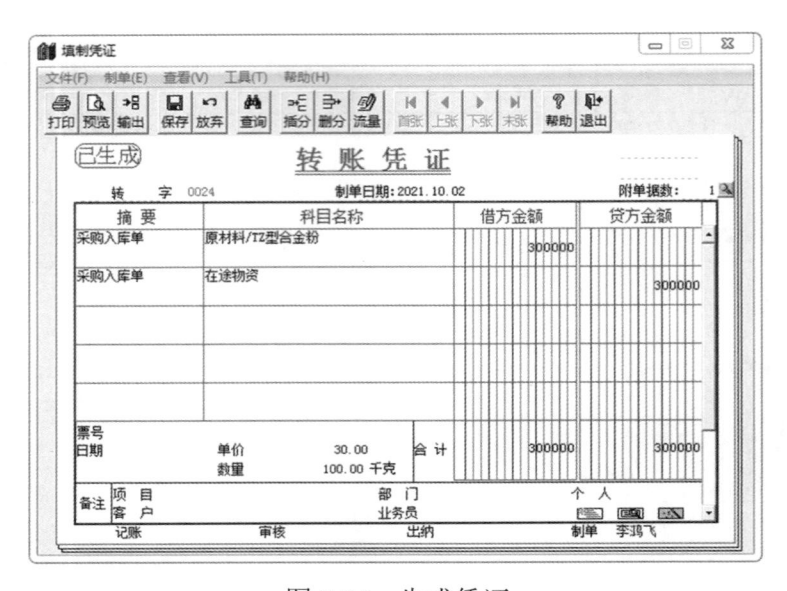

图 7-35 生成凭证

② 资金流方面：根据采购发票，在"供应商往来制单"处生成凭证。

进入核算管理系统，单击"供应商往来制单"图标，进入"供应商制单查询"对话框，选中"发票制单"复选框，单击"确认"按钮，如图 7-36 所示，进入"供应商往来制单"窗口。

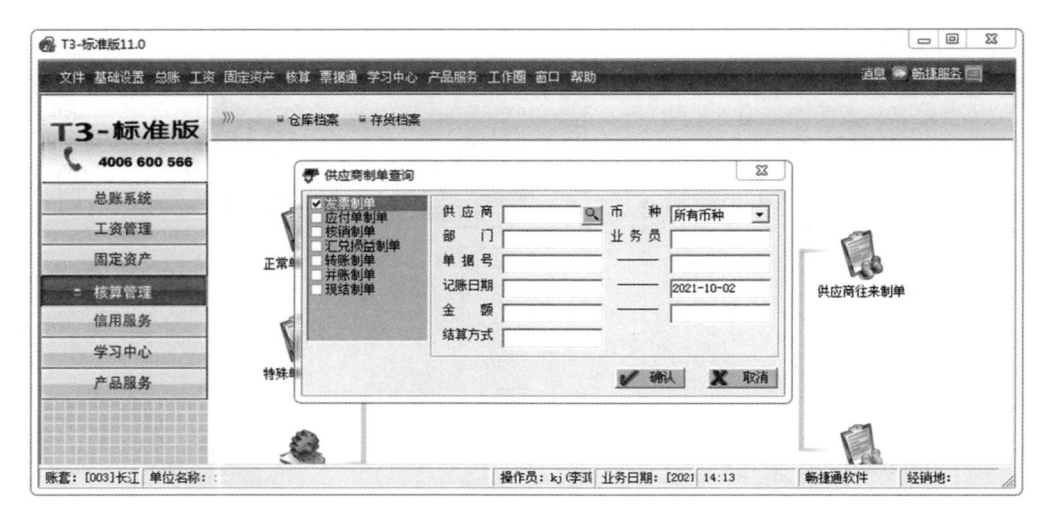

图 7-36 "供应商制单查询"对话框

在"供应商往来制单"窗口中，单击工具栏上的"全选"按钮，"凭证类别"选择"转账凭证"，单击"制单"按钮，如图 7-37 所示。生成凭证，填入制单日期、摘要及其他有关项目，单击"保存"按钮，如图 7-38 所示。

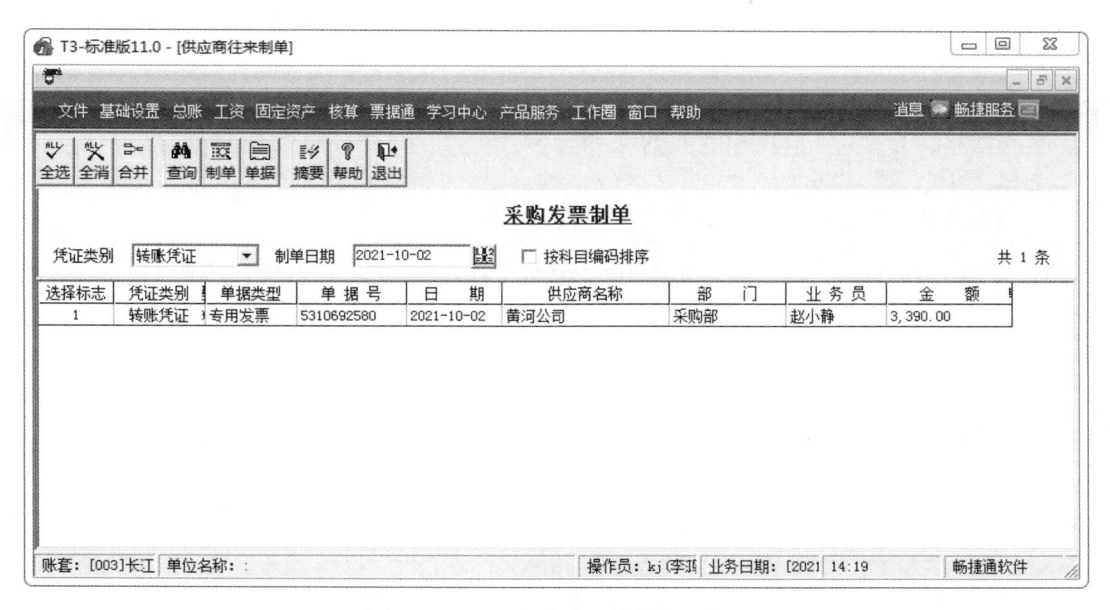

图 7-37 "采购发票制单"窗口

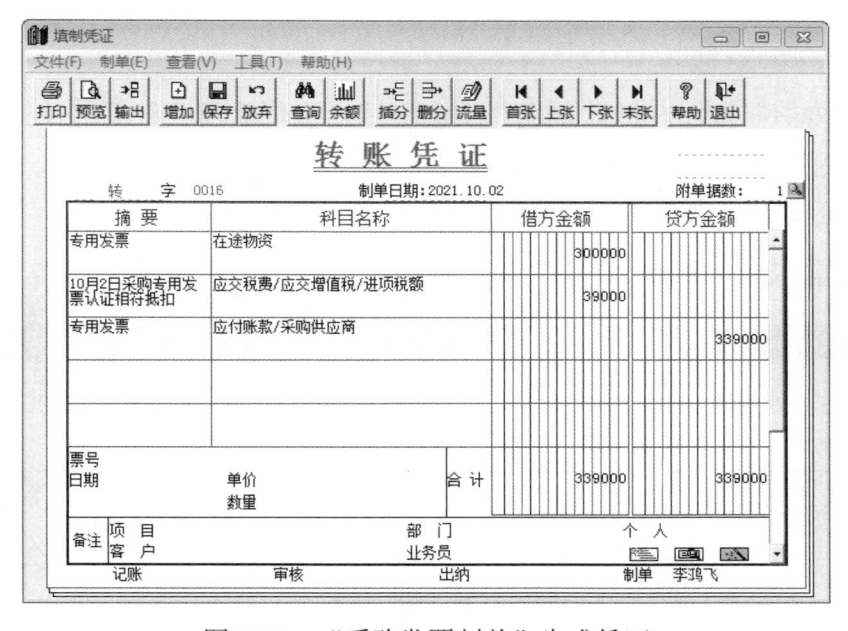

图 7-38 "采购发票制单"生成凭证

3. 付款核销

1）进入采购管理系统

由采购主管赵小静进行操作。

（1）进入采购管理系统，单击"付款结算"图标，进入"付款单"窗口。

（2）供应商选择"01 黄河公司"，单击"增加"按钮，在"日期"文本框中录入"2021-10-03"，

"结算方式"文本框中录入"202 转账支票","结算科目"文本框中录入"100201 工行存款","金额"文本框中录入"3390","票据号"文本框中录入"33980217",单击"保存"按钮,如图7-39所示。

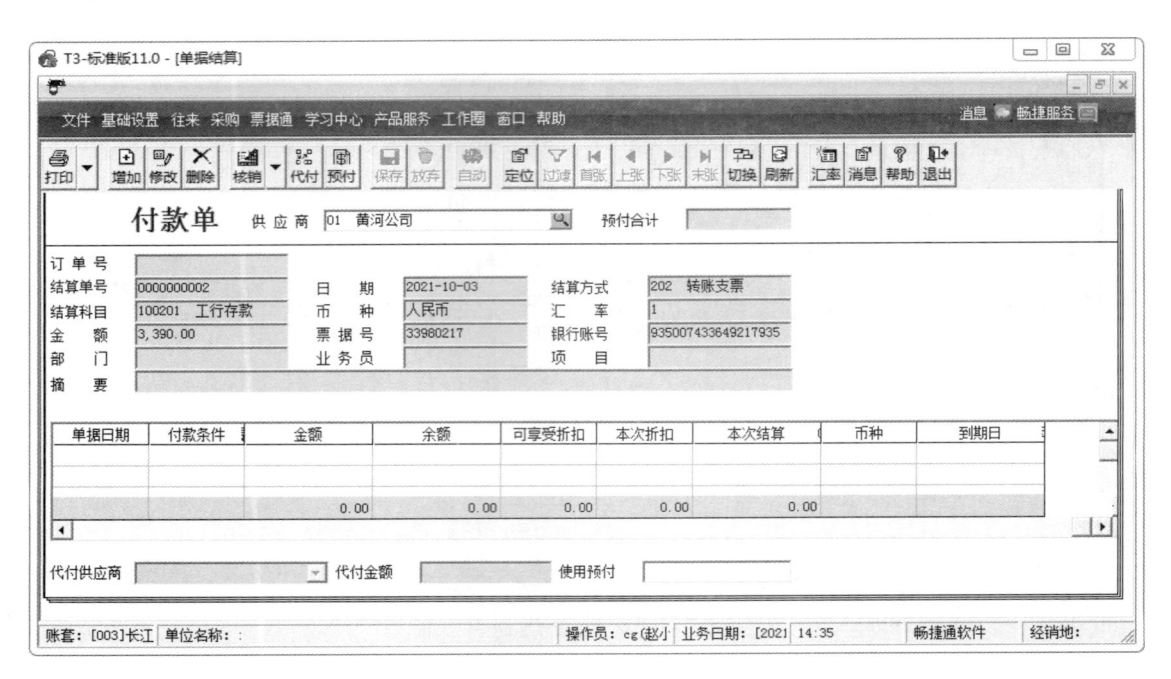

图7-39 "付款单"窗口

（3）单击"核销"按钮,付款单表体中会显示尚未付款需要结算的单据,如果是多笔业务,要注意选择对应日期,本案例在第二行"本次结算"文本框中录入"3390",单击"保存"按钮,核销完毕后退出,如图7-40所示。

图7-40 付款单核销

2）进入核算管理系统

由会计李鸿飞进行操作。

（1）单击"供应商往来"图标，选择"核销制单"选项，单击"确认"按钮，进入"核销制单"窗口。

（2）在"核销制单"窗口，单击"全选"按钮，"凭证类别"选择"付款凭证"，单击"制单"按钮，生成凭证，修改制单日期、摘要及其他有关项目，单击"保存"按钮，如图7-41、图7-42所示。

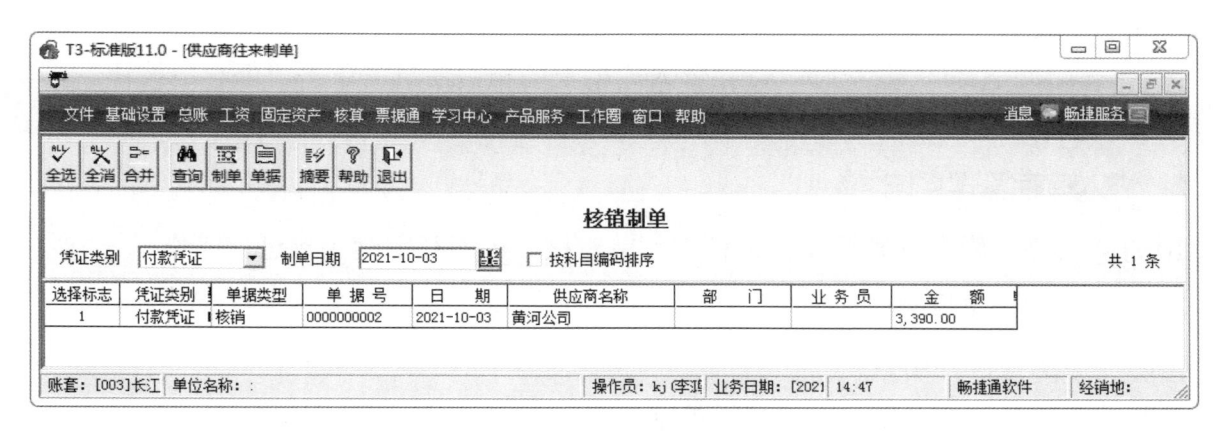

图7-41 "核销制单"窗口

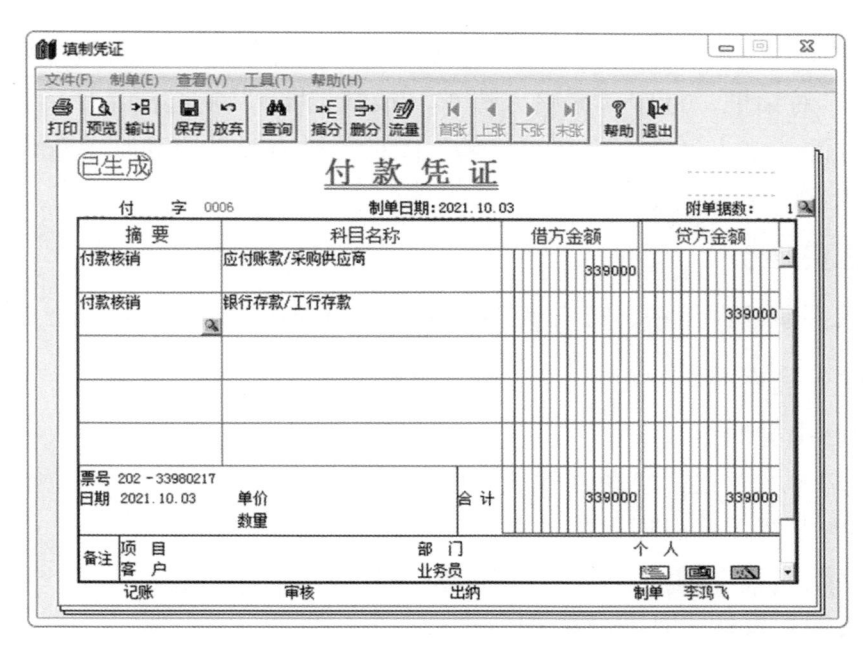

图7-42 核销制单生成凭证

（二）采购现付业务

1. 进入采购管理系统

由采购主管赵小静进行操作。

（1）填制采购发票，形成现付。

① 进入采购管理系统，单击"采购发票"图标，打开"采购发票"窗口，单击"增加"按钮，选择"专用发票"选项，打开"采购专用发票"窗口，根据发票信息录入发票号、开票日期、供货单位、存货编码、数量、单价等相关信息，单击"保存"按钮。

② 单击"现付"按钮，打开"采购现付"对话框，"结算方式"选择"电汇"，输入金额后，单击"确定"按钮，现付成功，返回"采购发票"窗口，单击"复核"按钮。

（2）填制采购入库单，根据采购发票流转生成采购入库单。

① 在"采购专用发票"窗口，单击"流转"按钮，选择"生成采购入库单"选项，打开流转生成的"采购入库单"窗口。

② "仓库"选择"原材料库"，完善入库单上的相关信息，单击"保存"按钮。

（3）10月4日进入采购管理系统，进行采购结算。

2．进入库存管理系统

10月4日进入库存管理系统，进行入库单审核。由库存主管杨柳进行操作。

3．进入核算管理系统

由会计李鸿飞进行操作。

（1）进入核算管理系统，进行正常单据记账。

（2）生成凭证。

① 物流方面：单击"购销单据制单"图标，打开"生成凭证"窗口，单击"选择"按钮，打开"查询条件"对话框，选中"采购入库单（报销记账）"复选框，形成物流凭证。

② 资金流方面：单击"供应商往来制单"图标，进入"供应商制单查询"对话框，选中"现结制单"复选框，生成凭证。

（三）发生运费业务

1．分别进入采购管理系统、库存管理系统、核算管理系统。

1）进入采购管理系统

由采购主管赵小静操作。

（1）填制采购专用发票，复核产生应付账款。

（2）录入运费发票，形成现付。

① 单击"采购发票"图标，打开"采购发票"窗口。

② 单击"增加"按钮，选择"专用发票"。

③ 打开"采购专用发票"窗口，在"发票号"文本框中录入"5310692583"，选择供货单位，发现没有上海达途运输公司，此时在打开的"参照"窗口单击"编辑"按钮，进入"供应商档案"窗口，在此增加供应商上海达途运输公司档案。

④ 在"存货编码"文本框中录入"301"，"计量单位"文本框中录入"元"，"原币金额"文本框中录入"750"，"税率"文本框中录入"9%"，单击"保存"按钮。

⑤ 单击"现付"按钮，打开"采购现付"对话框，"结算方式"选择"1"，在"结算金

额"文本框中录入"817.50",单击"确定"按钮,弹出"现付成功"信息提示框,单击"确定"按钮。

⑥ 单击"复核"按钮,退出,如图 7-43 所示。

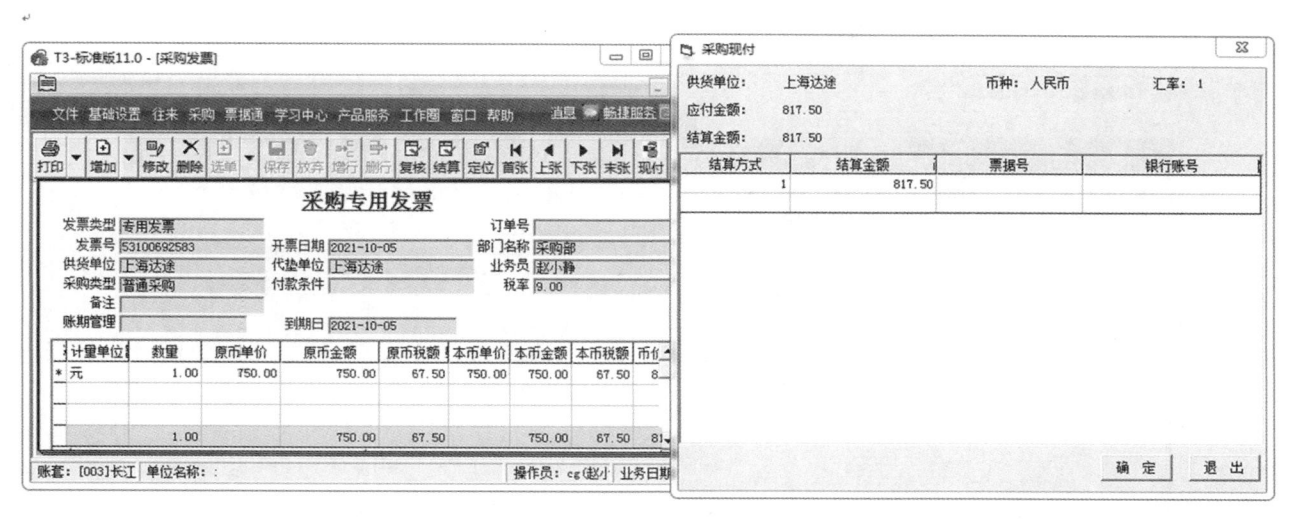

图 7-43 "采购现付"对话框

(3) 根据货物采购专用发票流转生成采购入库单。

(4) 进行采购结算。

① 进入采购管理系统,单击"采购结算"图标,打开"条件输入"对话框。

② 输入条件过滤的相关信息(日期选择正确,默认 10 月 1 日至 10 月 31 日),单击"确认"按钮,打开"入库单和发票选择"窗口。

③ 选择入库单和发票,注意选择的入库单和发票相关信息的正确性,如图 7-44 所示,单击"确认"按钮,打开"手工结算"窗口。

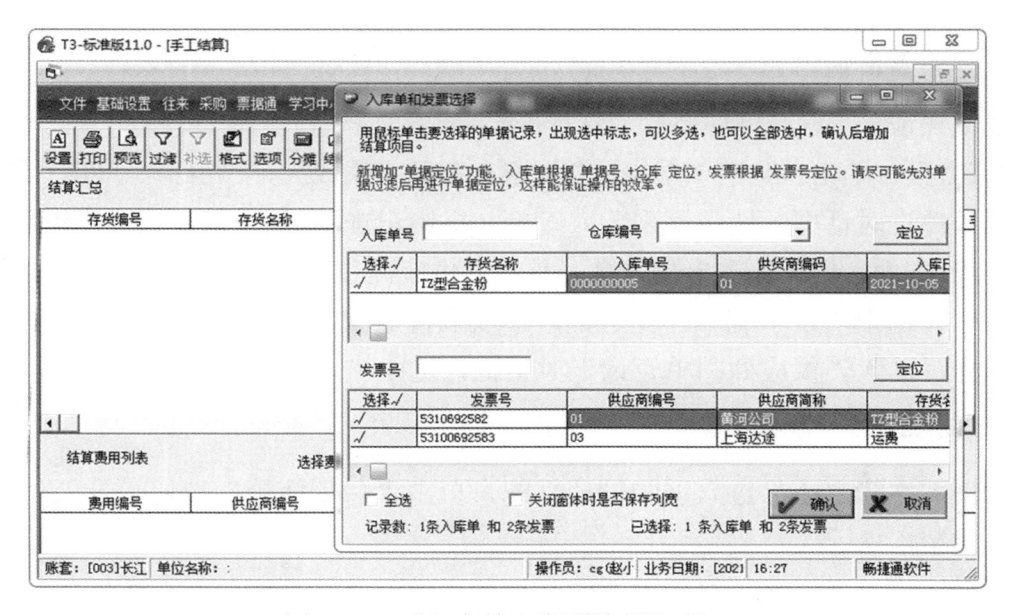

图 7-44 "入库单和发票选择"窗口

④ 在"手工结算"窗口，费用分摊方式选择"按数量"单选按钮，单击"分摊"按钮，系统弹出"选择按数量分摊，是否开始计算？"信息提示框，单击"是"按钮，系统弹出"费用分摊按数量分摊完毕"信息提示框，如图7-45所示。

⑤ 单击"结算"按钮，结算完毕后退出。

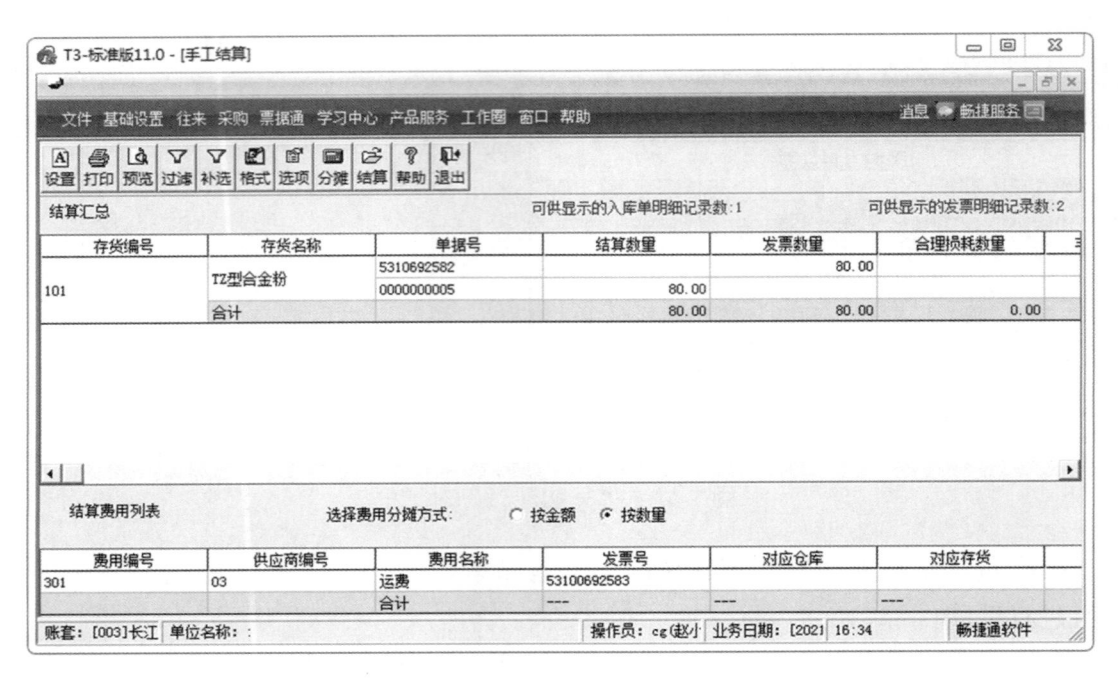

图7-45 "手工结算"窗口

2）进入库存管理系统

10月5日进入库存管理系统，进行采购入库单审核。由库存主管杨柳进行操作。

3）进入核算管理系统

10月5日进入核算管理系统，由会计李鸿飞进行操作。

（1）进行正常单据记账。

（2）生成凭证。

① 物流方面：单击"购销单据制单"图标，打开"生成凭证"窗口，单击"选择"按钮，打开"查询条件"对话框，选中"采购入库单（报销记账）"复选框，形成物流凭证。

② 资金流方面：根据采购专用发票，单击"供应商往来制单"图标，进入"供应商制单查询"对话框，选中"发票制单"复选框，形成应付账款；根据运费发票，单击"供应商往来制单"图标，进入"供应商制单查询"对话框，选中"现结制单"复选框，形成凭证。

2. 付款核销

（1）由采购主管赵小静进入采购管理系统，单击"付款核销"按钮，录入付款单相关信息，并进行核销。

（2）由会计李鸿飞进入核算管理系统，进入"供应商往来制单"对话框，选择"核销制单"，生成凭证。

（四）发生损耗

1. 分别进入采购管理系统、核算管理系统

1）进入采购管理系统

由采购主管赵小静进行操作。

（1）录入采购专用发票，复核产生应付账款。

（2）录入运费发票，复核产生应付账款。

2）进入核算管理系统

由会计李鸿飞进行操作。

资金流方面：进入核算管理系统，单击"供应商往来制单"图标，进入"供应商制单查询"对话框，选中"发票制单"复选框，生成资金流凭证，如图7-46、图7-47所示。

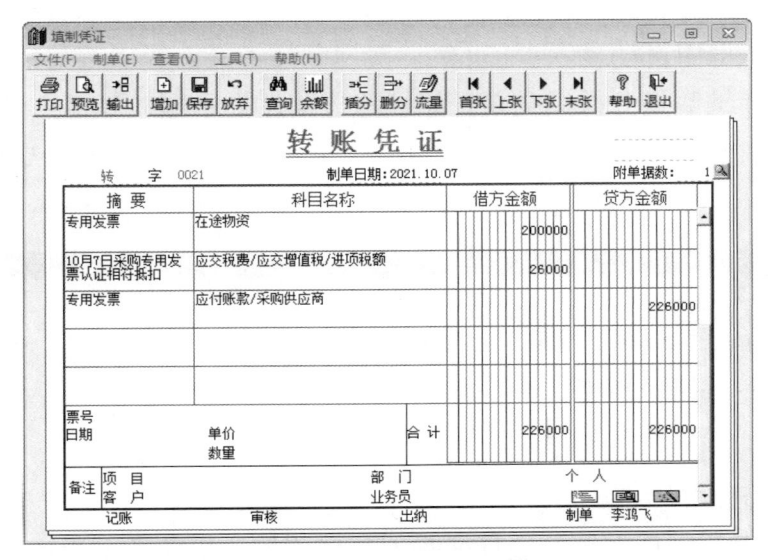

图7-46 "资金流"的凭证之一：采购材料价税款凭证

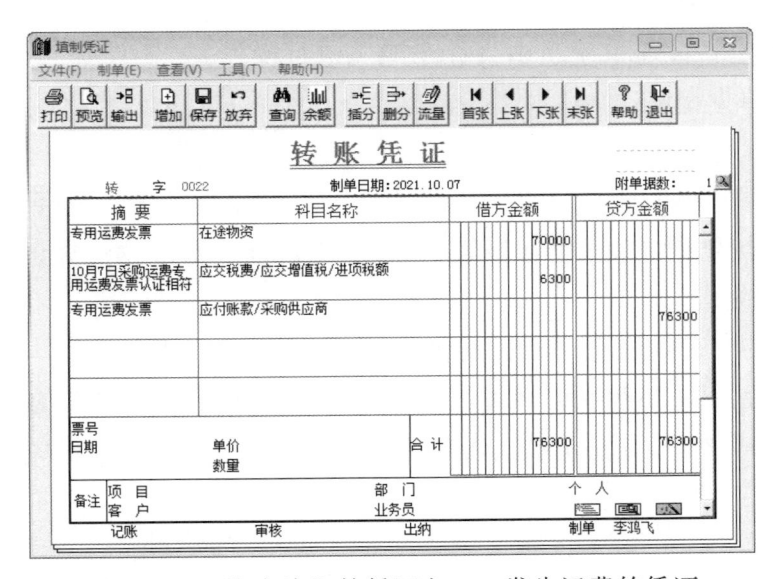

图7-47 "资金流"的凭证之二：发生运费的凭证

2. 分别进入采购管理系统、库存管理系统、核算管理系统

1）进入采购管理系统

由采购主管赵小静进行操作。

（1）根据采购发票流转生成采购入库单，需将入库数量改为45千克。

（2）进入采购管理系统，单击"采购结算"图标，打开"条件输入"对话框。

① 输入条件过滤的相关信息（日期选择正确，默认10月1日至10月31日），单击"确认"按钮，打开"入库单和发票选择"窗口。

② 选择入库单和发票，注意选择的入库单和发票相关信息的正确性，单击"确认"按钮，打开"手工结算"窗口。

③ 在"手工结算"窗口，"合理损耗数量"文本框中录入"2"，"非合理损耗数量"文本框中录入"3"，"非合理损耗金额"文本框中录入"120"，"非合理损耗类型"选择"1"，"进项税转出金额"文本框中自动显示"15.60"，费用分摊方式选择"按数量"，单击"分摊"按钮，系统弹出"选择按数量分摊，是否开始计算"信息提示框，单击"是"按钮，系统弹出"费用分摊按数量分摊完毕"信息提示框，单击"结算"按钮，结算完毕后退出，如图7-48所示。

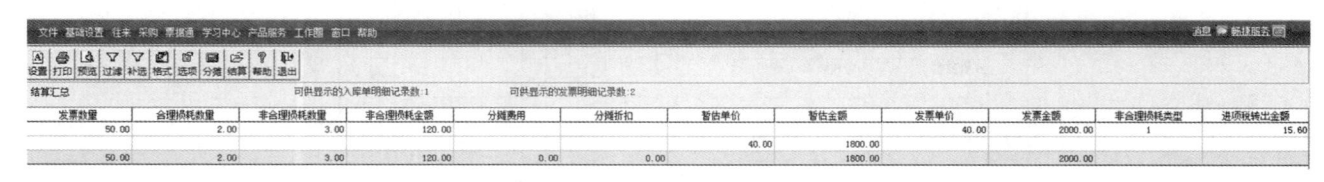

图7-48 "手工结算"窗口

2）进入库存管理系统

10月8日进入库存管理系统，进行采购入库单审核。由库存主管杨柳进行操作。

3）进入核算管理系统

10月8日进入核算管理系统。由会计李鸿飞进行操作。

（1）进行正常单据记账。

（2）生成物流凭证。

单击"购销单据制单"图标，打开"生成凭证"窗口，单击"选择"按钮，打开"查询条件"对话框，选中"采购入库单（报销记账）"复选框，形成物流凭证，如图7-49所示。

4）短缺情况的处理

将资金流凭证中"在途物资"科目的借方金额加在一起是2700元，而物流凭证中"在途物资"科目的贷方金额为2580元，两者相差120元，这就是短缺材料的成本。材料短缺是由管理不善造成的，相应材料的进项税额也要转出。凭证需在总账进行相关账务处理，如图7-50所示。

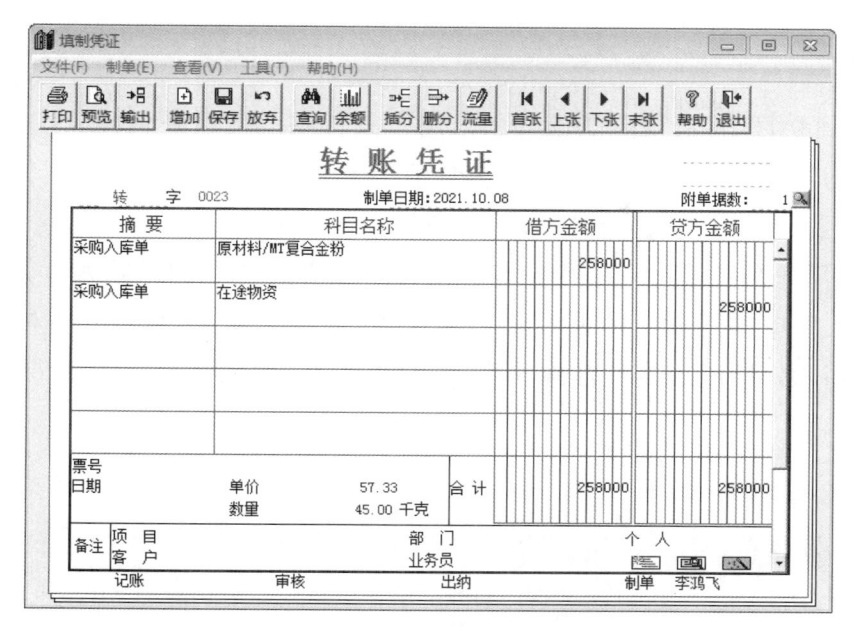

图 7-49 "购销单据制单"中的物流凭证

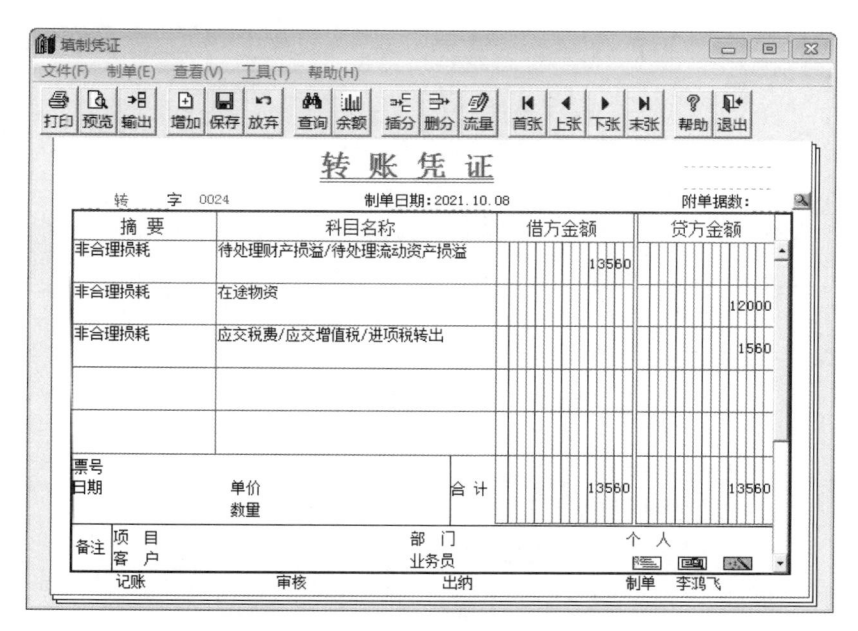

图 7-50 "非正常损耗"的账务处理

(五) 在途物资

1. 在途物资一

10 月 8 日收到黄河公司发票。

(1) 进入采购管理系统，录入采购发票，复核产生应付账款。由采购主管赵小静进行操作。

(2) 进入核算管理系统，生成资金流方面的凭证。单击"供应商往来制单"图标，进入"供应商制单查询"对话框，选中"发票制单"复选框，生成资金流凭证。由会计李鸿飞进行操作。

2. 在途物资二

10月9日收到9月20日采购的已开出专用发票货物，按照采购数量验收入库。

（1）进入采购管理系统，由采购主管赵小静进行操作。

① 根据期初采购专用发票流转生成入库单。

② 进入采购管理系统，进行采购结算。注意"条件过滤"的日期为9月1日—10月31日。同时要注意入库单的日期（10月9日）和发票的日期（9月20日）要对应，因为此时的入库单和发票有多项，所以一定要注意两者的日期对应，如图7-51、图7-52所示，最后单击"结算"按钮退出。

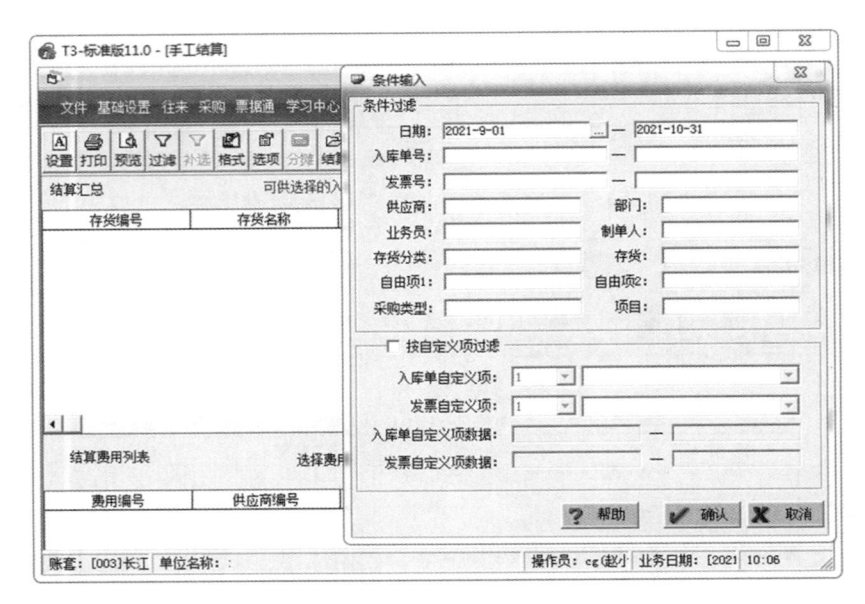

图7-51 "采购结算"日期的输入

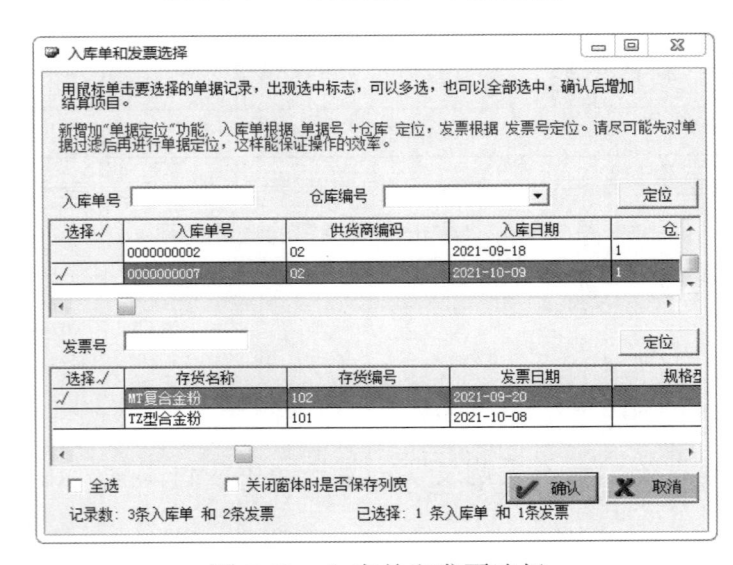

图7-52 入库单和发票选择

（2）进入库存管理系统，进行采购入库单审核。由库存主管杨柳进行操作。

（3）进入核算管理系统。由会计李鸿飞进行操作。

① 进行正常单据记账。

② 单击"购销单据制单"图标,打开"生成凭证"窗口,单击"选择"按钮,打开"查询条件"对话框,选中"采购入库单(报销记账)"复选框,形成物流凭证。

(六)暂估业务

1. 月初生成红字凭证

由于我们在核算的参数设置中,暂估业务采用的是月初回冲,所以在月初要对上月的暂估入业务执行红字回冲。单击"购销单据制单"图标后,单击"选择"按钮,打开"查询条件"对话框,选择"红字回冲单"选项,单击"确认"按钮,如图7-53所示,进入"选择单据"窗口。因为有两笔暂估业务,所以红字冲回单有两张凭证。先单击"全选"按钮,再单击"确定"按钮,进入"生成凭证"窗口,根据存货名称对科目名称进行修改、填制,单击"生成"按钮,生成两张红字回冲凭证,修改凭证类型,单击"保存"按钮后退出,如图7-54、图7-55所示。

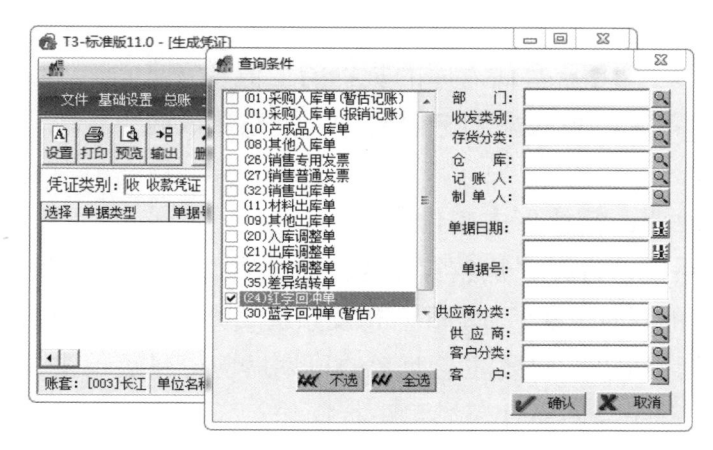

图 7-53 选择"红字回冲单"选项

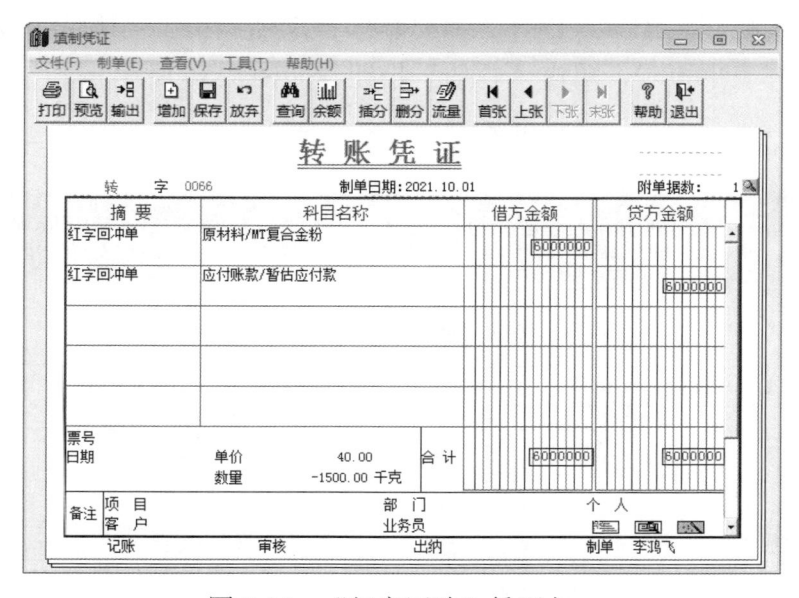

图 7-54 "红字回冲"凭证之一

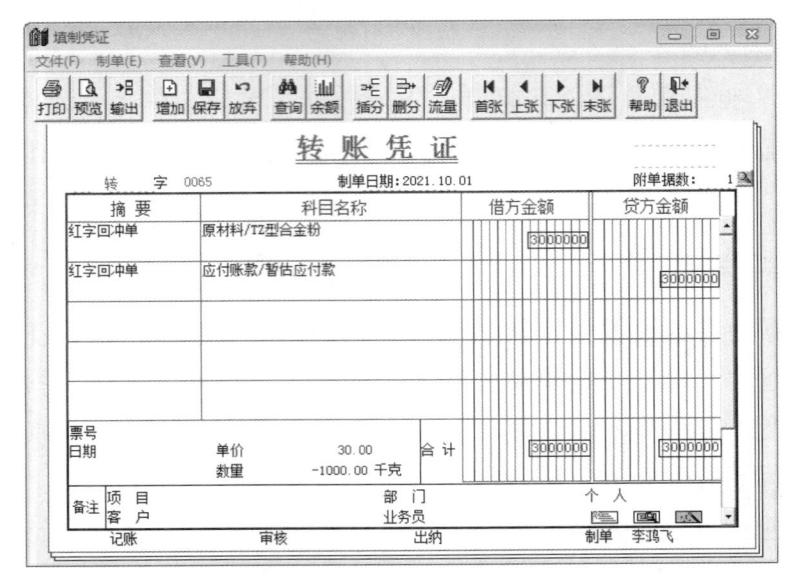

图 7-55　"红字回冲"凭证之二

2. 暂估业务一

10月10日,收到9月18日暂估入库的货物的增值税发票。

(1) 进入采购管理系统,录入采购专用发票,复核形成应付账款,进行采购结算。由采购主管赵小静进行操作。

① 录入采购专用发票,复核形成应付账款。

② 进入采购管理系统,进行采购结算。注意"条件过滤"的日期为9月1日—10月31日。同时要注意入库单的日期(9月18日)和发票的日期(10月10日)要对应,因为此时的入库单和发票有多项,所以一定要注意两者的日期对应,最后单击"结算"按钮退出。

(2) 进入核算管理系统,由会计李鸿飞进行操作。

① 暂估成本处理。

单击"暂估成本处理"图标,选择"原材料库"选项,单击"确认"按钮,进入"暂估结算表"窗口,选择表中事项,单击"暂估"按钮,如图7-56所示。

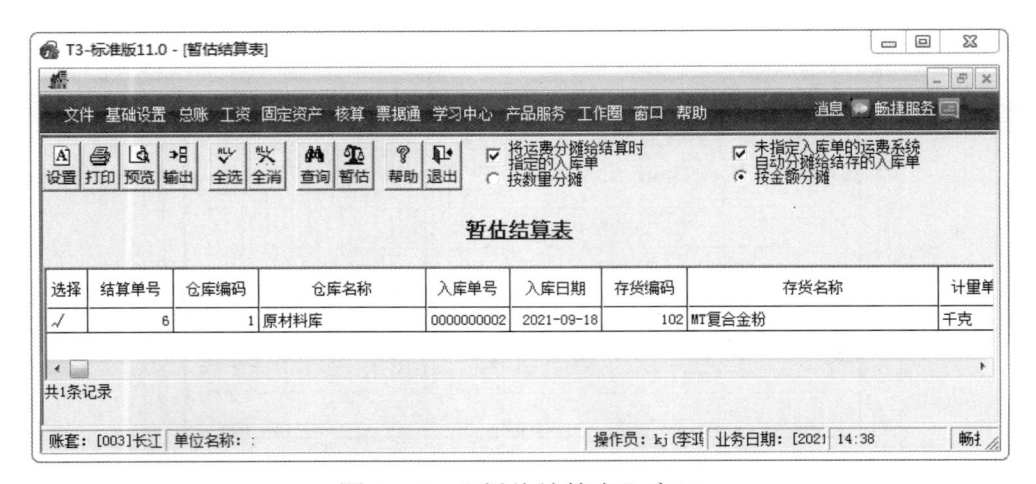

图 7-56　"暂估结算表"窗口

② 生成凭证。

单击"购销单据制单"图标，打开"查询条件"对话框，单击"选择"按钮，选择"蓝字回冲单（报销）制单"，打开"生成凭证"窗口，生成物流凭证，如图 7-57 所示。

单击"供应商往来制单"图标，进入"供应商制单查询"对话框，选中"发票制单"复选框，生成资金流凭证。由会计李鸿飞进行操作。

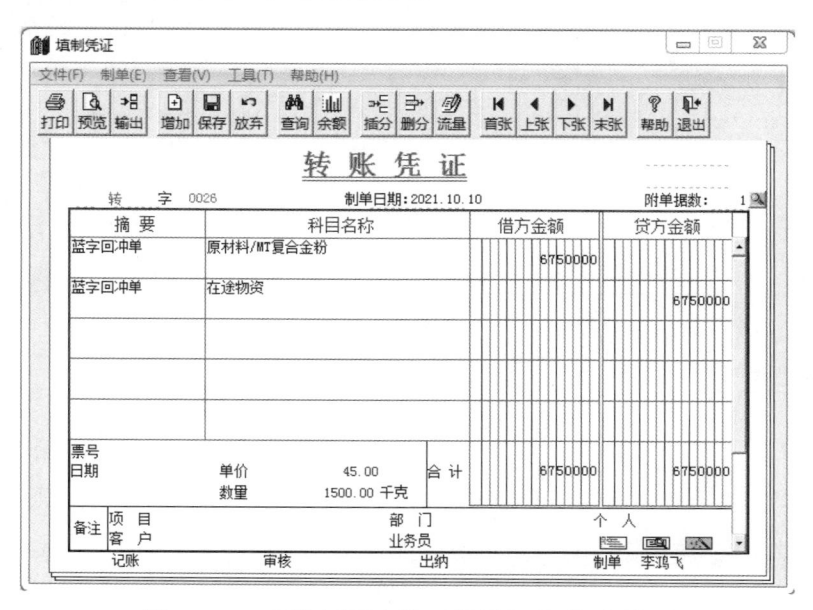

图 7-57 "蓝字回冲单（报销）"生成凭证

3. 暂估业务二

10 月 12 日，收到 9 月 15 日暂估入库的部分货物的增值税发票。

（1）进入采购管理系统，录入采购专用发票，复核形成应付账款，进行采购结算。由采购主管赵小静进行操作。

① 录入采购专用发票，复核形成应付账款。

② 进入采购管理系统，进行采购结算。注意"条件过滤"的日期为 9 月 1 日—10 月 31 日。同时要注意入库单的日期（9 月 15 日）和发票的日期（10 月 12 日）要对应，因为此时的入库单和发票有多项，所以一定要注意两者的日期对应。同时还要注意对数量进行调整，与发票的数量一致，如图 7-58 所示。最后单击"结算"按钮退出。

（2）进入核算管理系统，由会计李鸿飞进行操作。

单击"供应商往来制单"图标，进入"供应商制单查询"对话框，选中"发票制单"复选框，形成资金流凭证。

提示：

● 对于暂估业务，如果只收到部分货物的增值税发票，只能对一部分进行采购结算，此时是没办法做暂估处理的。由我们这个例子就能很容易看出来，只有等到入库单的数量和增值税发票中的数量全部结算时，才可以在核算模块中做暂估处理。

● 如果是部分结算，在核算管理系统进行月末处理后，要对全部货物生成蓝字暂估回冲单，也就是要按暂估价格入账。结账后，这个暂估数据又再次在下个月的 1 号生成红字回冲单。

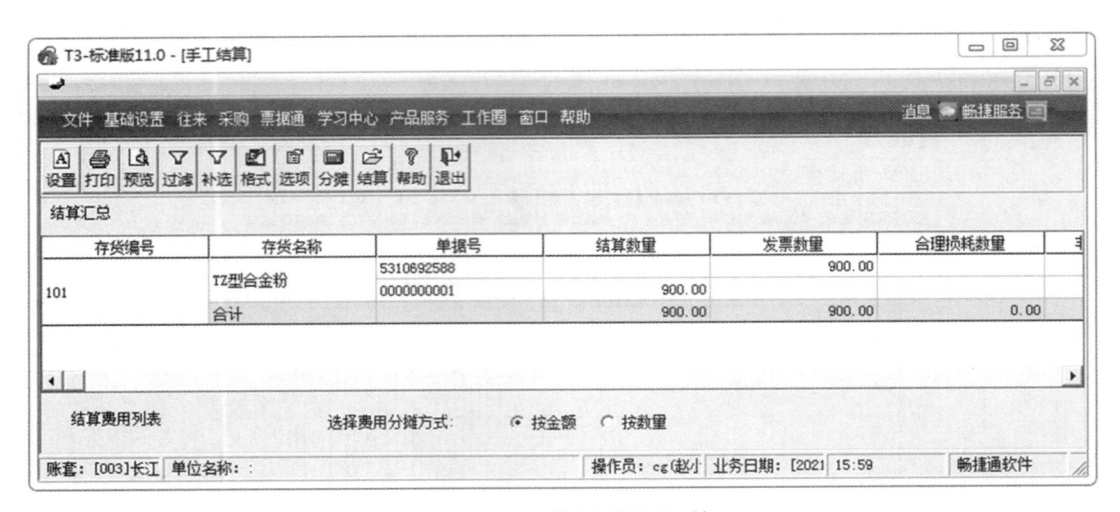

图 7-58　对数量进行调整

（七）预付冲应付业务

1. 进入采购管理系统

由采购主管赵小静进行操作。

执行"采购"→"供应商往来"→"预付冲应付"命令，进入"预付冲应付"对话框，在"应付款"选项卡中选择供应商为"香山公司"，单击"过滤"按钮，显示所有对香山公司的应付账款，在每行应付账款的"转账金额"栏内录入该行的应付账款数，如图 7-59 所示。同理，在"预付款"选项卡中选择供应商为"香山公司"，单击"过滤"按钮，显示所有对香山公司的预付账款，在预付账款的"转账金额"栏内录入需冲销的应付账款数，单击"确认"按钮，如图 7-60 所示。

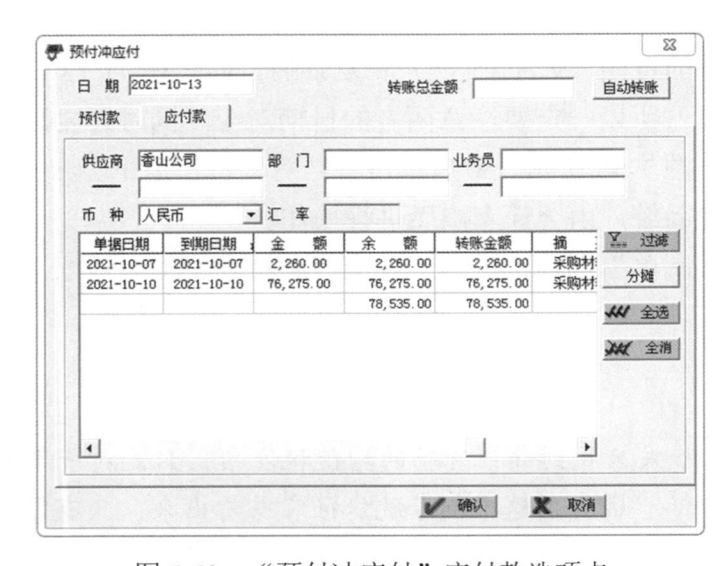

图 7-59　"预付冲应付"应付款选项卡

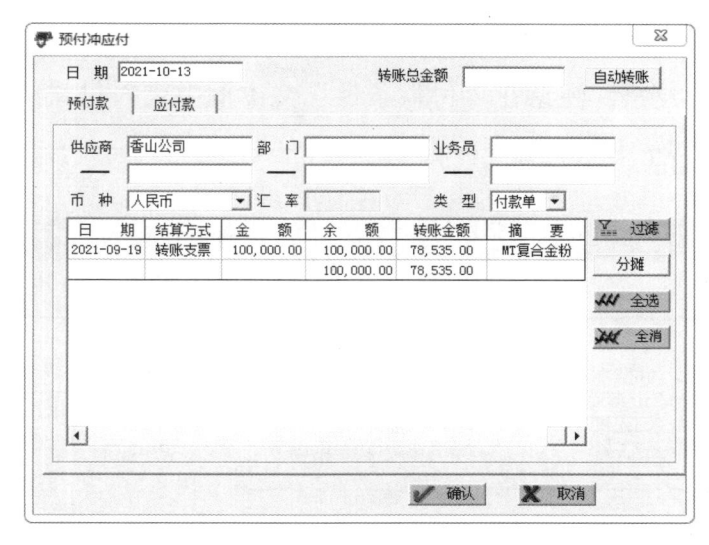

图 7-60 "预付冲应付"预付款选项卡

2．进入核算管理系统

由会计李鸿飞进行操作。

进入核算管理系统，单击"供应商往来制单"图标，进入"供应商制单查询"对话框，选中"转账制单"复选框，单击"确认"按钮，进入"转账凭证"窗口，选择单据，单击"生成"按钮，生成凭证，如图 7-61 所示。

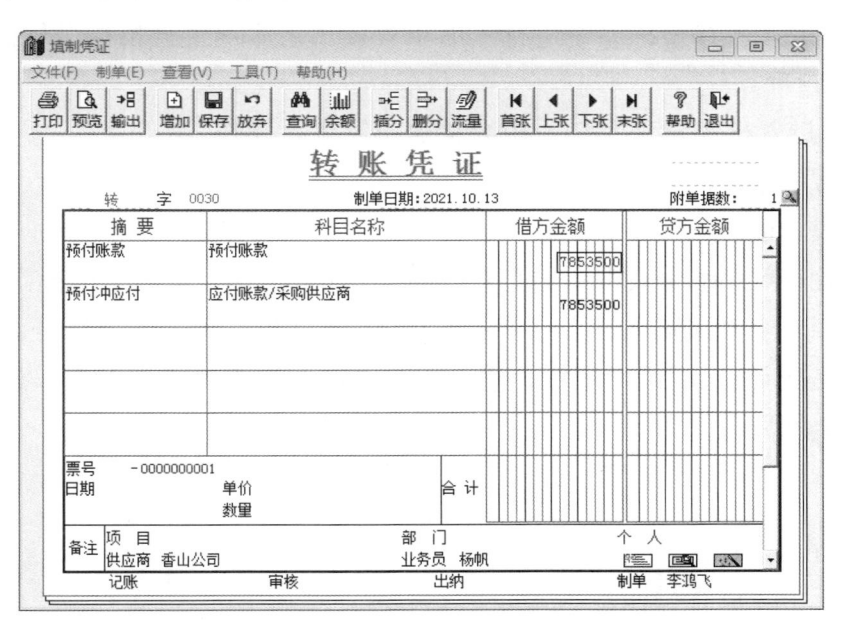

图 7-61 "转账凭证"下窗口

（八）现金折扣业务

1．分别进入采购管理系统、库存管理系统、核算管理系统

1）进入采购管理系统

进入采购管理系统，填制采购专用发票、采购入库单，并进行采购结算。由采购主管赵小静进行操作。

（1）录入采购专用发票，注意在"付款条件"文本框中录入付款条件，如图7-62所示。

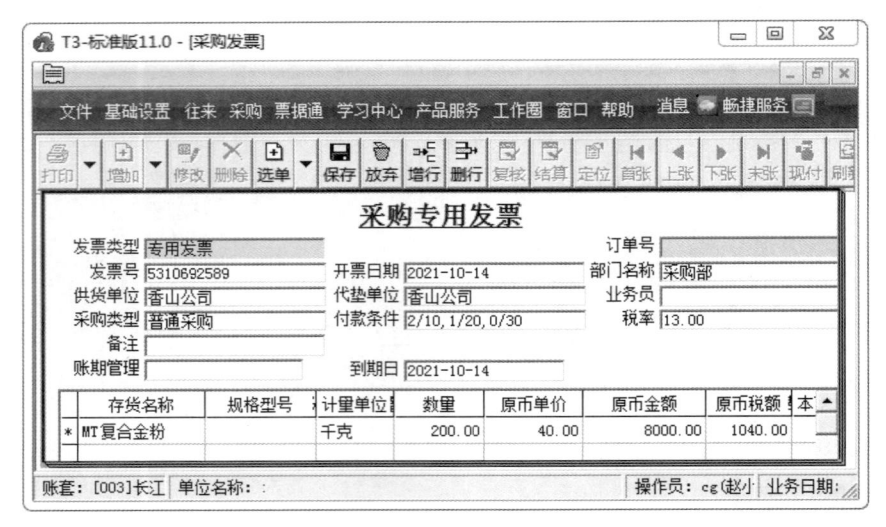

图7-62 有付款条件的采购专用发票

（2）进入采购管理系统流转生成采购入库单。

（3）进入采购管理系统进行采购结算。

2）进入库存管理系统

10月14日，进入库存管理系统进行入库单审核。由库存主管杨柳进行操作。

3）进入核算管理系统

10月14日，进入核算管理系统。由会计李鸿飞进行操作。

（1）进行正常单据记账。

（2）制单生成凭证。

① 单击"购销单据制单"图标，打开"生成凭证"窗口，单击"选择"按钮，打开"查询条件"对话框，选中"采购入库单（报销记账）"复选框，形成物流凭证。

② 单击"供应商往来制单"图标，进入"供应商制单查询"对话框，选中"发票制单"复选框，形成资金流凭证。

2．付款核销

1）进入采购管理系统

由采购主管赵小静进行操作。

（1）计算："折扣=40×200×2%=160，应付款=40×200×1.13-160=8 880。

（2）进入采购管理系统，单击"付款结算"图标，填制付款单进行核销。填制付款单时，要注意表头中的结算方式选择"202转账支票"，"结算科目"选择"100201工行存款"，在"金额"文本框中录入"8 880"，核销时表体中"本次折扣"文本框中录入"160"，"本次结算"文本框中录入"8 880"。如图7-63所示。

图 7-63 "付款单"中现金折扣录入

2）进入核算管理系统

由会计李鸿飞进行操作。

单击"供应商往来制单"图标，进入"供应商制单查询"对话框，选中"核销制单"复选框，生成凭证，如图 7-64 所示。

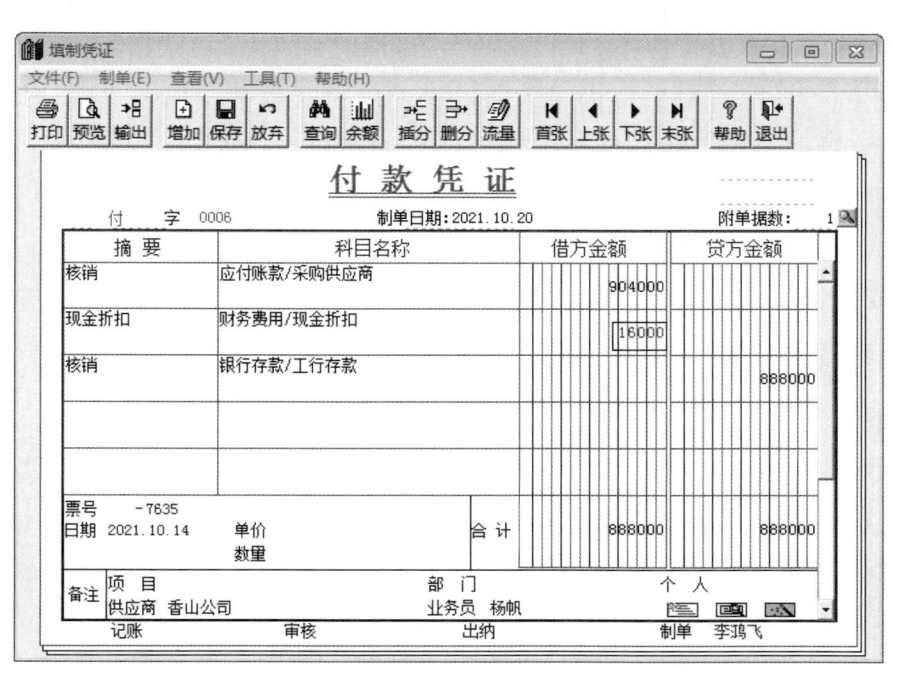

图 7-64 生成"现金折扣"业务凭证

（九）采购结算后收到运费发票

1. 分别进入采购管理系统、核算管理系统

（1）进入采购管理系统，录入并复核采购专用发票。由采购主管赵小静进行操作。

（2）进入核算管理系统，供应商往来制单，形成资金流凭证。由会计李鸿飞进行操作。

2. 分别进入采购管理系统、库存管理系统、核算管理系统

（1）进入采购管理系统，由采购主管赵小静进行操作。

① 采购发票流转生成采购入库单。

② 进入采购管理系统进行采购结算。

（2）进入库存管理系统进行入库单审核。由库存主管杨柳进行操作。

（3）进入核算管理系统。由会计李鸿飞进行操作。

① 进行正常单据记账。

② 制单生成凭证。

单击"购销单据制单"图标，打开"生成凭证"对话框，单击"选择"按钮，打开"查询条件"对话框，选中"采购入库单（报销记账）"复选框，形成物流凭证。

（4）用预付款付款核销。

① 进入采购管理系统，由采购主管赵小静进行操作。

执行"采购"→"供应商往来"→"预付冲应付"命令，进入"预付冲应付"对话框，在"应付款"选项卡中选择供应商为"香山公司"，单击"过滤"按钮，显示所有对香山公司的应付账款，在每行应付账款的"转账金额"栏内录入该行的应付账款数。同理，在"预付款"选项卡中选择供应商为"香山公司"，单击"过滤"按钮，显示所有对香山公司的预付账款，在预付账款的"转账金额"栏内录入需冲销的应付账款数，单击"确认"按钮。

② 进入核算管理系统，生成凭证。由会计李鸿飞进行操作。

进入核算管理系统，单击"供应商往来制单"图标，进入"供应商制单查询"对话框，选中"转账制单"复选框，单击"确认"按钮，进入"转账凭证"窗口，选择单据，单击"生成"按钮，生成凭证。

3. 收到运费发票

（1）进入采购管理系统，由采购主管赵小静进行操作。

① 录入运费专用发票，进行现付。

② 将运费发票和入库单采购结算。

执行"采购结算"→"费用折扣结算"命令，在"条件输入"对话框中选择好日期后，单击"确认"按钮，进入"入库单和发票选择"窗口，对应好入库单和发票（注意日期对应），单击"确认"按钮，选择按数量分摊，再单击"结算"按钮，之后退出，如图7-65、图7-66所示。

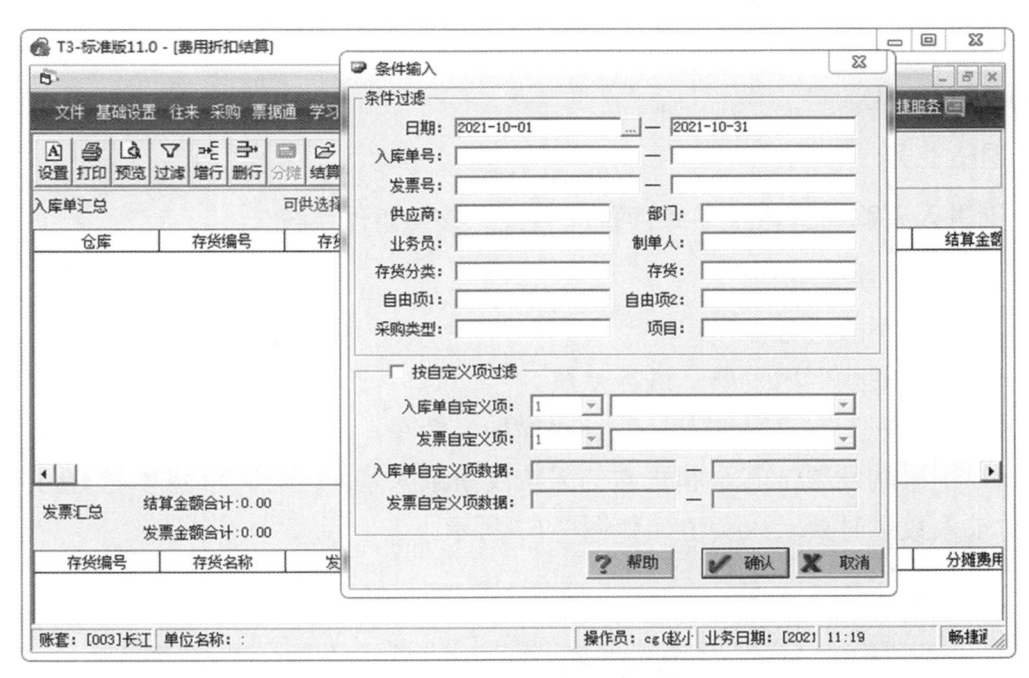

图 7-65 "条件输入"对话框

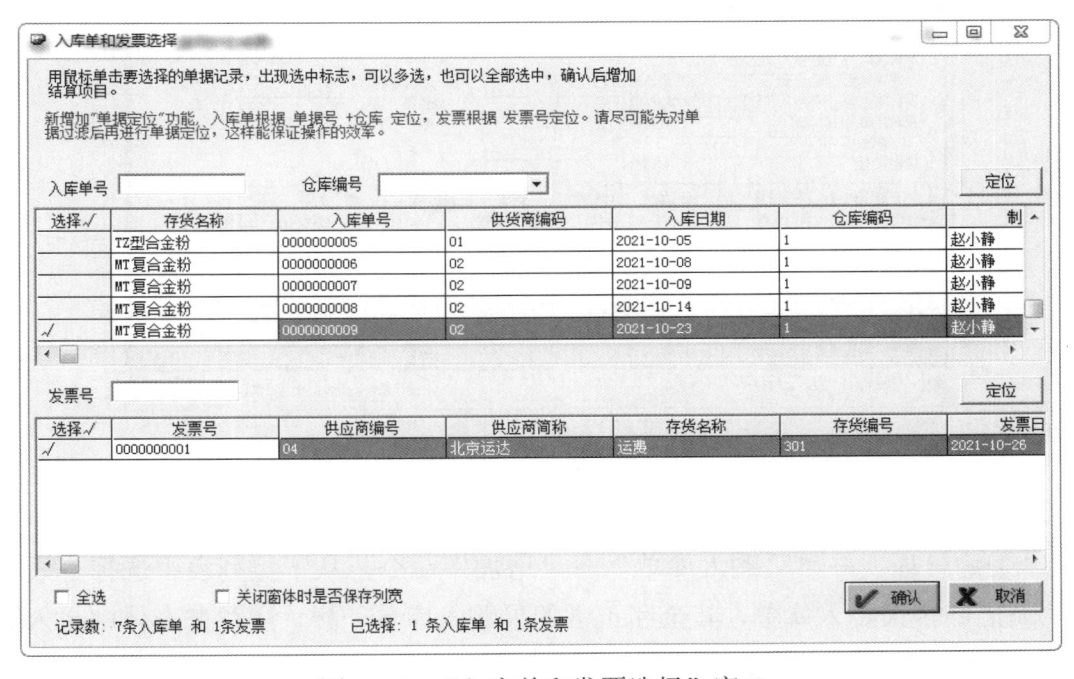

图 7-66 "入库单和发票选择"窗口

（2）进入核算管理系统，由会计李鸿飞进行操作。

① 单击"暂估成本处理"图标，进入"暂估处理查询"窗口，"仓库"选择"原材料库"，单击"确认"按钮，进入"暂估结算表"界面，单击"全选"按钮，之后单击"暂估"按钮，之后退出。

② 进入核算管理系统制单。

单击"购销单据制单"图标，在"查询条件"对话框中选中"入库单调整"复选框，单击"确认"按钮，修改会计科目凭证类别，进行制单，形成物流凭证。

单击"供应商往来制单"图标，打开"供应商制单查询"对话框，选中"发票制单"复选框，形成资金流凭证。

（十）退货业务

1. 分别进入采购管理系统、库存管理系统、核算管理系统

1）进入采购管理系统

由采购主管赵小静进行操作。

（1）填制红字采购专用发票，进行复核。

执行"采购管理"→"采购发票"→"增加"命令，从下拉列表中选择"专用发票（红色）"，调出红字采购发票，其余和正常的采购发票录入基本一样。注意本题有付款条件，另外在表体中录入数量时要录入负值，如图7-67所示。

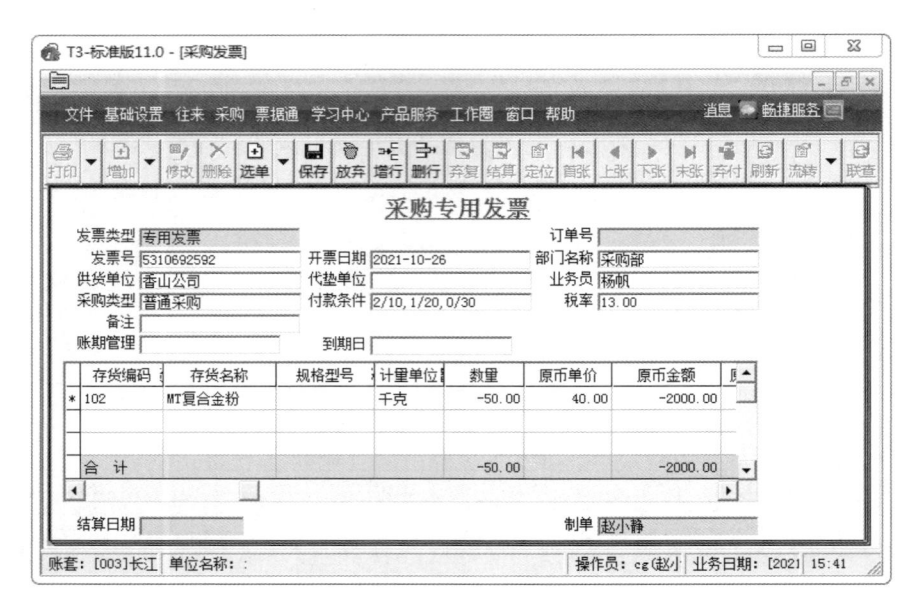

图7-67 "红字采购专用发票"的录入

（2）填制红字采购入库单。

执行"采购管理"→"采购入库单"→"增加"命令，从下拉列表中选择"采购入库单（红色）"，调出红字采购入库单，其余和正常的采购入库单一样，注意在表体中录入数量时要录入负值，如图7-68所示。

（3）进行采购结算。由采购主管赵小静进行操作。

2）进入库存管理系统

10月26日，进入库存管理系统，进行红字采购入库单审核。由库存主管杨柳进行操作。

3）进入核算管理系统

10月26日，进入核算管理系统。由会计李鸿飞进行操作。

（1）进行正常单据记账。

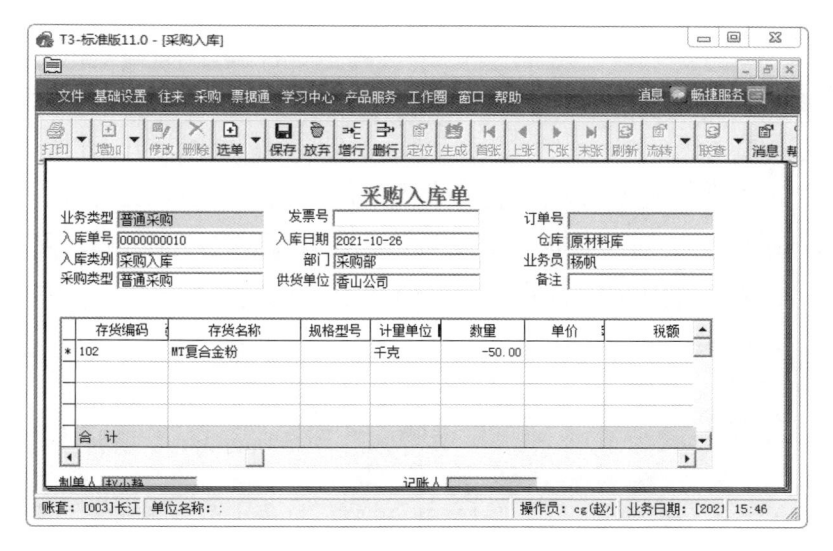

图 7-68 "红字采购入库单"的录入

(2) 制单生成凭证。

① 单击"购销单据制单"图标,打开"生成凭证"对话框,单击"选择"按钮,打开"查询条件"对话框,选中"采购入库单(报销记账)"复选框,形成物流凭证。

② 单击"供应商往来制单"图标,打开"供应商制单查询"对话框,选中"发票制单"复选框,形成资金流凭证。

2. 收到退货款

1) 进入采购管理系统

进入采购管理系统,单击"付款结算"图标,填制付款单进行核销。填制付款单时,单击"切换"命令,切换成红字收款单,完善表头、表体其他信息,如图 7-69 所示。由采购主管赵小静进行操作。

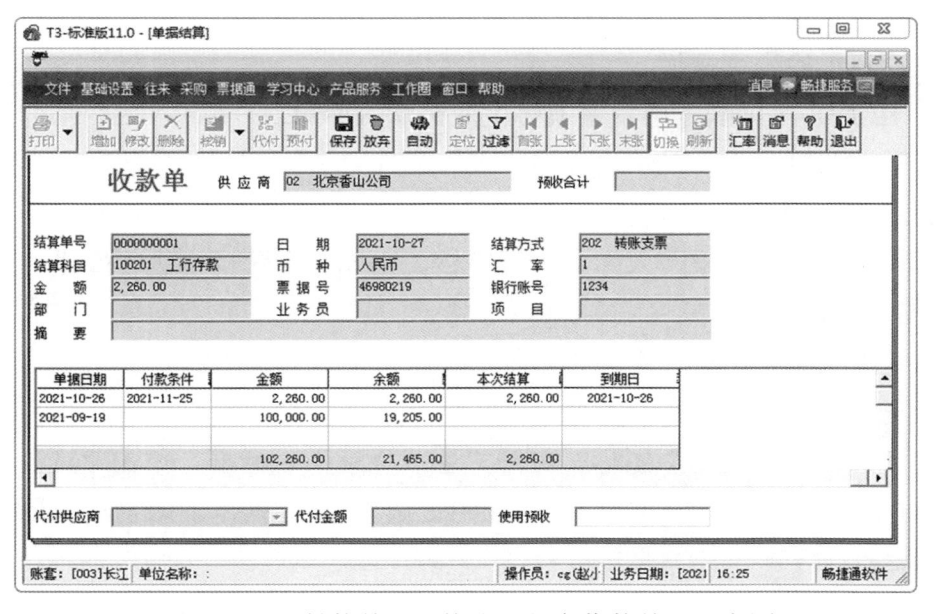

图 7-69 "付款单"切换成"红字收款单"示意图

2）进入核算管理系统

单击"供应商往来制单"图标，打开"供应商制单查询"对话框，选中"核销制单"复选框，生成收到退款的凭证。由于 10 月 14 号这笔业务有现金折扣，付款时是按照折扣后的价格付款的，所以对方退款也不会按应付账款全部退回的，而应该按照折扣后的价格退款。折扣为 40 元（40×50×2%），对方实际付款金额为 2 220 元（2 260-40），所以需要将贷方数据拆分成两个数据，即财务费用和银行存款，财务费用的发生额一定在借方，如图 7-70 所示。

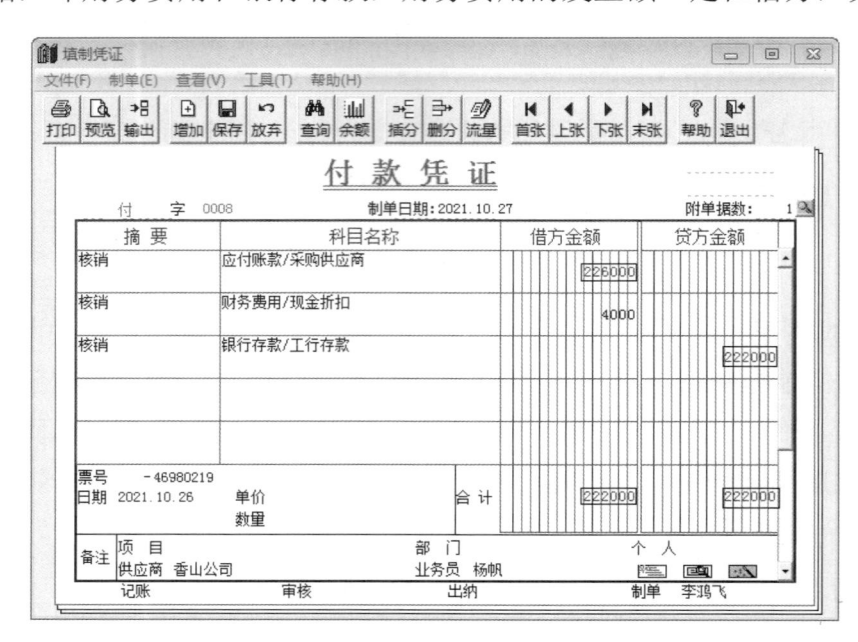

图 7-70　收到退款的凭证

（十一）付款核销时多支付款

1. 分别进入采购管理系统、库存管理系统、核算管理系统

1）进入采购管理系统

由采购主管赵小静进行操作。

（1）根据 10 月 8 日采购专用发票流转生成采购入库单。

（2）进行采购结算。

2）进入库存管理系统

进入库存管理系统，对采购入库单进行审核。由库存主管杨柳进行操作。

3）进行核算管理系统

进入核算管理系统。由会计李鸿飞进行操作。

（1）进行正常单据记账。

（2）单击"购销单据制单"图标，打开"生成凭证"对话框，单击"选择"按钮，打开"查询条件"对话框，选中"采购入库单（报销记账）"复选框，形成物流凭证。

2. 付款核销

（1）进入采购管理系统，由采购主管赵小静进行操作。

单击"付款结算"图标，填制付款单进行核销。填制付款单时，在"金额"文本框中录入"2 600"，完善表头其他信息。在录入表体信息时，在"本次结算"文本框中录入"2 034"，如图 7-71 所示。

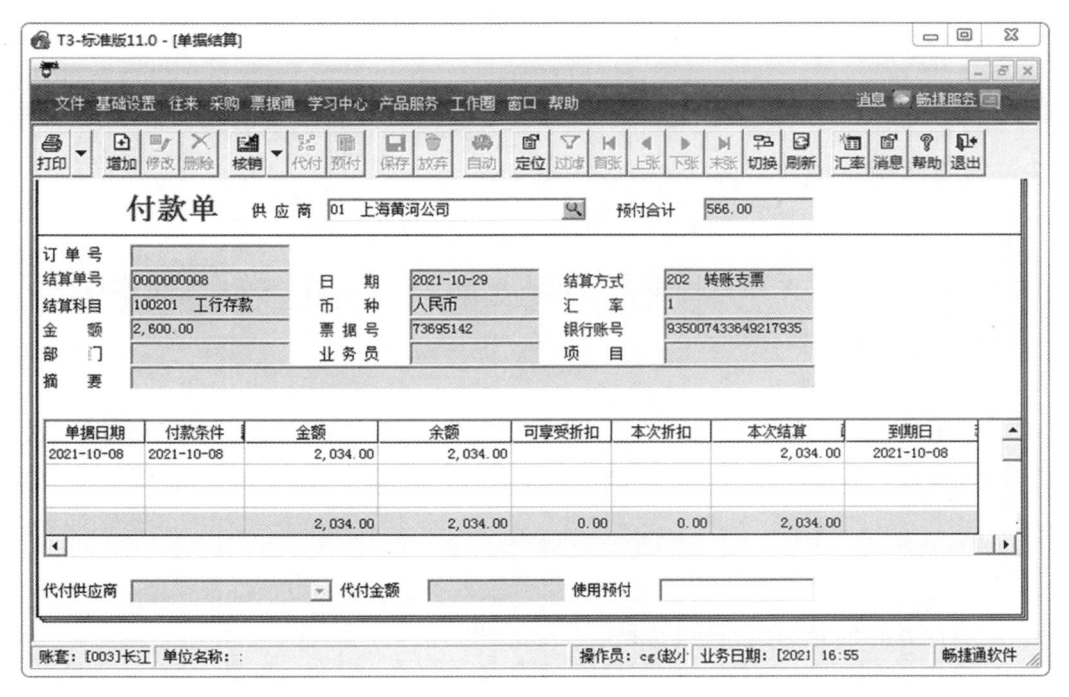

图 7-71 "付款单"多付款的录入

（2）进入核算管理系统，单击"供应商往来制单"图标，打开"供应商制单查询"对话框，选中"发票制单"复选框，形成资金流凭证。支付的多余款自动形成预付账款 566 元，如图 7-72 所示。由会计李鸿飞进行操作。

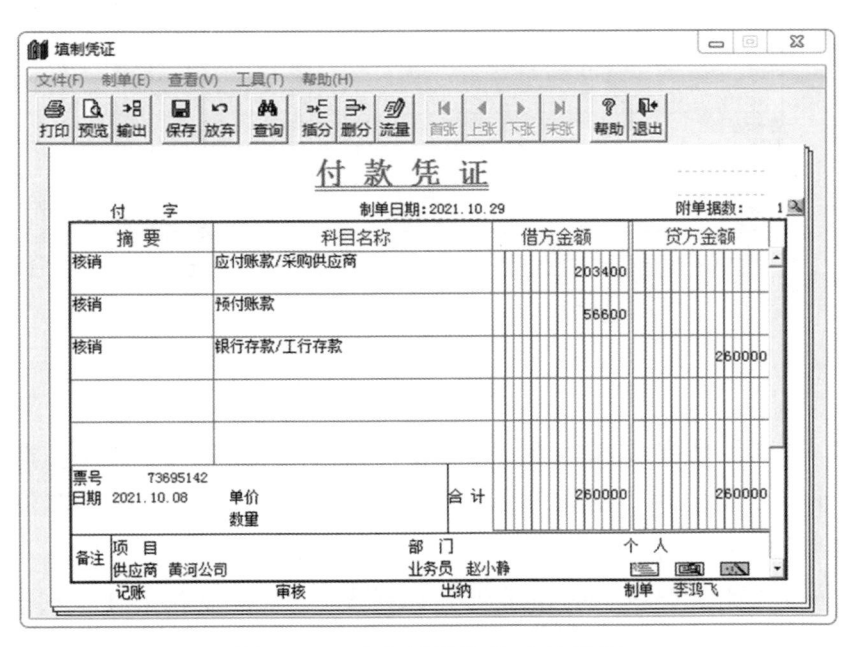

图 7-72 "多付款"生成的凭证

（十二）月底暂估入账业务

1. 录入采购单

10月29日，录入采购单。由采购主管赵小静进行操作。

2. 进入库存管理系统

10月29日，进入库存管理系统，对采购入库单进行审核。由库存主管杨柳进行操作。

3. 进入核算管理系统

10月30日，进入核算管理系统。由会计李鸿飞进行操作。

（1）执行"核算"→"采购入库单批量录入单价"命令，在"单价"文本框中录入"30"，然后单击"保存"按钮退出。

（2）进行正常单据记账。

（3）单击"购销单据制单"图标，打开"生成凭证"对话框，单击"选择"按钮，打开"查询条件"对话框，选中"采购入库单（暂估记账）"复选框，形成物流凭证，如图7-73所示。

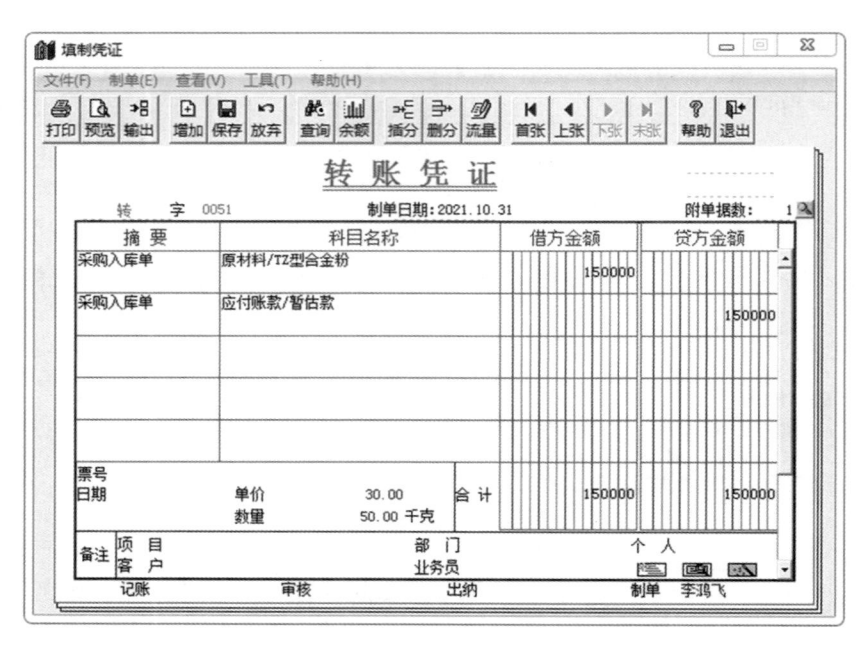

图7-73 "月末暂估入账"分录

提示：

● 如果生成了凭证，才发现入库单、发票、付款单等单据录入错误，想要修改，则需要逆向取消相关操作，方能修改，逆操作的执行需要从最末操作步骤逐级取消。

1. 删除错误凭证

执行"核算"→"凭证"→"购销单据凭证列表""供应商往来凭证列表"命令，找到需要删除的凭证，单击"删除"按钮，总账管理系统中的该凭证自动打上"作废"标记。

2. 取消单据记账

执行"核算"→"取消单据记账"命令，找到需要取消记账的单据，单击"恢复"按钮，就可以恢复到记账前状态。

3. 取消采购入库单审核

执行"库存"→"采购入库单审核"→"弃审"命令。

4. 取消采购结算

执行"采购"→"采购结算"→"结算明细列表"命令，找到要取消的结算单，双击该记录，在"采购结算表"窗口，单击"删除"按钮。

5. 取消采购发票复核

执行"采购"→"采购发票"命令，单击"弃复"按钮。

6. 修改入库单和发票

在入库单、发票界面单击"修改"按钮，进行修改。之后再进行一次正向操作流程，重新生成凭证。

7. 取消付款单核销

执行"采购"→"供应商往来"→"取消操作"命令，"操作类型"选择"核销"，单击"删除"按钮，选中要取消核销的付款单，单击"确定"按钮。

8. 修改或删除付款单

执行"采购"→"供应商往来"→"付款结算"命令，选择"供应商"选项，单击"修改"或"删除"按钮。

【业务实训】

（1）认真跟着老师学习操作，并看完教学视频，完成并掌握本业务活动教学内容操作。

（2）完成项目七实训五相关实训操作，见附录A。

任务三　销售管理系统业务处理

业务活动 7-8　认知销售管理系统业务处理程序

一、销售管理系统主要功能介绍

1. 销售发货的业务处理模式

按照销售发货的业务处理方式不同，销售分为两种模式：一是先发货后开票，二是开票直接发货。先发货后开票是指根据销售订单或其他销售合同、协议，向客户发出货物，发出货物之后根据发货单开票结算的业务模式。开票直接发货是指根据销售订单或其他销售合同、协议，向客户开具发票，客户根据发票到指定的仓库提货的业务模式。

2. 销售订单

销售订单是反映购销双方确认的客户要货需求的单据。在先发货后开票模式下，发货单可以根据销售订单开具；在开票直接发货的模式下，销售发票可以根据销售订单开具。

3. 发货单

在先发货后开票模式下，发货单由销售部门根据销售订单开具；在开票直接发货的模式下，发货单由销售部门根据销售发票自动产生，在此情况下，发货单只做浏览，不能进行增加、删除、修改和审核等操作。

4. 销售出库单

销售出库单不等同于发货单。销售出库单表示货物正式从仓库中发出，一般根据发货单生成。根据不同的参数设置，销售出库单的生成，可以在销售管理系统发货单审核时自动生成，也可以由库存管理系统调阅已审核的发货单生成。

5. 销售发票

销售发票是给客户开具的增值税专用发票、普通发票及其所附清单等原始销售票据。销售发票可以由销售部门参照发货单生成，即先发货后开票模式；也可以参照销售订单生成或直接填制，即开票直接发货模式。销售发票复核后生成应收账款。

6. 销售费用

在销售业务中，有些企业销售货物会产生代垫费用、装卸费，这些费用一般以应税劳务方式通过发票进行处理。

7. 客户往来

客户往来包括收款单增加及删除、收款核销、预收冲应收、应收冲应收等。

二、销售的业务流程

先发货后开票模式的业务流程如图 7-74 所示。

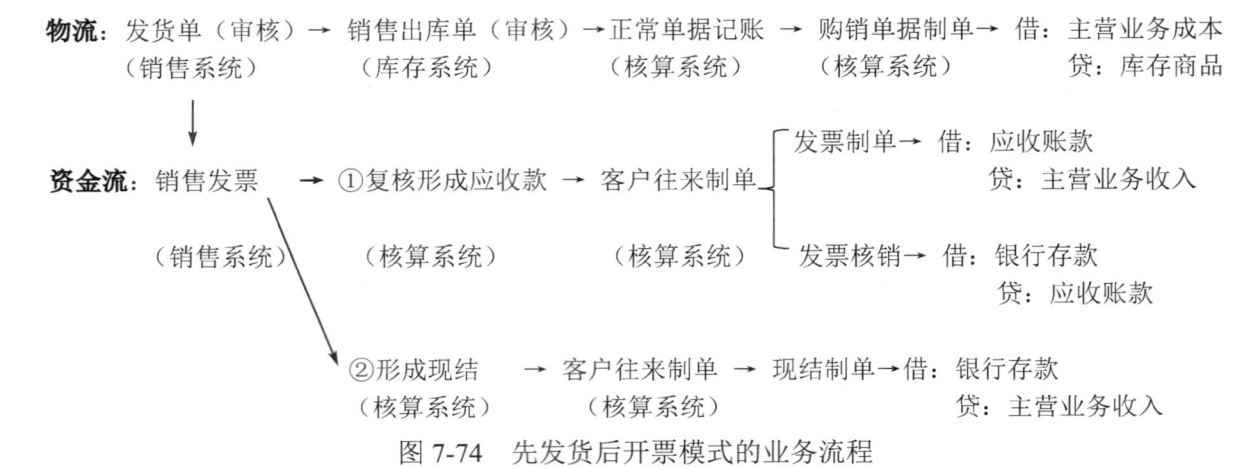

物流：发货单（审核） → 销售出库单（审核） → 正常单据记账 → 购销单据制单 → 借：主营业务成本
（销售系统）　（库存系统）　（核算系统）　（核算系统）　　贷：库存商品

资金流：销售发票 → ①复核形成应收款 → 客户往来制单 ┬ 发票制单 → 借：应收账款
（销售系统）　（核算系统）　（核算系统）　　　　　　　　　　贷：主营业务收入
　　　　　　　　　　　　　　　　　　　　　　　　　　　　　└ 发票核销 → 借：银行存款
　　　　　　　　　　　　　　　　　　　　　　　　　　　　　　　　　　　贷：应收账款

②形成现结 → 客户往来制单 → 现结制单 → 借：银行存款
（核算系统）　（核算系统）　　　　　　　贷：主营业务收入

图 7-74　先发货后开票模式的业务流程

业务活动 7-9　销售管理系统日常业务操作（以先发货后开票为例）

【资料准备】

长江有限责任公司 2021 年 10 月份发生的销售业务如下。

1. 普通销售业务

（1）2021 年 10 月 1 日，与长虹公司签订合同，长虹公司预订空压机壳 5 台，每台无税单价为 18 000 元，订单号为 0000000001。

（2）2021 年 10 月 2 日，向长虹公司发出空压机壳，并从产成品库中出库。

（3）2021 年 10 月 3 日，向长虹公司开出增值税专用发票，发票号为 77211003，空压机壳 5 台，每台无税单价 18 000 元，增值税税率为 13%。款项尚未收到。

（4）2021 年 10 月 4 日，收到长虹公司转账支票一张，票据号为 2021004，为上述产品的价税款。

2. 销售现结业务

2021 年 10 月 6 日，向宝蓝公司发出机床保护壳 5 台。同日向其开出增值税专用发票一张，发票号为 77211006，数量 5 台，每台无税单价为 23 000 元，增值税税率为 13%。当天收到对方开来的转账支票一张，票据号为 20211006，为上述产品的价税款。

3. 运费业务

1）销售方负担

接上题，2021 年 10 月 7 日，上述产品销售过程中发生运费 500 元，增值税税率为 9%。由保定顺和运输公司承运，收到对方发来的增值税专用发票，发票号为 45693219，款项以现金支付。保定顺和运输公司税号：7589654300014994。开户银行：保定北三环工行分理处。银行账号：7589639154237638。

2）销售方垫付

假设上题中发生的运费为代垫运费 545 元，用现金支付。

4. 预收款业务

（1）2021 年 10 月 9 日，与汉江公司签订合同。汉江公司预订空压机壳 2 台，每台无税单价为 18 000 元。收到转账支票一张，金额为 3 000 元，票据号为 20211009，为销售订金，订单号为 0000000002。长江有限公司银行账号为 998895819。

（2）2021 年 10 月 10 日，发出货物，同时开出增值税专用发票一张，发票号为 77211010，空压机壳 2 台，每台无税单价为 18 000 元，货款未收。发生代垫运费 500 元，用现金支付。

（3）2021 年 10 月 11 日，用预收款冲减应收款。同时收到转账支票一张，票据号为 20211011，用于结清余款。

5. 现金折扣业务

（1）2021年10月12日，向宝蓝公司发出机床保护壳3台。同日向其开出增值税专用发票一张，发票号为77211012，数量3台，每台无税单价为23 000元，增值税税率为13%。收款条件为2/10，1/20，N/30。计算现金折扣不考虑增值税。货款未收。

（2）2021年10月14日，收到转账支票一张，为支付价税款，票据号为20211014。

6. 商业折扣业务

2021年10月15日，为鼓励汉江公司一次性购入10台空压壳机，给予5%的价格优惠，当日发出货物，并开出增值税专用发票，每台无税单价为18 000元，增值税税率为13%，发票号为77211015。当日收到对方开来的转账支票一张，票据号为20210115，系上述产品的价税款。长江有限公司银行账号为998895819。

7. 应收票据及贴现业务

（1）2021年10月16日，向长虹公司发出空压机壳2台，并从产成品库中出库。2021年10月16日向长虹公司开出增值税专用发票，发票号为77211016，空压机壳2台，每台无税单价为18 000元，增值税税率为13%。同日收到一张商业承兑汇票，期限为10天。

（2）2021年10月19日，因为急需用款，只好向银行申请贴现。银行审查后同意并签订协议，月贴现率为0.8%。于当日收到贴现款。银行不附有追索权。

8. 坏账业务

（1）2021年10月20日，经查实核对，在2021年9月15日与汉江公司发生的90 000元应收款中，有30 000元无法收回，经上报批准，作为坏账损失处理。其余款项收到一张转账支票，票据号为20211020。

（2）2021年10月27日，对方经营好转，主动偿还该款项。收到一张转账支票，票据号为20211027。

9. 赠品的处理

（1）2021年10月27日，向长虹公司发出15台机床保护壳，同时开出增值税专用发票，每台销售无税单价为23 000元，增值税税率为13%，发票号为77211027，货款未收。另外附带赠送机床保护壳2台。

（2）2021年10月28日，对方结清上述货款，交来转账支票一张，票据号为20211028，金额为预收款冲销后的余款。

10. 销售发货单与销售发票数量不同步

（1）2021年10月28日，向宝蓝公司发出15台机床保护壳，同时开出增值税专用发票，数量10台，每台销售单价为23 000元，增值税税率为13%，发票号为77211028，货款未收。经研究，给予对方500元的返利，用现金支付。

(2) 2021 年 10 月 29 日，收到对方转来的一张转账支票，为上述产品返利后余款，票据号为 20211029。

(3) 2021 年 10 月 30 日，开出剩余 5 台机床保护壳的增值税专用发票，发票号为 77211030，货款未收。

11. 销售退回

(1) 2021 年 10 月 30 日，向宝蓝公司 10 月 12 日销售的 3 台机床保护壳中有 1 台质量有问题，对方要求退货。同意退货后，收到对方发来的机床保护壳，同时向对方开出红字专用发票，发票号为 77211030，数量-1 台，单价为 23 000 元，增值税税率为 13%。

(2) 2021 年 10 月 31 日，开出转账支票一张，票据号为 20211031，为退货款。

【操作指导】

有一点要说明，根据"购销存期初设置"中的"仓库档案资料"可知，产成品库采用的是全月平均法，这就意味着平时销售的账务处理只能进行资金流方面的处理，物流方面的账务处理只能等待月末才能进行。

（一）普通销售业务

1. 进入销售管理系统，录入销售订单

由销售主管李海波进行操作。

（1）单击"销售订单"图标，打开"销售订单"窗口。

（2）单击"增加"按钮，在"订单日期"文本框中录入"2021-10-01"，"订单号"文本框中录入"0000000001"，"销售类型"选择"普通销售"，"客户名称"选择"长虹公司"，"销售部门"选择"销售部"，"业务员"选择"李海波"。

（3）表体中"货物名称"选择"空压机壳"，在"数量"文本框中录入"5"，"无税单价"文本框中录入"18 000"，之后单击"保存"按钮，再单击"审核"按钮，如图 7-75 所示。

2. 进入销售管理系统，生成发货单

由销售主管李海波进行操作。

（1）直接单击"发货单"图标，进入"发货单"窗口，单击"增加"按钮，再单击"选单"按钮，进入"选择订单"对话框，单击"显示"按钮，选中 10 月 1 日生成的订单和存货信息栏，单击"确认"按钮，将订单信息转入发货单，如图 7-76 所示。

（2）表体中，在"发货日期"文本框中录入"2021-10-02"，仓库选择"产成品库"，单击"保存""审核"按钮，如图 7-77 所示。

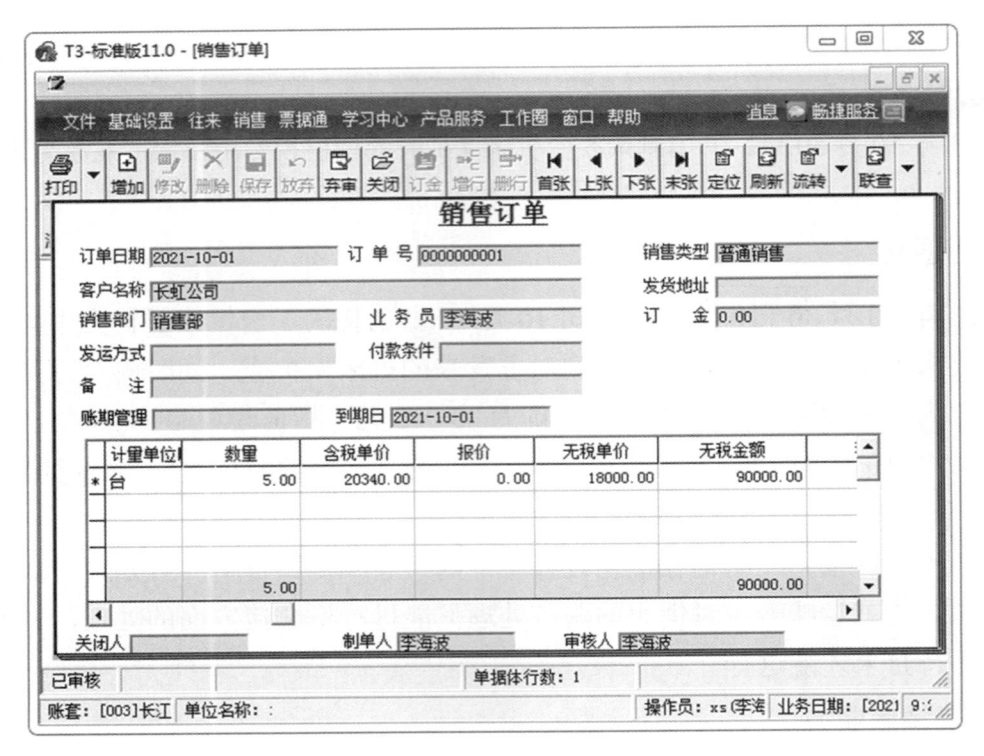

图 7-75 "销售订单"的录入

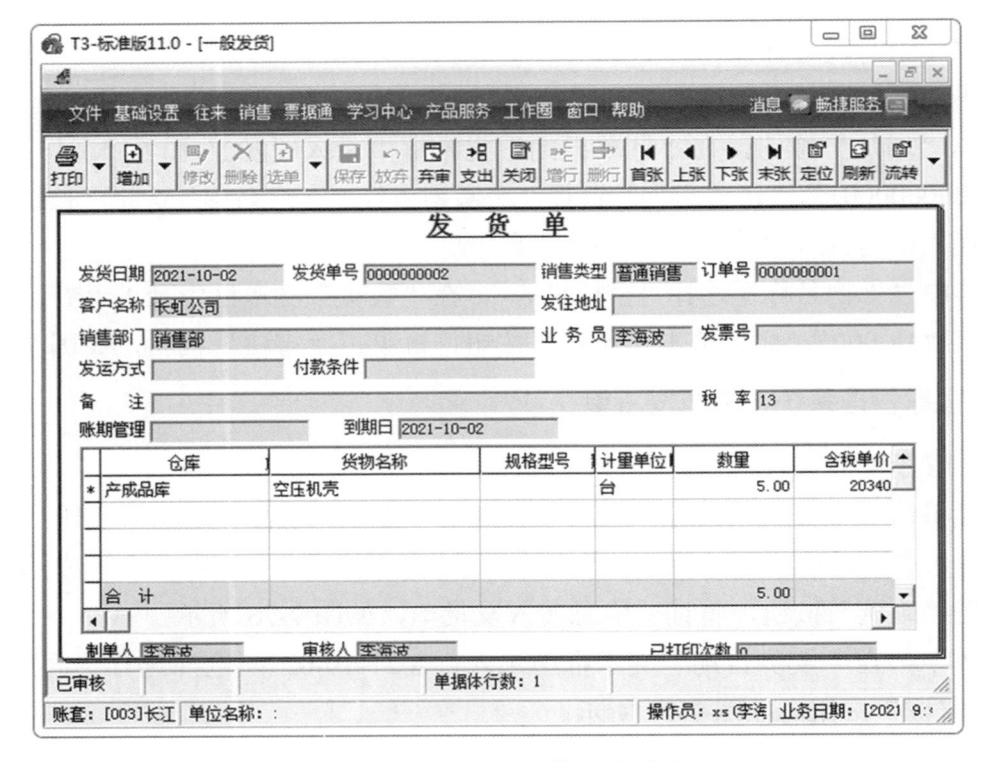

图 7-76 "选择订单"对话框

项目七 购销存管理系统 | 187

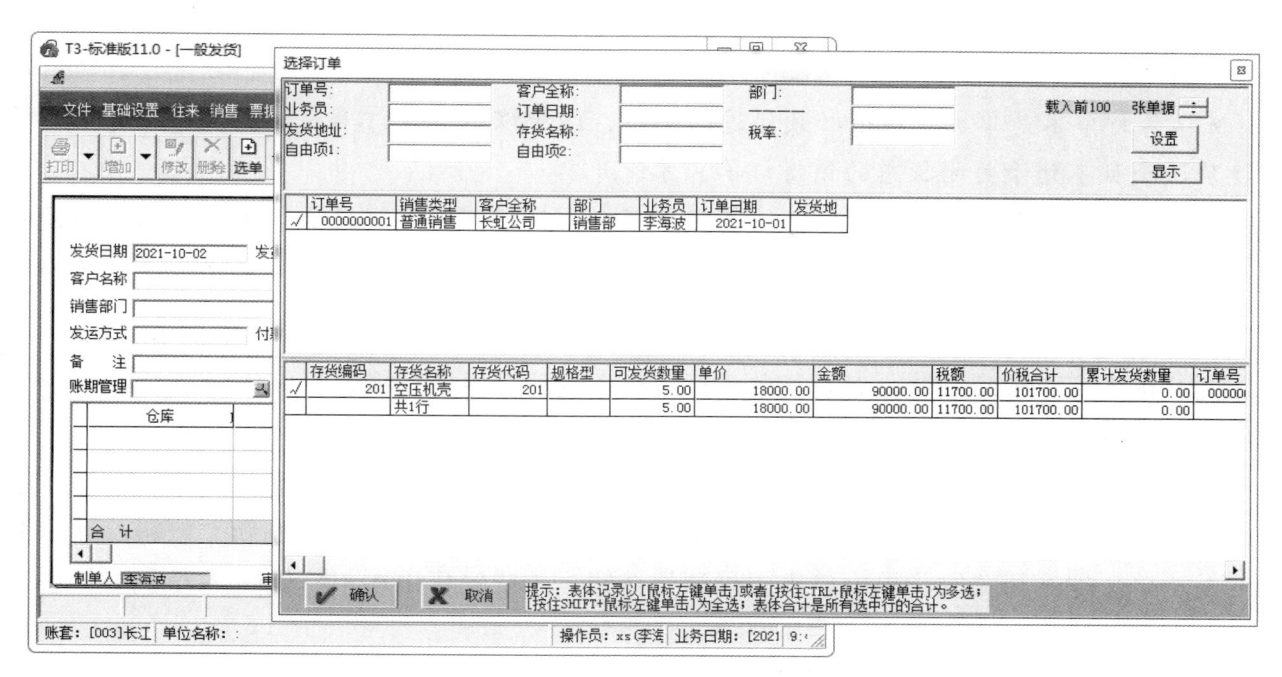

图 7-77 发货单的生成

3. 分别依次进入销售管理系统、库存管理系统、核算管理系统

（1）进入销售管理系统，生成销售专用发票。由销售主管李海波进行操作。

① 单击"销售发票"图标，进入"销售发票"窗口，单击"增加"按钮，选择"专用发票"，单击"选单"下的"发货单"，打开"选择发货单"对话框，单击"显示"按钮，选择要参照的发货单和存货信息栏，单击"确认"按钮。

② 修改发票号，确定日期、数量、单价等信息的正确性，单击"保存""复核"按钮，形成应收账款，如图 7-78 所示。

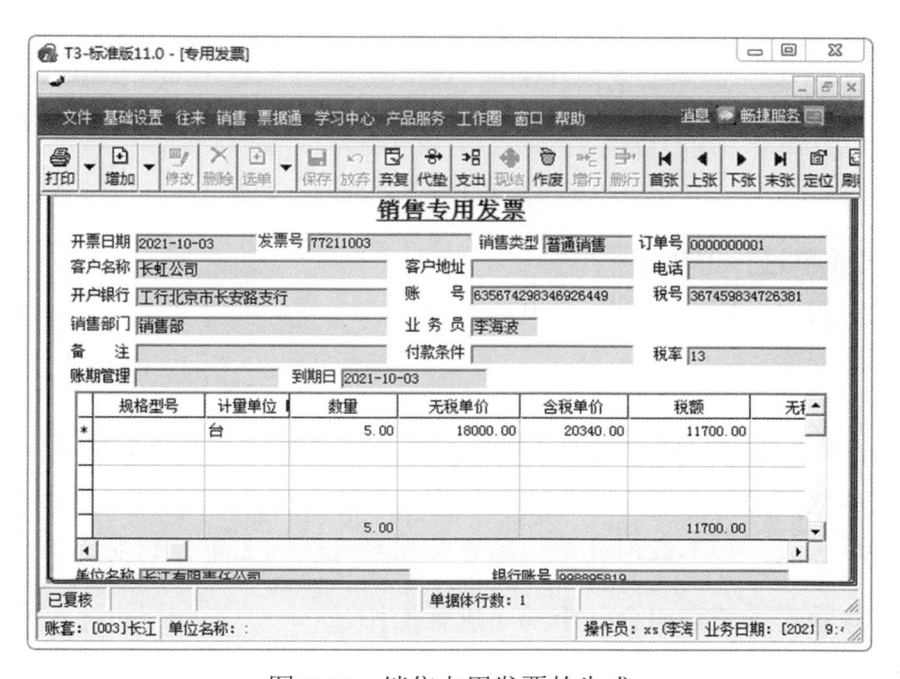

图 7-78 销售专用发票的生成

提示：

- 销售订单不是单据流程中必须经过的一步，即可以不参照订单直接发货。只有根据经审核确认而且不处于关闭状态的销售订单，才能开票。
- 在先发货后开票业务模式下，销售发票可以由销售部门参照发货单生成；在开票直接发货业务模式下，销售发票可以参照销售订单生成。当然，也可以自己直接填制，录入相关信息。

（2）进入库存管理系统，对发货单进行审核。由库存主管杨柳进行操作。

① 生成销售出库单。

进入库存管理系统，单击"销售出库单生成/审核"图标，打开"销售出库单"窗口，单击工具栏中的"生成"按钮，打开"发货单或发票参照"窗口，单击"刷新"按钮，显示参照的发货单，勾选相关发货单，单击"确认"按钮，生成销售出库单，如图7-79所示。

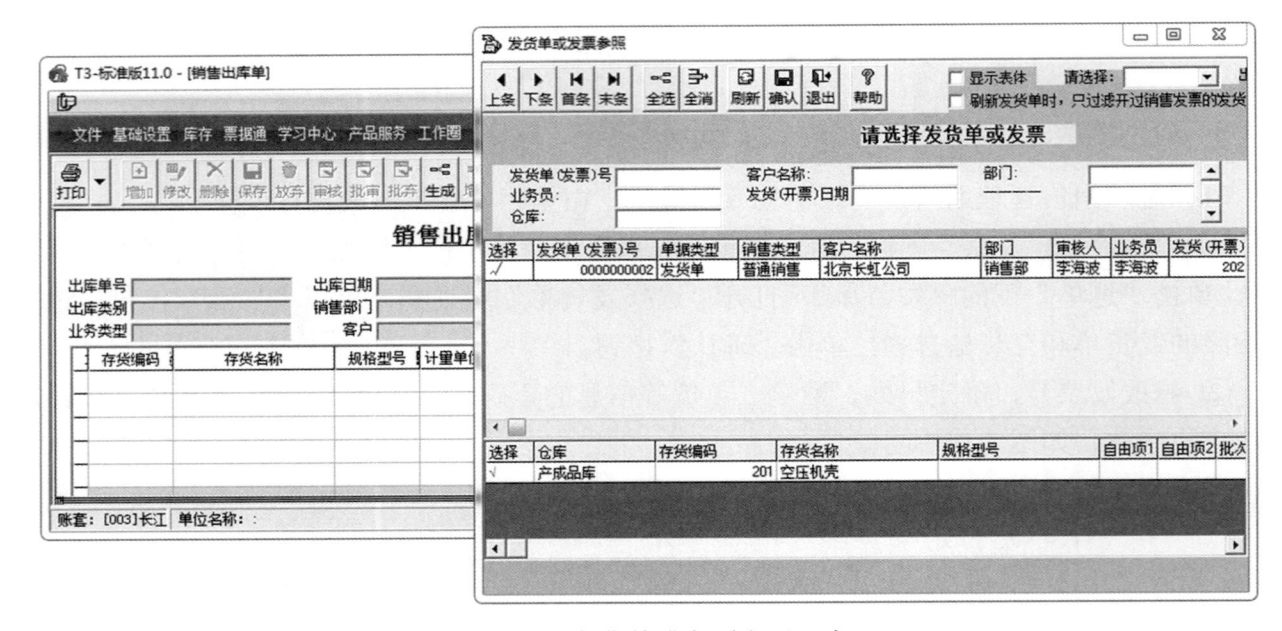

图7-79 "发货单或发票参照"窗口

② 对销售出库单进行审核。

单击工具栏中的"审核"按钮后退出。

提示：

- 根据不同的参数设置，销售出库单的生成可以在销售管理系统发货单审核时自动生成，即销售管理系统参数可设置成"根据发货单自动生成销售出库单"；也可以由库存管理系统调阅已审核的发货单生成，如本案例就是由库存管理系统调阅已审核的发货单生成的。

（3）进入核算管理系统。由会计李鸿飞进行操作。

① 进行正常单据记账，并进行物流方面的购销单据制单。

这里要说明，由于本案例对于库存商品采用的是全月平均法，所以此处的购销单据制单，即物流方面销售成本的结转，只有等到核算管理系统月末处理完毕才能制单，所以本题只进行正常单据记账，暂不进行购销单据制单。

如果库存商品采用的是先进先出法、移动加权平均法，则可以此时在此处进行物流方面销售成本（其他成本）的结转。

② 根据销售专用发票，进行资金流方面的制单。

单击"客户往来制单"图标，打开"客户制单查询"窗口，选择"发票制单"，单击"确认"按钮，进入"客户往来制单"对话框，单击"专用发票"按钮，"凭证类别"选择"转账凭证"，在"制单日期"文本框中录入"2021-10-03"，单击"制单"按钮，进入"填制凭证"窗口，检查无误，单击"保存"按钮后退出，如图7-80所示。

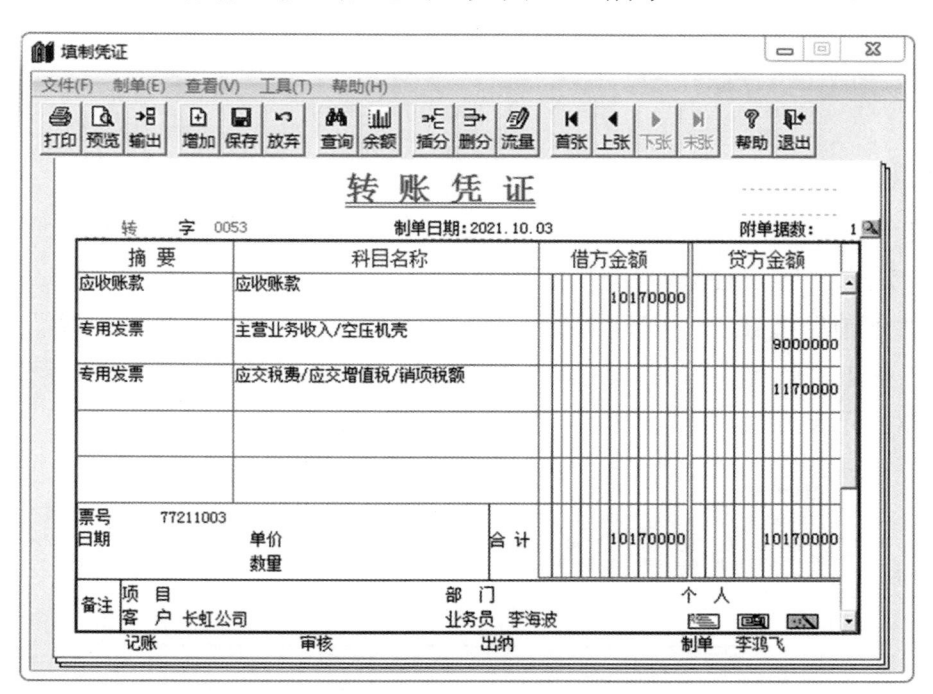

图7-80 "资金流"方面应收账款形成的凭证

4. 收款核销

（1）进入销售管理系统。由销售主管李海波进行操作。

① 录入收款单，单击"收款结算"图标，打开"收款单"窗口，"客户"选择"06 长虹公司"，单击"增加"按钮。

② 在"日期"文本框中录入"2021-10-04"，"结算方式"选择"202 转账支票"，"金额"文本框中录入"101 700"，"票据号"文本框中录入"20211003"，单击"保存"按钮，再单击"核销"按钮。

③ 在表体"本次结算"文本框中录入"101 700"，单击"保存"按钮后退出，如图7-81所示。

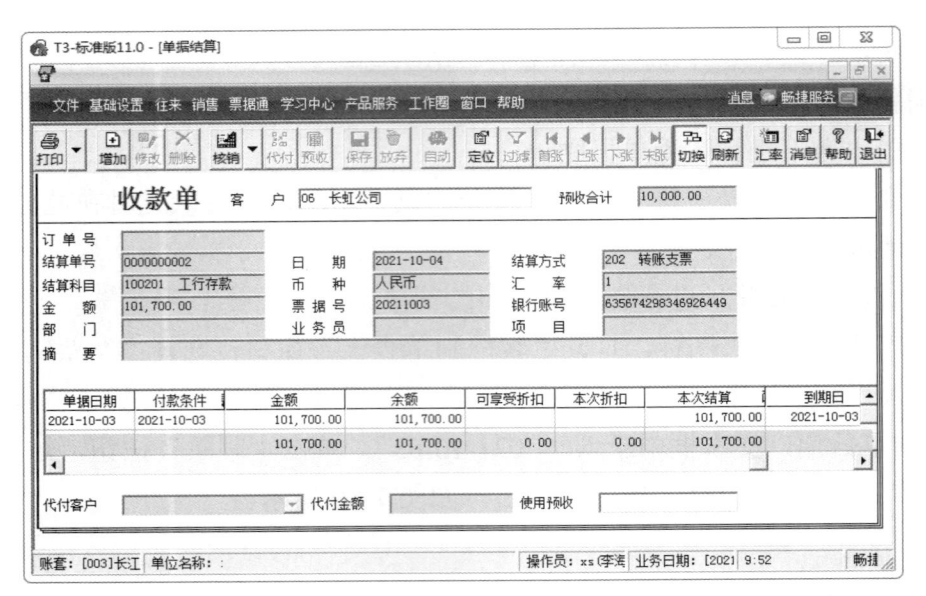

图 7-81 "收款单"录入

（2）进入核算管理系统，制单。由会计李鸿飞进行操作。

① 单击"客户往来制单"图标，打开"客户制单查询"窗口，选择"核销制单"，单击"确认"按钮，进入"客户往来制单"对话框。

② 单击"核销"按钮，"凭证类别"选择"收款凭证"，在"制单日期"文本框中录入"2021.10.04"，单击"制单"按钮，进入"填制凭证"窗口，检查无误，单击"保存"按钮后退出，如图7-82所示。

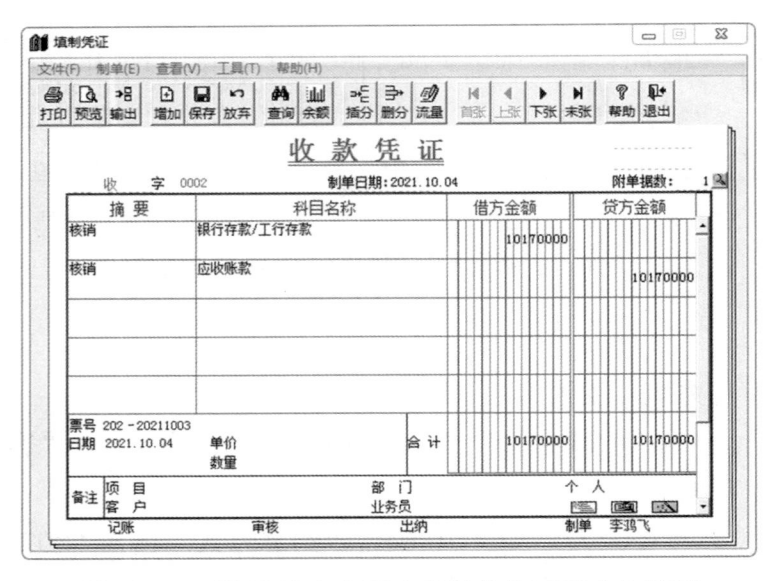

图 7-82 "资金流"方面应收账款收回形成的凭证

（二）销售现结业务

1. 进入销售管理系统

由销售主管李海波进行操作。

（1）填制发货单。

（2）根据发货单填制采购专用发票。

① 单击"销售发票"图标，打开"销售发票"窗口，单击"增加"按钮，选择"专用发票"，单击"选单"下的"发货单"，打开"选择发货单"对话框，单击"显示"按钮，选择要参照的发货单，单击"确认"按钮。

② 确定日期、数量、单价等信息正确后单击"保存"按钮。

③ 单击"现结"按钮，打开"销售现结"对话框，"结算方式"选择"转账支票"，在"结算金额"文本框中录入"129 950"，"票据号"文本框中录入"20020706"，单击"确定"按钮。

④ 单击"复核"按钮，审核该专用发票。

2. 进入库存管理系统

进入库存管理系统，生成并审核销售出库单。由库存主管杨柳进行操作。

3. 进入核算管理系统

进入核算管理系统。由会计李鸿飞进行操作。

（1）由于采用全月平均法，进行正常单据记账，暂不进行购销单据物流方面制单。

（2）制单生成凭证。

资金流方面：根据现结生成资金流方面的凭证。

单击"客户往来制单"图标，打开"客户制单查询"窗口，选择"现结制单"，单击"确认"按钮，进入"客户往来制单"对话框。单击"现结"按钮，"凭证类别"选择"收款凭证"，在"制单日期"文本框中录入"2021-10-06"，单击"制单"按钮，进入"填制凭证"窗口，检查无误，单击"保存"按钮后退出。

（三）运费业务

1. 销售方负担

销售方负担运费是指运输公司把发票开给销售方，运费由销售方负担，计入销售费用。按照税法规定，企业无论是采购，还是销售，只要收到运费发票产生的进项税额都可以到税务局认证，所以销售方可以通过"采购模块"的运费发票来反映该笔业务。

（1）2021年10月7日，进入采购管理系统，填制采购专用发票，进行现付。由采购主管赵小静进行操作。

进入采购管理系统，单击"采购发票"图标，按要求录入采购专用发票相关信息，注意增加新的供应商及运输单位，还要注意选择"现付"。

（2）进入核算管理系统，单击"供应商往来制单"图标，选择"现结制单"，生成凭证，如图7-83所示。由会计李鸿飞进行操作。

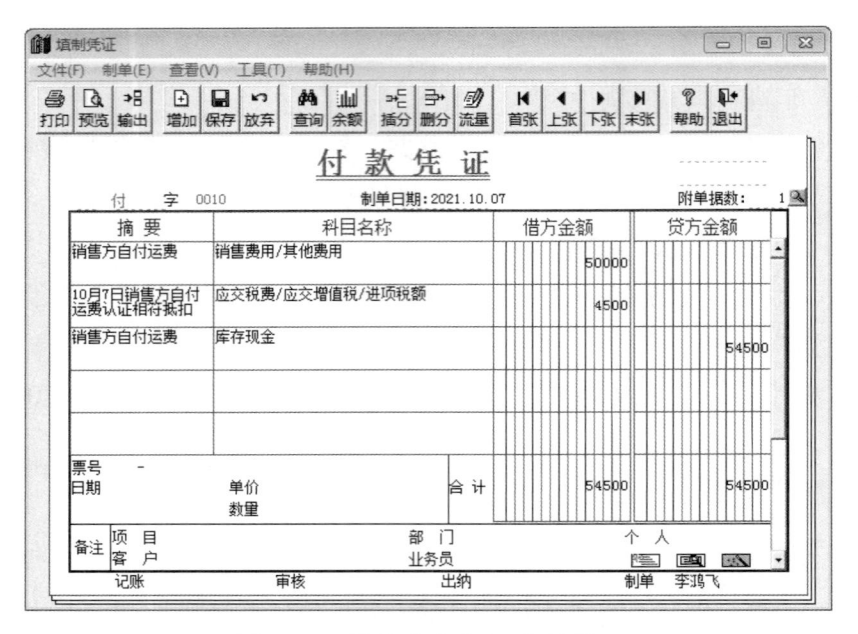

图 7-83 销售方负担运费的凭证

2. 销售方垫付

销售方垫付是指运输公司将发票开给采购方，运输费由销售方垫付，销售方再向采购方收回，此时产生应收账款。

（1）进入销售管理系统。由销售主管李海波进行操作。

单击"销售发票"图标，找到相应的销售专用发票，单击"代垫"按钮，再单击"增加"按钮，在表体中录入费用项目及代垫金额等相关信息，单击"保存"按钮，再单击"审核"按钮后退出，如图 7-84 所示。

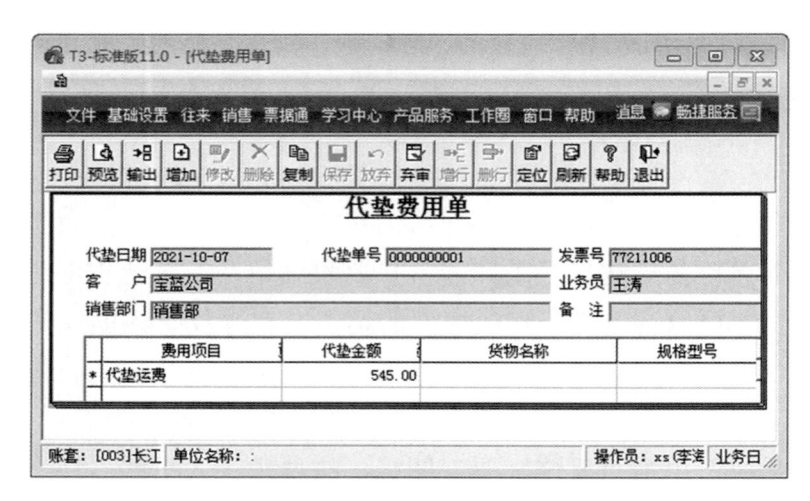

图 7-84 "代垫费用单"录入

（2）2021 年 10 月 7 日，进入核算管理系统，生成凭证。由会计李鸿飞进行操作。

单击"客户往来制单"图标，选择"应收单制单"，补充贷方科目"库存现金"，生成凭证，如图 7-85 所示。

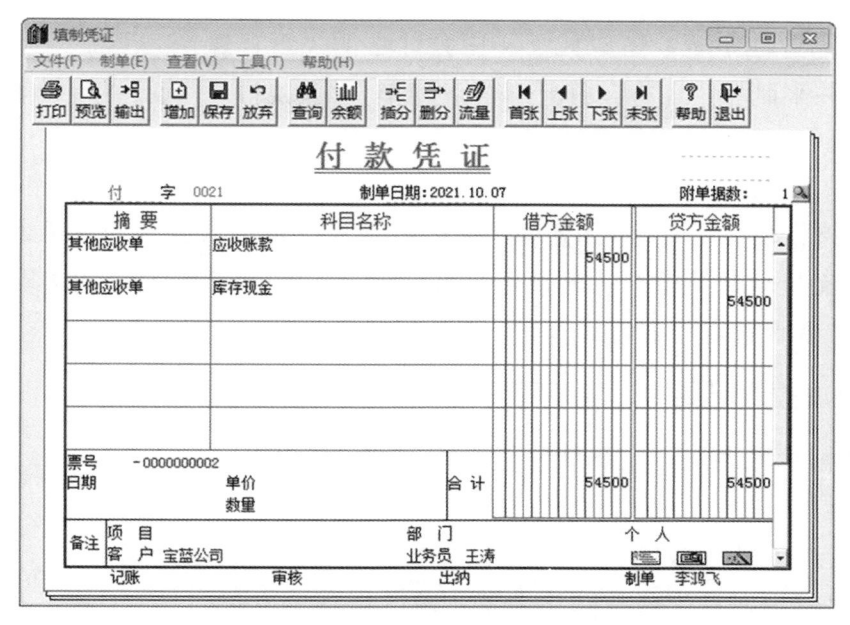

图 7-85 "销售方垫付运费"的凭证

（四）预收款业务

1. 分别进入销售管理系统、核算管理系统

（1）进入销售管理系统。由销售主管李海波进行操作。

① 单击"销售订单"图标，录入销售订单相关信息，单击"保存"按钮，再单击"订金"按钮，打开"预收订金"对话框。

② 在"预收订金"对话框中，单击"增加行"按钮，在"结算日期"文本框中录入"2021-10-09"，"结算方式"选择"转账支票"，"订金"文本框中录入"3 000"，"票据号"文本框中录入"20211009"，"银行账号"文本框中录入"998895819"，单击"确定"按钮，退出"预收订金"对话框，重新回到"销售订单"窗口，如图 7-86 所示。

③ 在"销售订单"窗口，单击"审核"命令，退出即可。

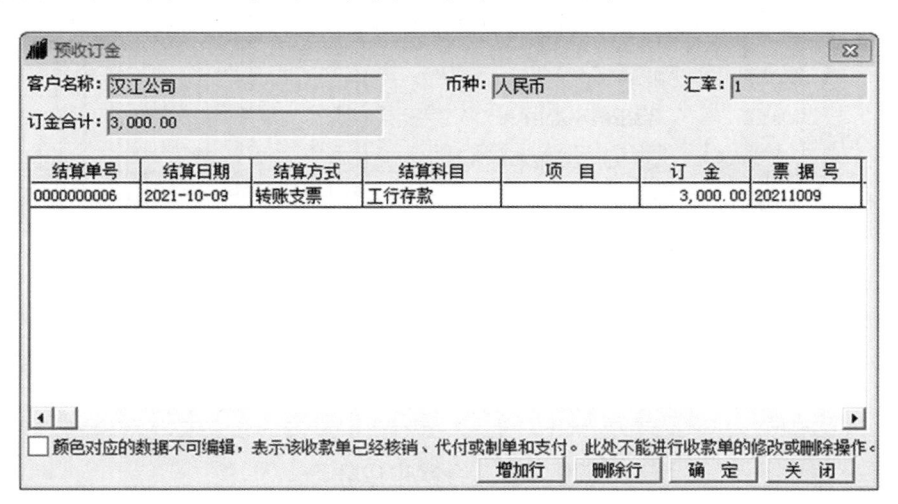

图 7-86 "预收定金"对话框

（2）进入核算管理系统，生成凭证。由会计李鸿飞进行操作。

单击"客户往来制单"图标，打开"客户制单查询"窗口，选择"核销制单"，生成凭证。

提示：

● 如果没有销售合同（订单），直接收取预收款时，先进入销售管理系统，单击"收款结算"图标，录入收款单相关信息，再依次单击"保存""预收"按钮，进入核算管理系统，在"客户往来制单"窗口选择"核销制单"，生成凭证。

2. 分别进入销售管理系统、库存管理系统、核算管理系统

（1）进入销售管理系统。由销售主管李海波进行操作。

① 开出发货单。

② 根据发货单流转生成销售专用发票，复核形成应收账款。

③ 根据销售专用发票生成代垫运费费用单，以现金支付。

（2）进入库存管理系统，根据发货单生成销售出库单，并审核。由库存主管杨柳进行操作。

（3）进入核算管理系统。由会计李鸿飞进行操作。

① 由于采用全月平均法，进行正常单据记账，暂不进行购销单据物流方面制单。

② 进入核算管理系统，制单生成凭证。

单击"客户往来制单"图标，打开"客户制单查询"窗口，选择"发票""应收单制单"，单击"确认"按钮，进入"客户往来制单"对话框。单击"全选"按钮，再单击"合并"按钮，生成一张合并的凭证，补充贷方科目，单击"保存"按钮。如图7-87所示。

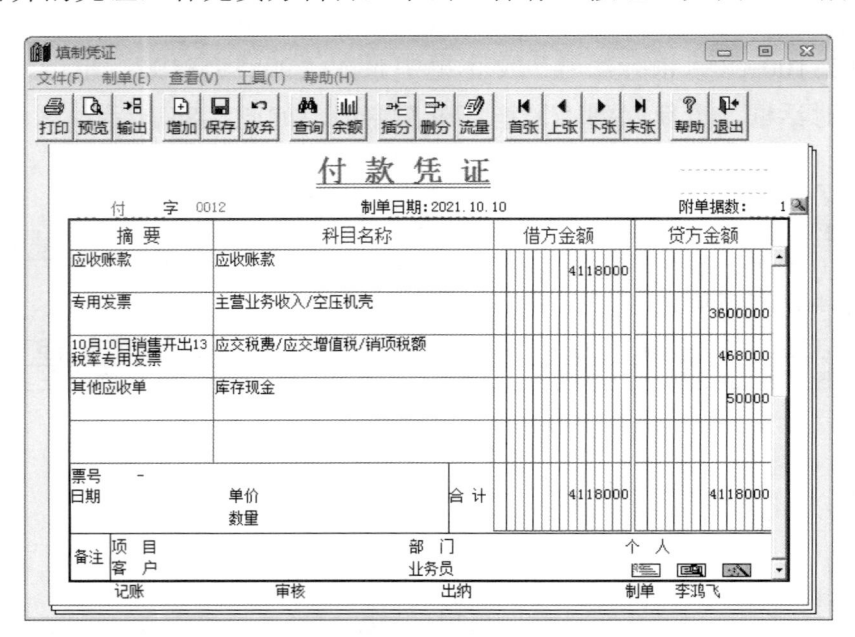

图7-87 合并生成凭证

3. 核销应收账款，预收冲应收

（1）进入销售管理系统。由销售主管李海波进行操作。

① 单击"收款结算"图标，打开"收款单"窗口，"客户"选择"01 汉江公司"，单击"增加"按钮。

② "结算科目"选择"100201 工行存款"，"结算方式"选择"202 转账支票"，在"金额"文本框中录入"38180"，"票据号"文本框中录入"20211011"，单击"保存""核销"按钮。

③ 表体中选好结算的款项，在右下角"使用预收"文本框中录入"3 000"，表中在相对应的"本次结算"文本框中分别录入"40 680""500"，单击"保存"按钮之后退出，如图7-88所示。

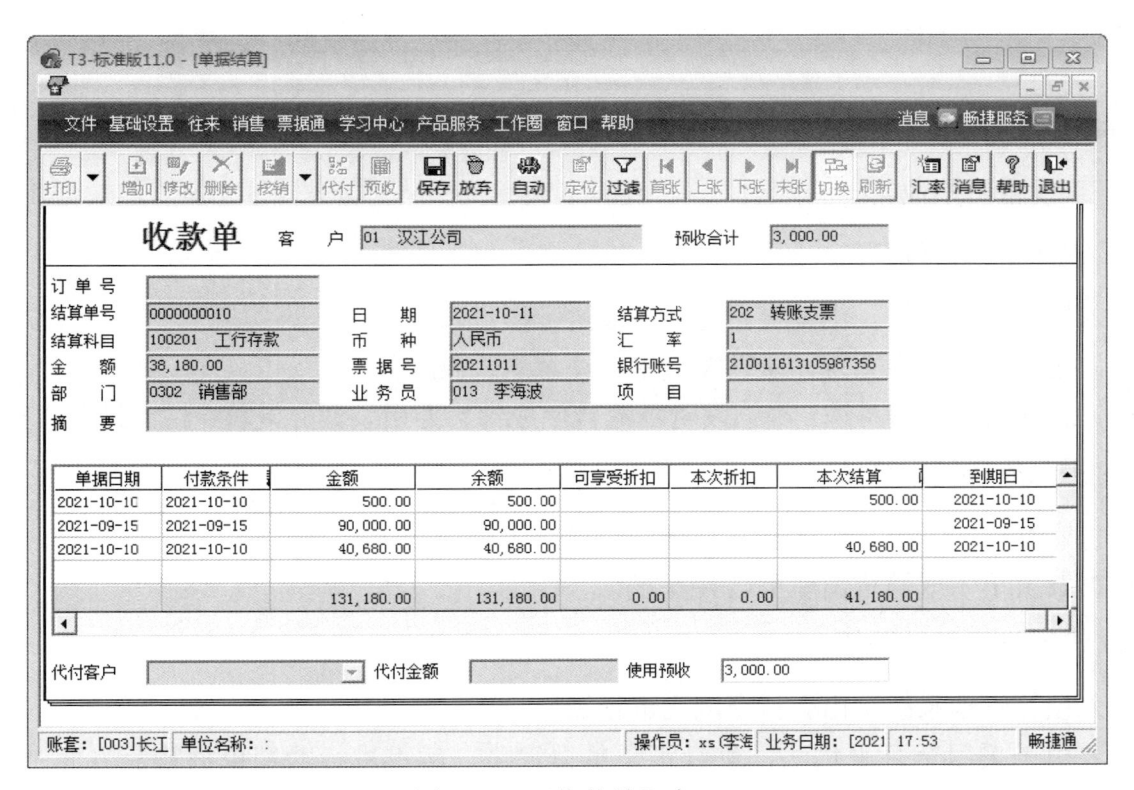

图7-88 "收款单"窗口

（2）进入核算管理系统，生成凭证。由会计李鸿飞进行操作。

① 单击"客户往来制单"图标，打开"客户制单查询"窗口，选择"核销制单"，单击"确认"按钮，进入"客户往来制单"对话框。

② 单击"核销"按钮，"凭证类别"选择"收款凭证"，在"制单日期"文本框中录入"2021.10.11"，单击"制单"按钮，进入"填制凭证"窗口，检查无误，单击"保存"按钮后退出，如图7-89所示。

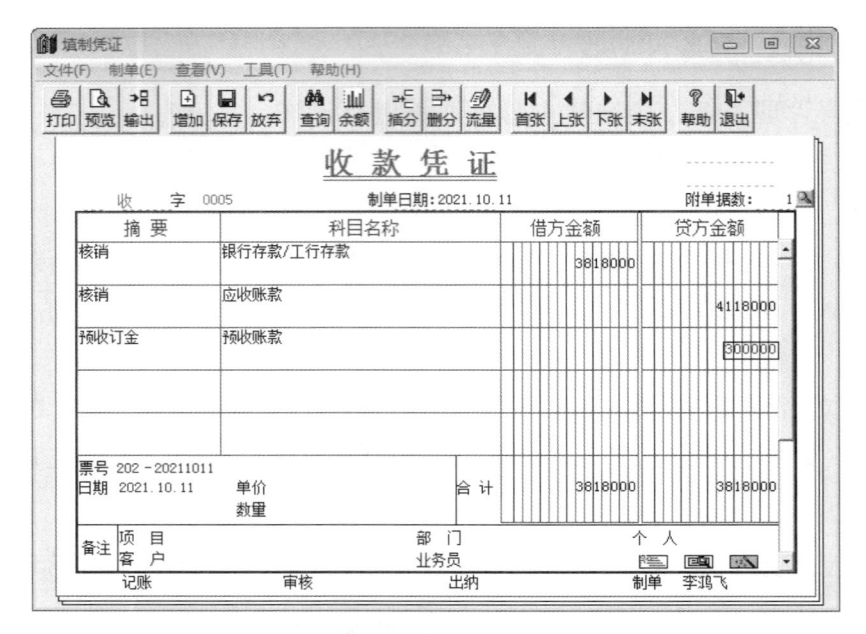

[图 7-89 "填制凭证"窗口]

（五）现金折扣业务

1．进入销售管理系统

进入销售管理系统。由销售主管李海波进行操作。

（1）进入销售管理系统，录入发货单。注意录入收款条件。

（2）进入销售管理系统，根据发货单流转生成销售专用发票并复核。注意录入收款条件。

2．进入库存管理系统

进入库存管理系统。由库存主管杨柳进行操作。

根据发货单生成销售出库单，并审核。

3．进行核算管理系统

进入核算管理系统。由会计李鸿飞进行操作。

（1）由于采用全月平均法，进行正常单据记账，暂不进行购销单据物流方面制单。

（2）生成资金流凭证。

单击"客户往来制单"图标，进入"客户制单查询"窗口，选择"发票制单"，生成凭证。

4．收款核销

（1）进入销售管理系统。由销售主管李海波进行操作。

① 单击"收款结算"图标，打开"收款单"窗口，"客户"选择"02 宝蓝公司"，单击"增加"按钮。

② 经过计算，给予对方现金折扣=销售收入×折扣率=69 000×2%=1 380，实际收回款=应收价税款-现金折扣=77 970-1 380=76 590。表头"结算科目"选择"100201 工行存款"，"结算方式"选择"202 转账支票"，在"金额"文本框中录入"76 590"，"票据号"文本框中录

入 "20211014"，单击 "保存" "核销" 按钮。

③ 表体中选好结算的款项，在对应的 "本次折扣" "本次结算" 文本框中分别录入 "1 380" "76 590"，单击 "保存" 按钮后退出，如图 7-90 所示。

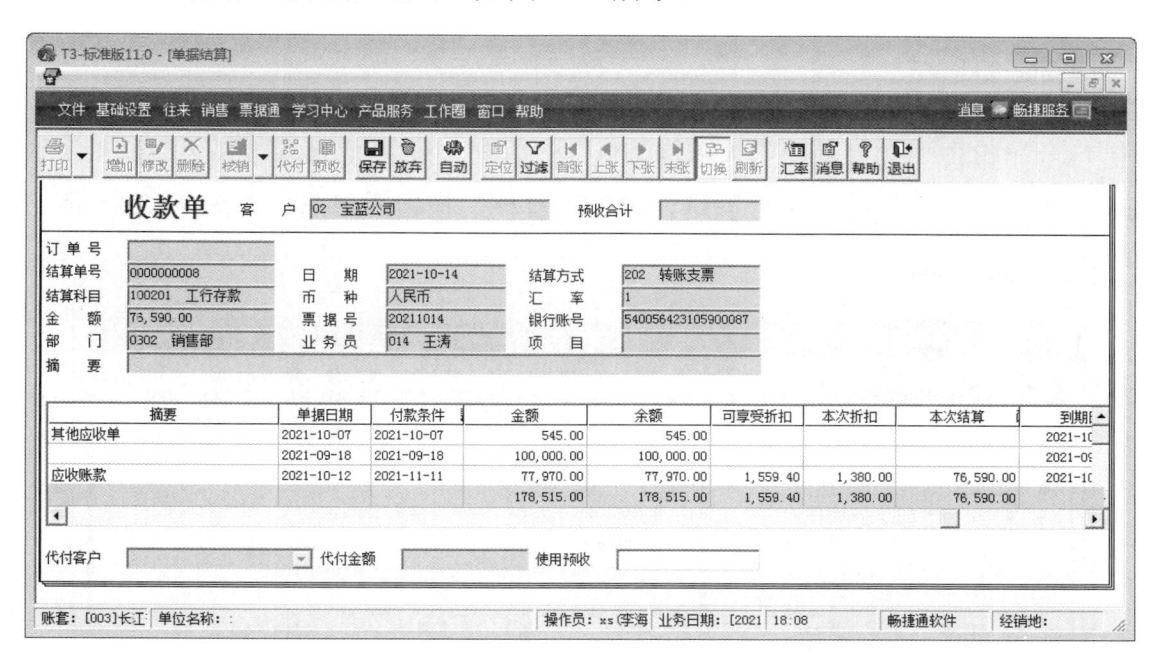

图 7-90　"收款单" 窗口

（2）进入核算管理系统，生成凭证。由会计李鸿飞进行操作。

单击 "客户往来制单" 图标，打开 "客户制单查询" 窗口，选择 "核销制单"，单击 "确认" 按钮，进入 "客户往来制单" 对话框。单击 "核销" 按钮，"凭证类别" 选择 "收款凭证"，在 "制单日期" 文本框中录入 "2021-10-14"，单击 "制单" 按钮，进入 "填制凭证" 窗口，检查无误，单击 "保存" 按钮后退出，如图 7-91 所示。

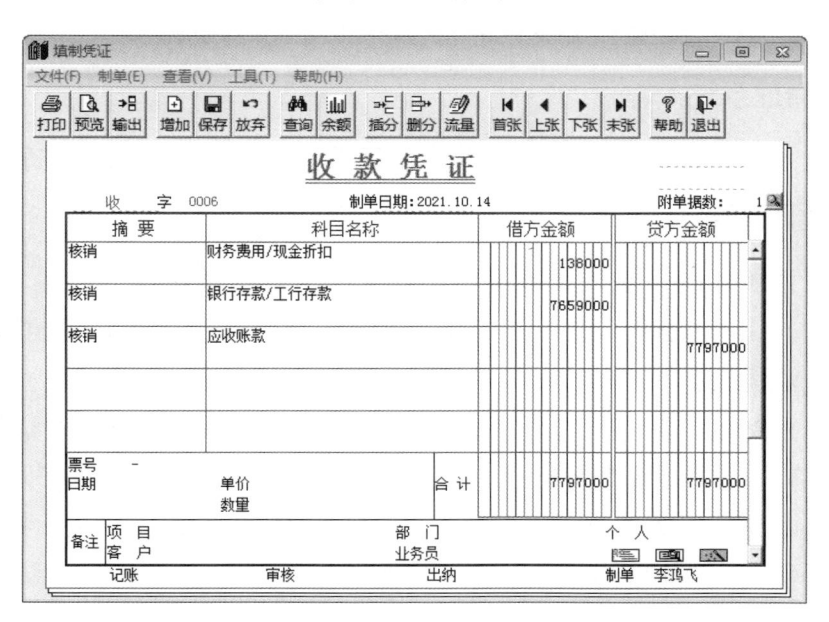

图 7-91　"现金折扣" 生成的凭证

（六）商业折扣业务

1. 进入销售管理系统

进入销售管理系统，由销售主管李海波进行操作。

（1）录入发货单。

（2）根据发货单流转生成销售专用发票。

在表体的"报价"文本框中录入"18 000"，"扣率（%）"文本框中录入"95"，单击"保存"按钮，单击"现结"按钮进行现结，单击"复核"按钮后退出，如图7-92所示。

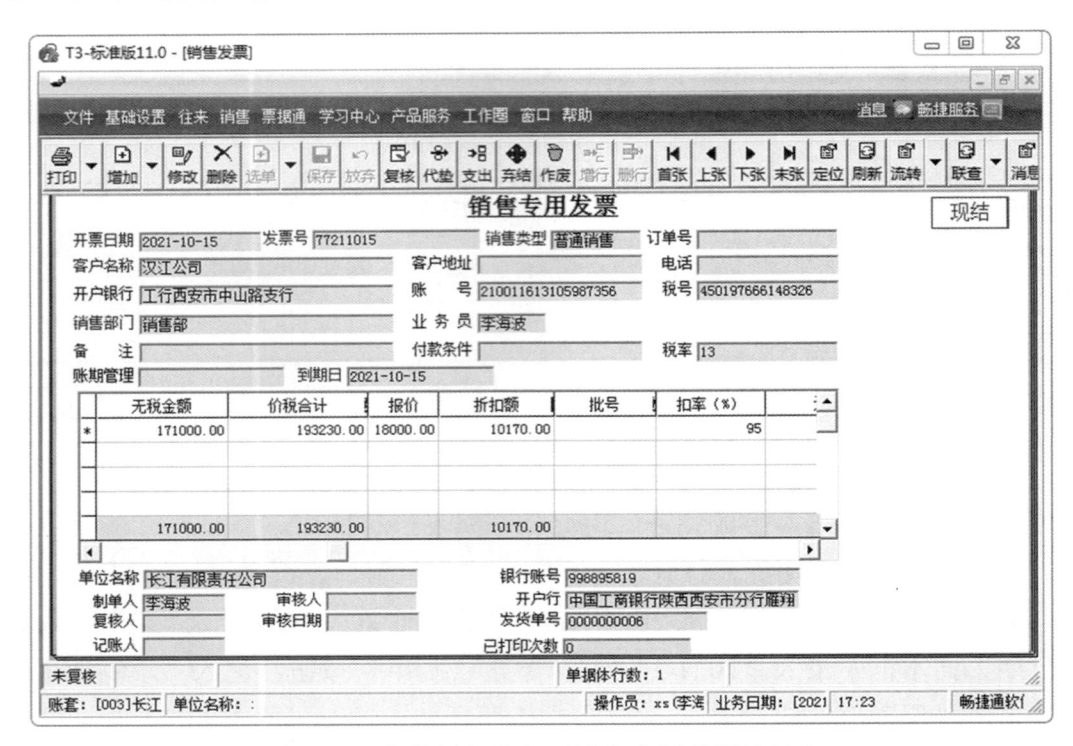

图7-92　商业折扣业务下销售专用发票的录入

2. 进入库存管理系统

进入库存管理系统，根据发货单生成销售出库单，并审核。由库存主管杨柳进行操作。

3. 进入核算管理系统

进入核算管理系统，制单生成凭证。由会计李鸿飞进行操作。

（1）由于采用全月平均法，进行正常单据记账，暂不进行购销单据物流方面制单。

（2）生成资金流凭证。

单击"客户往来制单"图标，打开"客户制单查询"窗口，选择"现结制单"，单击"确认"按钮，进入"客户往来制单"对话框。单击"现结"按钮，"凭证类别"选择"收款凭证"，在"制单日期"文本框中录入"2021-10-15"，单击"制单"按钮，进入"填制凭证"窗口，检查无误，单击"保存"按钮后退出。

(七) 应收票据及贴现业务

1. 分别进入销售管理系统、库存管理系统、核算管理系统

(1) 进入销售管理系统。由销售主管李海波进行操作。

① 填制发货单。

② 根据发货单流转生成销售专用发票，然后复核。

(2) 进入库存管理系统，生成销售出库单。由库存主管杨柳进行操作。

(3) 进入核算管理系统。由会计李鸿飞进行操作。

① 由于采用全月平均法，进行正常单据记账，暂不进行购销单据物流方面制单。

② 执行"客户往来制单"→"发票制单"命令，生成凭证。

提示：

● 如果在会计科目设置时，"应收票据"科目加了"客户往来"辅助核算且受控于应收系统，那么此时涉及"应收票据"的业务处理方式和"应收账款"的业务处理方式是一样的，产生时直接单击销售专用发票上的"复核"按钮，形成应收账款。收到票面金额时在"收款结算"窗口下录入收款单。

● 如果在会计科目设置时，"应收票据"科目未加"客户往来"辅助核算且不受控于应收系统，那么可直接单击"销售专用发票"窗口的"现结"来处理，生成凭证时可修改科目。

2. 取得贴现款

(1) 计算贴现款。

① 到期日推算：按照算头不算尾计算到期日为 2021 年 10 月 26 日。

② 贴现天数计算：从贴现日至到期日的实际天数，按照算头不算尾计算=26-19=7（天）。

③ 贴现利息计算：贴现利息=票面金额×贴现率×贴现天数=40 680×0.8%÷360×7≈6.33（元）。

④ 贴现款计算：贴现款=票面金额-贴现利息=40 680-6.33=40 673.67（元）。

(2) 进入销售管理系统，单击"收款结算"图标，录入收款单。由销售主管李海波进行操作。

在表头的"金额"文本框中录入的金额=票面金额-贴现利息，所以录入"40 673.67"，"本次折扣"文本框中录入金额为贴现利息，录入"6.33"，如图 7-93 所示。

(3) 进入核算管理系统，制单生成凭证。由会计李鸿飞进行操作。

执行"客户往来制单"→"核销制单"命令，生成凭证，如图 7-94 所示。

提示：

● 如果在会计科目设置时，"应收票据"科目未加"客户往来"辅助核算且不受控于应收系统，计算出贴现款后，分录直接在总账中写即可。

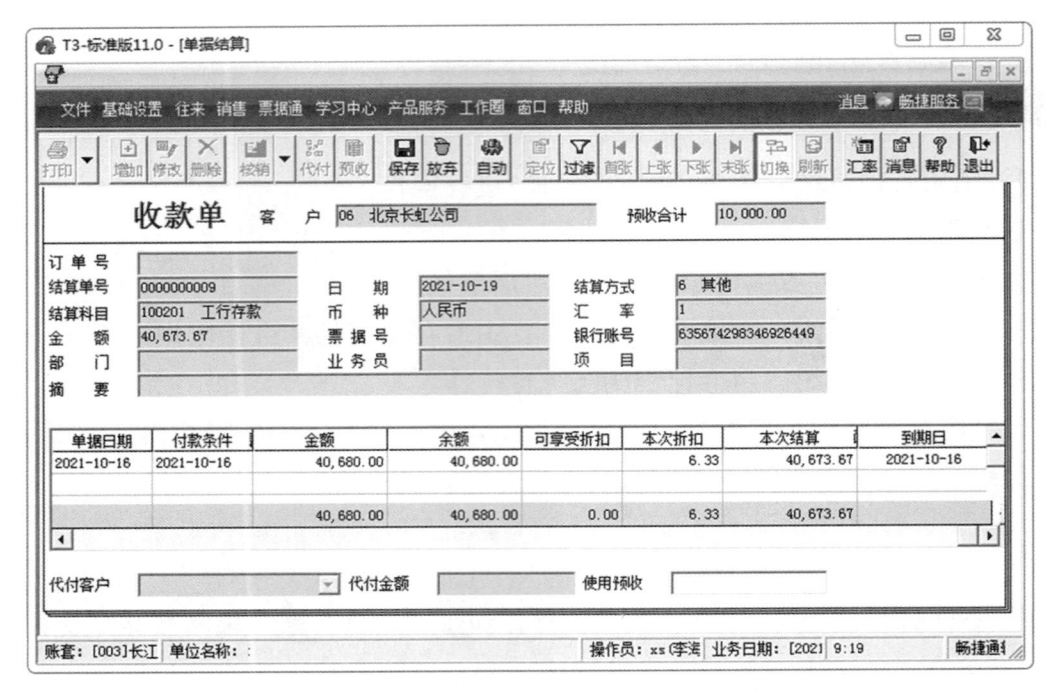

图 7-93　收款单的录入

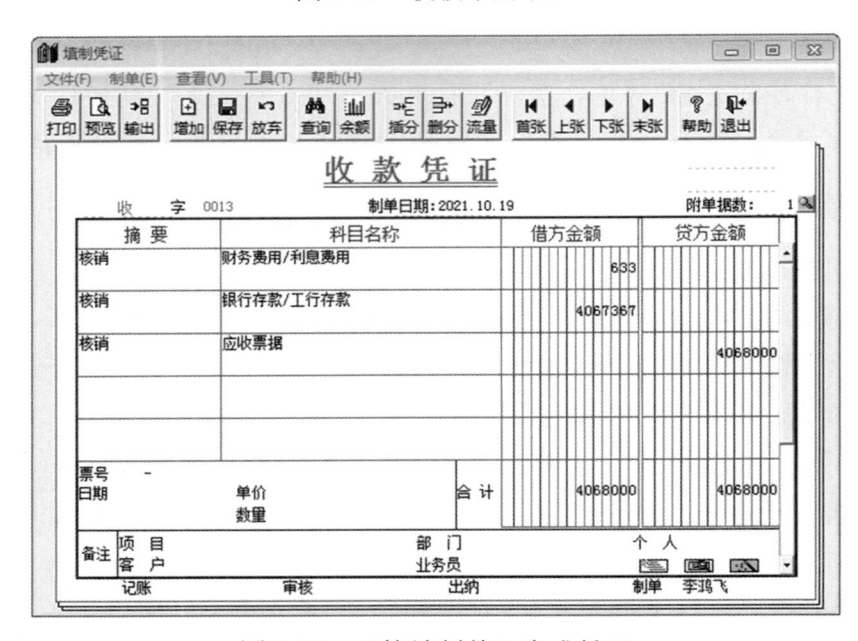

图 7-94　"核销制单"生成凭证

（八）坏账业务

1. 部分形成坏账

（1）进入销售管理系统。由销售主管李海波进行操作。

单击"收款结算"图标，进入"收款单"窗口，录入相关数据。在"金额"文本框中录入"60 000"，表体对应的"本次折扣"文本框中录入"30 000"，如图 7-95 所示。

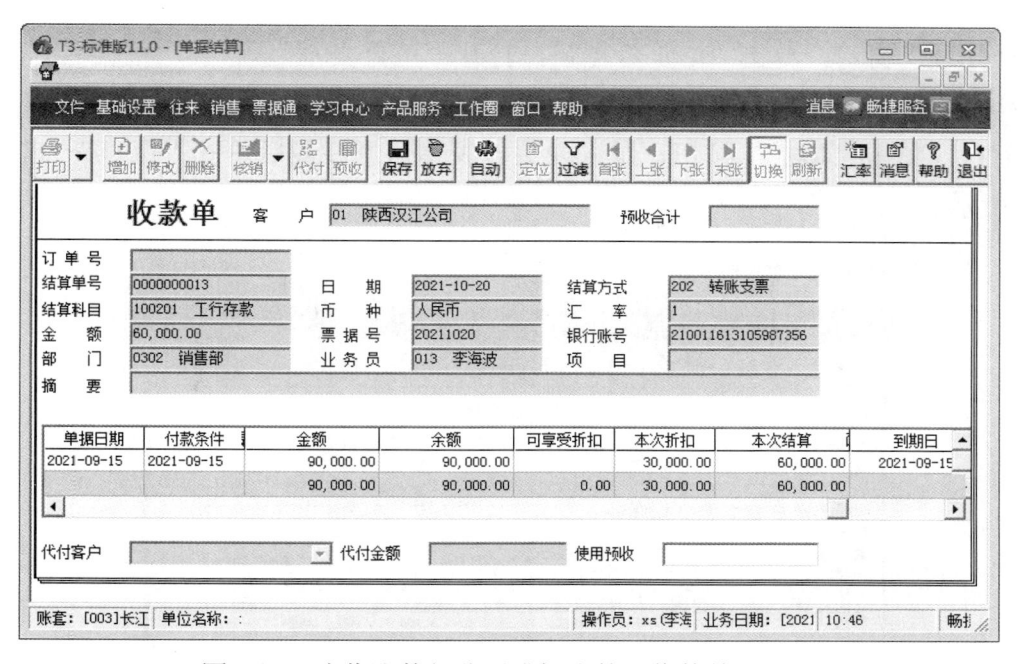

图 7-95　应收账款部分形成坏账的"收款单"录入

（2）进入核算管理系统。由会计李鸿飞进行操作。

执行"客户往来制单"→"核销制单"命令，生成凭证，如图 7-96 所示。

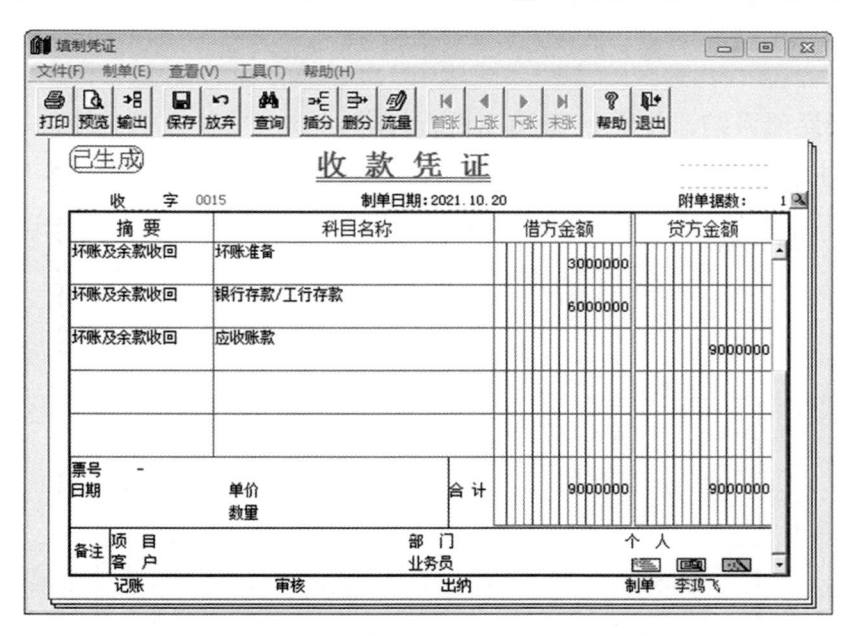

图 7-96　应收账款部分形成坏账的记账凭证

2．收回坏账

（1）坏账重新收回，先需重新确认应收账款。

① 进入销售管理系统，填制"其他应收单"相关数据，重新确认应收账款。由销售主管李海波进行操作。

执行"销售管理"→"销售"→"应收单"→"其他应收单"命令，单击"确认"按钮，进入"单据处理"窗口,单击"增加"按钮,打开"单据类别"窗口。"单据名称"选择"应收单","单据类型"选择"其他应收单","方向"选择"正向",单击"确认"按钮,进入"单据录入"窗口。单击"增加"按钮,录入表头、表体信息,最后单击"保存""审核"按钮,如图 7-97 所示。

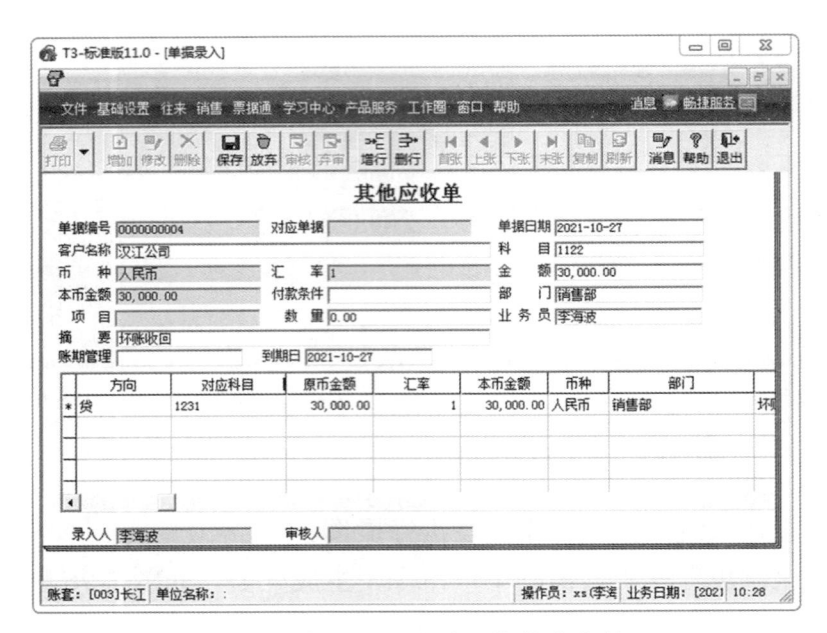

图 7-97　收回坏账填制"其他应收单"

② 进入核算管理系统。由会计李鸿飞进行操作。

执行"客户往来制单"→"应收单制单"命令,生成凭证,如图 7-98 所示。

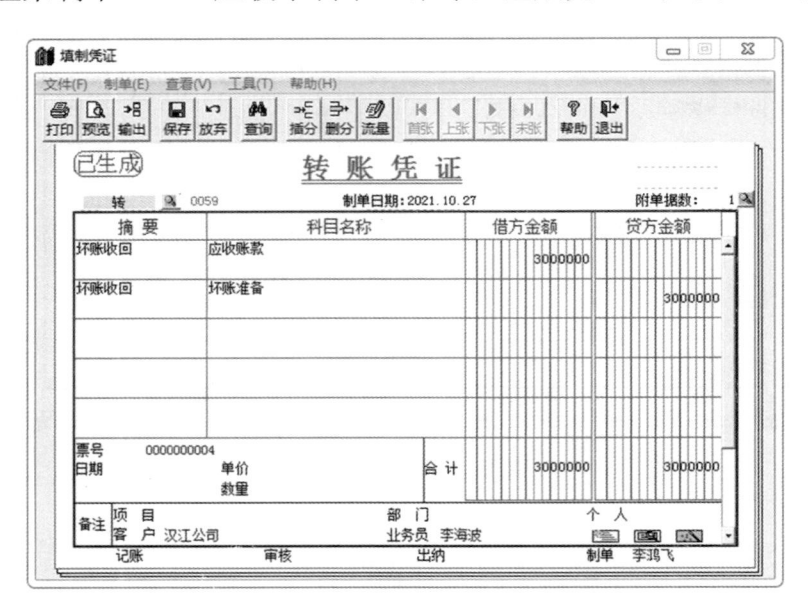

图 7-98　重新确认应收账款的记账凭证

(2) 坏账重新收回,冲销应收账款。

① 进入销售管理系统。由销售主管李海波进行操作。

单击"收款结算"图标,录入"收款单"相关信息,确认收款。

② 进入核算管理系统。由会计李鸿飞进行操作。

执行"客户往来制单"→"核销制单"命令,生成凭证。

(九)赠品业务

1. 分别进入销售管理系统、库存管理系统、核算管理系统

(1)进入销售管理系统。由销售主管李海波进行操作。

① 进入销售管理系统,录入发货单。注意录入销售数量为 15 台。

② 进入销售管理系统,根据发货单流转生成销售专用发票并复核。

(2)进入库存管理系统。由库存主管杨柳进行操作。

根据发货单生成销售出库单,并审核。

(3)进入核算管理系统。由会计李鸿飞进行操作。

① 进行正常单据记账。由于采用全月平均法,暂不进行购销单据物流方面制单。

② 单击"客户往来制单"图标,打开"客户制单查询"窗口,选择"发票制单",单击"确认"按钮,生成凭证,单击"保存"按钮后退出。

2. 销售中赠品的处理

(1)进行赠品出库的处理。由库存主管杨柳进行操作。

进入库存管理系统,单击"其他出库单"按钮,打开"其他出库单"窗口,单击"增加"按钮,录入相关信息。表头"出库单号""出库日期"自动显示,"仓库"选择"产成品库","出库类别"选择"其他出库","部门"选择"销售部"。表体"存货编码"选择赠品机床保护壳的编码"202",在"数量"文本框中录入"2",之后单击"保存"按钮,之后单击"审核"按钮,最后退出,如图 7-99 所示。

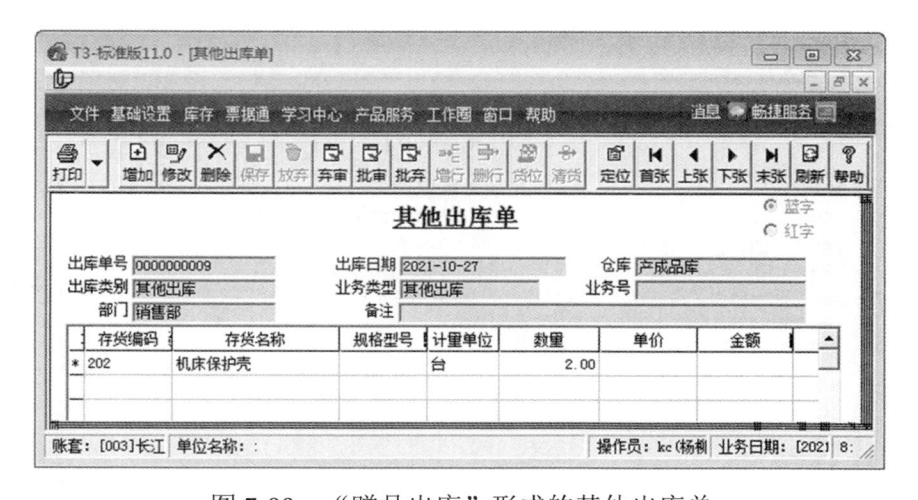

图 7-99 "赠品出库"形成的其他出库单

(2)进入核算管理系统进行核算。由于采用全月平均法,进行正常单据记账,暂不进行购销单据物流方面制单。

（3）赠品按照规定要视同销售计算销项税金，售价乘税率即可算出，即销项税额=23 000×2×13%=5 980，计入销售费用，可在总账中生成凭证。

3. 结清货款

（1）进入销售管理系统。由销售主管李海波进行操作。

① 单击"收款结算"图标，进入"收款单"窗口，表头"客户"选择"长虹公司"，单击"增加"按钮。

② "结算科目"选择"100201 工行存款"，"结算方式"选择"202 转账支票"，在"金额"文本框中录入"379 850"，"票据号"文本框中录入"20211028"，单击"保存""核销"按钮。

③ 表体中选好结算的款项，在右下角"使用预收"文本框中录入"10 000"，在相对应的"本次结算"文本框中录入"389 850"，单击"保存"按钮，之后退出。

（2）进入核算管理系统，生成凭证。由会计李鸿飞进行操作。

单击"客户往来制单"图标，进入"客户制单查询"窗口，选择"核销制单"，单击"确认"按钮，生成凭证，单击"保存"按钮，之后退出。

（十）销售发货单与销售发票数量不同步

1. 分别进入销售管理系统、库存管理系统、核算管理系统

（1）进入销售管理系统。由销售主管李海波进行操作。

① 填制发货单。

② 根据发货单填制销售专用发票，注意把发货数量改为10，并复核。

③ 根据"返利"填制红字销售普通发票，在"价税合计"文本框中录入"-500"，选择现结，同时在"退补标志"文本框中录入"退补"字样，如图7-100所示。

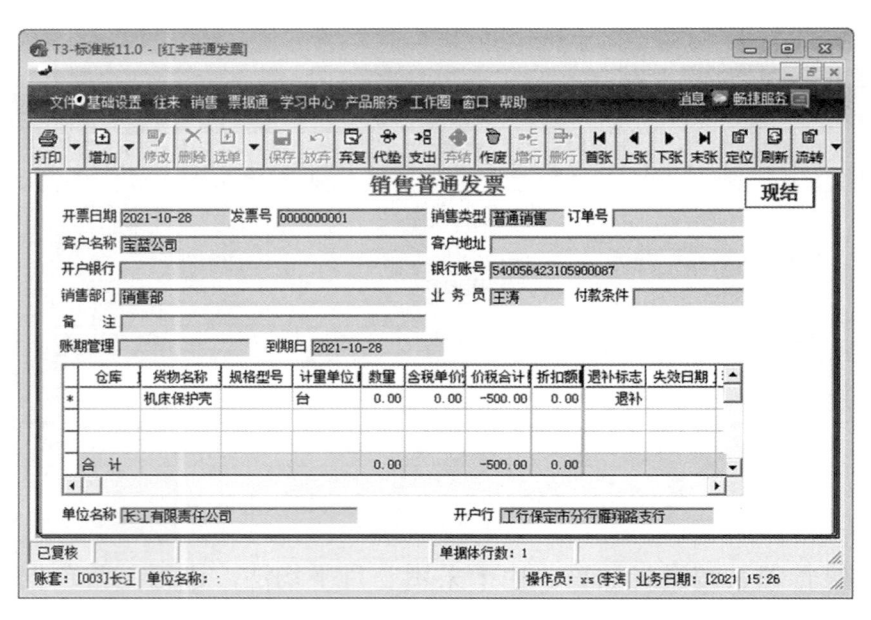

图7-100 红字销售普通发票

（2）进入库存管理系统，生成并审核销售出库单，生成销售出库单时注意把数量调成"10"。由库存主管杨柳进行操作，如图 7-101 所示。

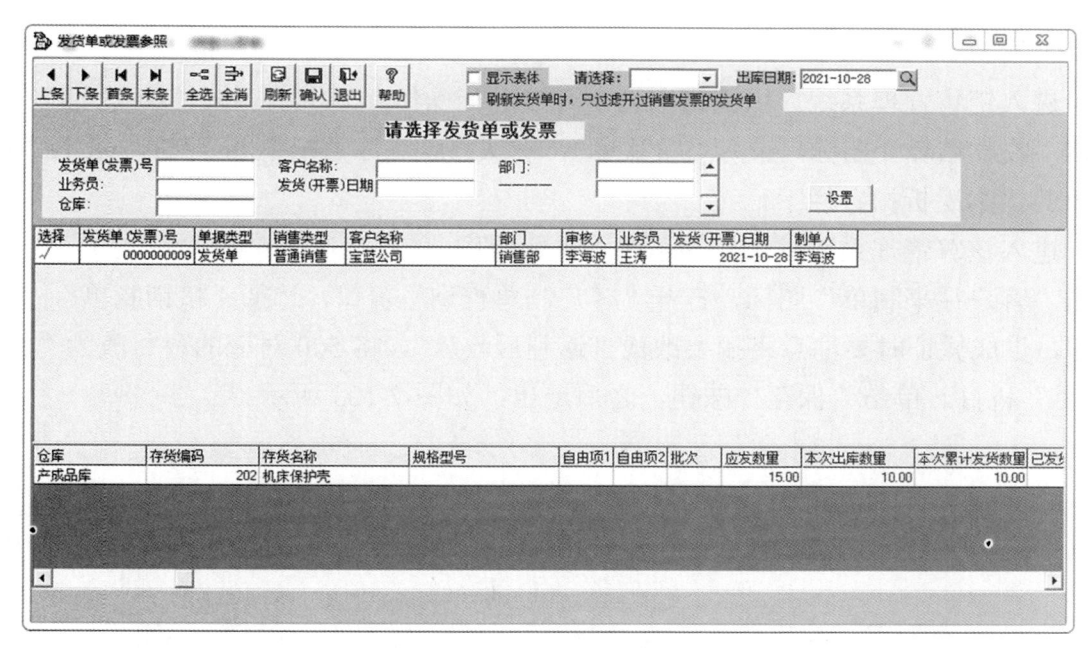

图 7-101 生成销售出库单时数量调减

（3）进入核算管理系统。由会计李鸿飞进行操作。

① 物流方面：由于采用全月平均法，进行正常单据记账，暂不进行购销单据物流方面制单。

② 资金流方面：根据销售专用发票生成资金流方面凭证。

单击"客户往来制单"图标，打开"客户制单查询"窗口，选择"现结制单"，单击"确认"按钮，生成凭证，单击"保存"按钮，之后退出。形成红字凭证，冲销收入，如图 7-102 所示。

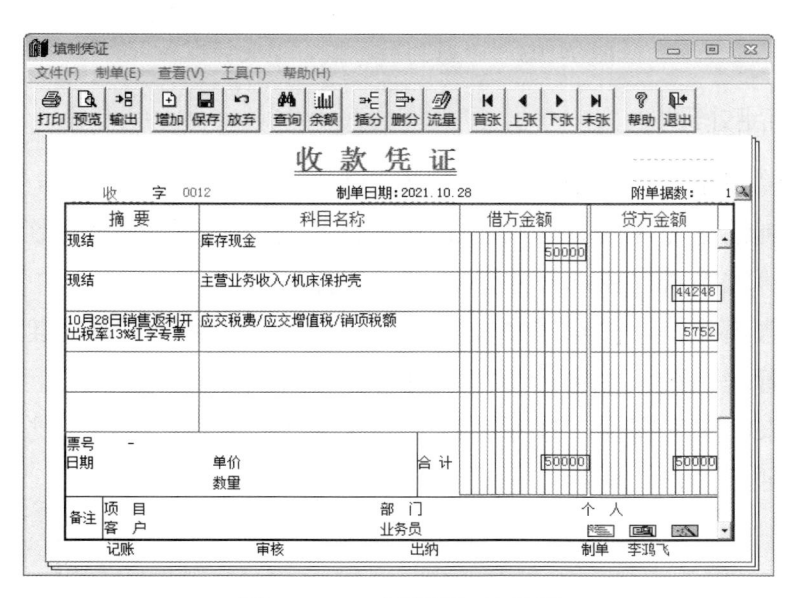

图 7-102 "返利"的凭证

单击"客户往来制单"图标,打开"客户制单查询"窗口,选择"发票制单",单击"确认"按钮,生成凭证,单击"保存"按钮,之后退出。

2. 收回欠款

(1)进入销售管理系统。由销售主管李海波进行操作。

单击"收款结算"图标,录入"收款单",确认收款。注意把返利"500"录入"收款单"中表体里的"本次折扣"栏下。

(2)进入核算管理系统。由会计李鸿飞进行操作。

单击"客户往来制单"图标,打开"客户制单查询"窗口,选择"核销制单",单击"确认"按钮,生成凭证时要注意将摘要改成"返利后收款",将500对应的科目改为"销售费用/其他费用"科目,单击"保存"按钮,之后退出,如图7-103所示。

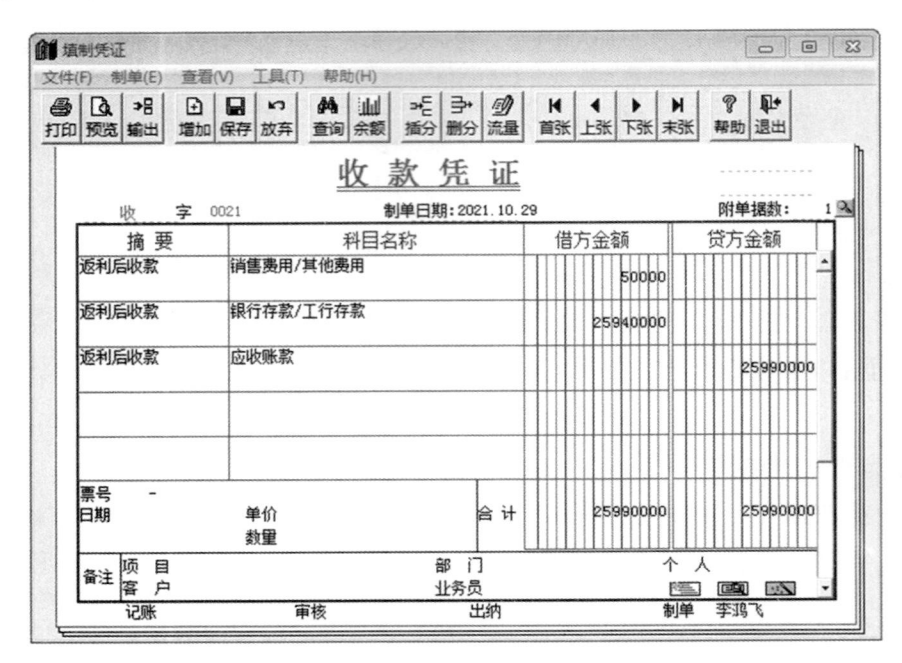

图7-103 "返利后收款"生成凭证

3. 对剩余的商品处理

(1)进入销售管理系统。由销售主管李海波进行操作。

根据发货单填制销售专用发票,注意把发货数量改为5,还要复核形成应收账款。

(2)进入库存管理系统。由库存主管杨柳进行操作。

生成并审核销售出库单,注意选择发货单,生成销售出库单时注意把数量调成"5"。

(3)进入核算管理系统。由会计李鸿飞进行操作。

单击"客户往来制单"图标,打开"客户制单查询"窗口,选择"发票制单",单击"确认"按钮,生成凭证,单击"保存"按钮,之后退出。

（十一）销售退回

1. 分别进入销售管理系统、库存管理系统、核算管理系统

（1）进入销售管理系统。由销售主管李海波进行操作。

① 填制红字发货单。在"数量"文本框中录入"-1"。

② 根据红字发货单流转生成红字销售专用发票，注意要复核。

（2）进入库存管理系统，生成并审核销售出库单。由库存主管杨柳进行操作。

（3）进入核算管理系统。由会计李鸿飞进行操作。

① 物流方面：由于采用全月平均法，进行正常单据记账，暂不进行购销单据物流方面制单。

② 资金流方面：制单生成凭证。

单击"客户往来制单"图标，打开"客户制单查询"窗口，选择"发票制单"，单击"确认"按钮，生成红字凭证，单击"保存"按钮，之后退出，如图7-104所示。

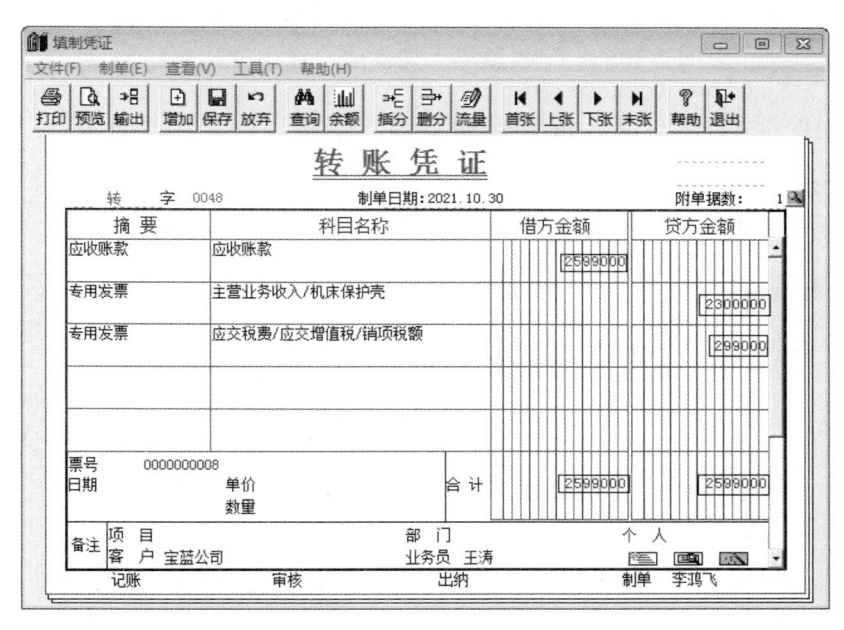

图7-104 "销售退回"生成红字凭证

2. 退款

（1）进入销售管理系统。由销售主管李海波进行操作。

① 进入销售管理系统，单击"收款结算"图标，打开"收款单"窗口，单击"切换"按钮，此时变为红字付款单。表头"客户"选择"02 宝蓝公司"，单击"增加"按钮。

② 表头"结算科目"选择"100201 工行存款"，"结算方式"选择"202 转账支票"，在"金额"文本框中录入"25 990"，"票据号"文本框中录入"20211031"，单击"保存"按钮，单击"核销"按钮。

③ 表体中选好结算的款项，在相对应的"本次结算"文本框中录入"25 990"，单击"保存"按钮，之后退出，如图7-105所示。

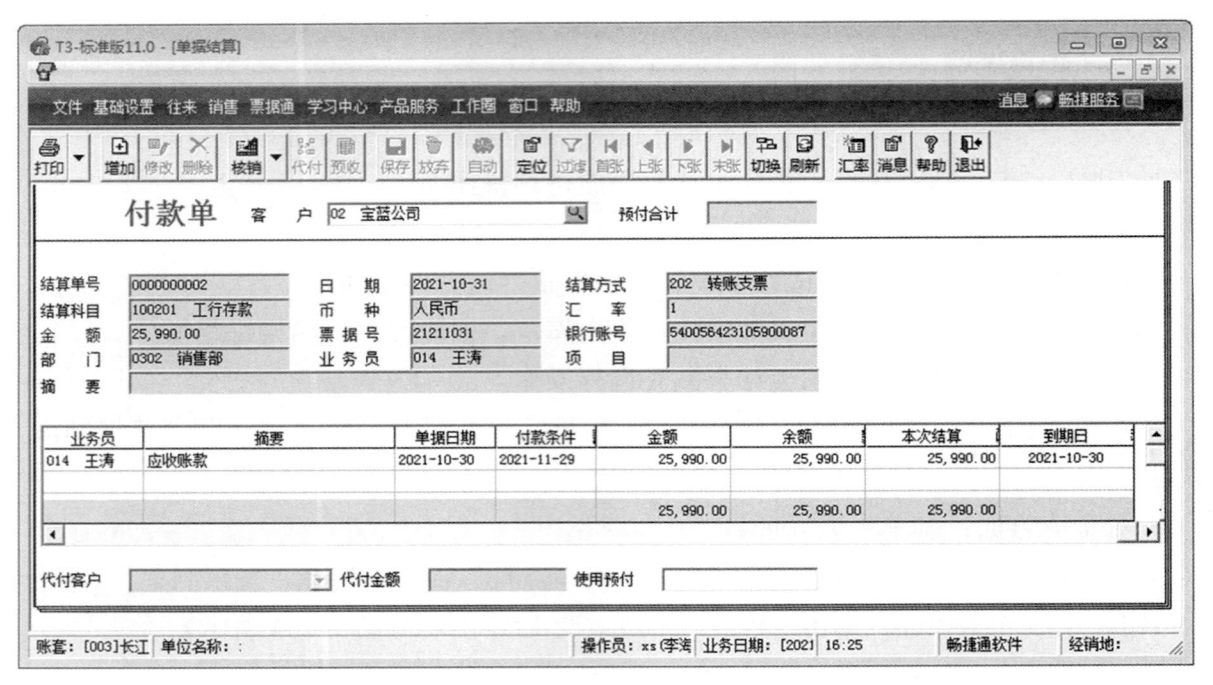

图 7-105 "收款单"切换成"红字付款单"

（2）2021年10月31日，进入核算管理系统，生成凭证。由会计李鸿飞进行操作。

单击"客户往来制单"图标，打开"客户制单查询"窗口，选择"核销制单"，单击"确认"按钮，生成凭证，单击"保存"按钮，之后退出，如图 7-106 所示。

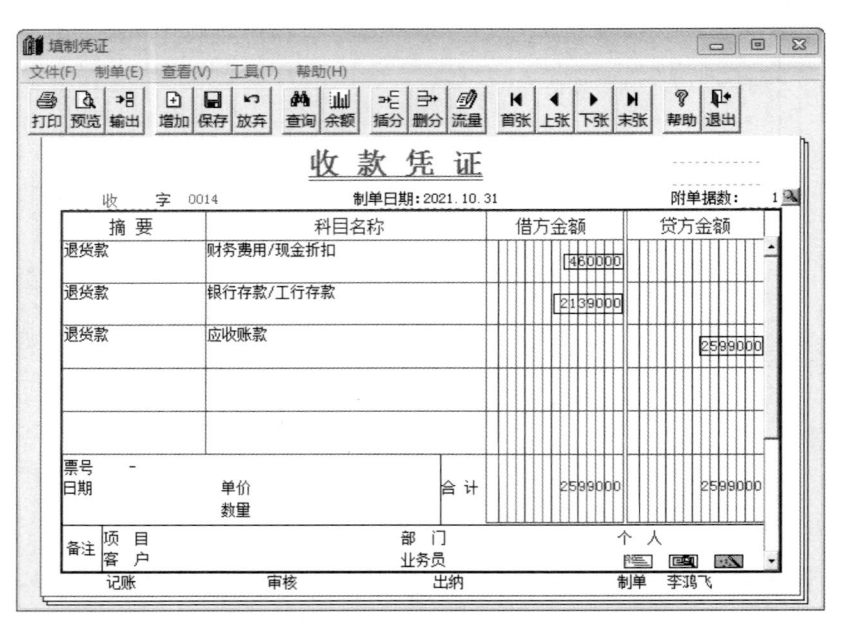

图 7-106 "销售退回"退款生成凭证

提示：

● 在销售日常业务操作中，如果生成了凭证，才发现发货单、销售发票、收款结算单等单据录入错误，想要修改，则需要逆向取消相关操作，方能修改。逆向操作需要从最末操作步骤逐级取消。

1. 删除错误凭证

执行"核算"→"凭证"→"购销单据凭证列表""供应商往来凭证列表"命令，找到需要删除的凭证，单击"删除"按钮，总账管理系统中的该凭证自动打上"作废"标记。

2. 取消单据记账

执行"核算"→"取消单据记账"命令，找到需要取消记账的单据，单击"恢复"按钮，就可以恢复到记账前状态。

3. 取消销售出库单审核

执行"库存"→"销售出库单审核"→"弃审"命令。

4. 取消采购发票复核

执行"采购"→"采购发票"命令，单击"弃复"按钮。

5. 修改入库单和发票

在入库单、发票界面单击"修改"按钮，进行修改。之后再进行一次正向操作流程，重新生成凭证。

6. 取消收款单核销

执行"销售"→"客户往来"→"取消操作"命令，"操作类型"选择"核销"，单击"删除"按钮，选中要取消核销的收款单，单击"确定"按钮。

8. 修改或删除付款单

执行"销售"→"客户往来"→"收款结算"命令，选择"客户"选项，单击"修改"或"删除"按钮。

【业务实训】

（1）认真跟着老师学习操作，并看完教学视频，完成并掌握本业务活动教学内容操作。

（2）完成项目七实训六相关实训操作，见附录A。

任务四　库存管理系统业务处理

库存管理系统日常业务主要包括审核采购入库单、生成并审核销售出库单、材料出库、产成品入库、盘点业务等内容。审核采购入库单、生成并审核销售出库单已经在采购及销售业务中讲解过，在此只介绍材料出库、产成品入库、盘点业务等内容。

业务活动 7-10　库存管理系统日常业务操作

【资料准备】

长江有限责任公司2021年10月份发生库存业务如下。

1. 材料领料业务

10月5日，本月投产的空压机壳有50台完工，机床保护壳有40台完工。各自按照产品结构比例领料，根据生产加工单进行生产。

2. 其他出库业务

10月16日，企业捐赠MT复合金粉1 000千克给灾区某工厂，正常售价为50元。

3. 产成品入库及产品成本分配业务

（1）10月30日，按照生产工时分配制造费用。空压机壳、机床保护壳生产工时分别是200工时和300工时。

（2）10月30日，结转完工产品成本，采用约当产量法计算产品成本。原材料在生产开始时一次投入，在产品完工程度按50%计算，如表7-15、表7-16所示。

表7-15 空压机壳产品成本计算单

产成品数量：50　　　　　　　　　　　　　　　　　　　　　　　　　　　在产品数量：10
产品名称：空压机壳　　　　　　　　　　　　　　　　　　　　　　　　　　单位：元

项　目	直接材料	直接人工	制造费用	合　计
月初在产品成本	600 000	100 000	300 000	1 000 000
本月生产费用				
生产费用合计				
在产品数量				
在产品完工程度				
在产品约当产量				
完工产品数量				
约当产量合计				
分配率				
本月完工产品成本				
月末在产品成本				

表7-16 机床保护壳产品成本计算单

产成品数量：40　　　　　　　　　　　　　　　　　　　　　　　　　　　在产品数量：10
产品名称：机床保护壳　　　　　　　　　　　　　　　　　　　　　　　　　单位：元

项　目	直接材料	直接人工	制造费用	合　计
月初在产品成本	500 000	100 000	200 000	800 000
本月生产费用				
生产费用合计				
在产品数量				
在产品完工程度				
在产品约当产量				
完工产品数量				
约当产量合计				
分配率				
本月完工产品成本				
月末在产品成本				

4. 盘点业务

10月30日，对原材料库进行盘点，发现少了20千克MT复合金粉，原因待查。

【操作指导】

（一）材料领料业务

1. 进入库存管理系统

10月5日，进入库存管理系统，单击"生产加工单"按钮，打开"生产加工单"窗口。由库存主管杨柳进行操作。

（1）"单据号"自动生成，在"预计完工时间"文本框中录入"2021-10-31"，"出库类别"文本框中录入"材料领用出库"，"加工类型"文本框中录入"生产加工"，"计划下达时间"自动生成，"产品"文本框中录入"空压机壳"，"产量"文本框中录入"50"，单击"保存"按钮。

（2）单击"领料"按钮，在表体TZ型合金粉"本次出库数量"文本框中录入"100"，MT复合金粉"本次出库数量"文本框中录入"50"，单击"保存"按钮，如图7-107所示。

图7-107 "生产加工单"对话框（空压机壳）

（3）单击"分单"按钮，选择"按仓库"选项，单击"确认"按钮。

（4）单击"签收"按钮，之后再单击"保存"按钮。

（5）重复以上步骤，完成机床保护壳生产加工单的录入。

（6）之后退出，根据两种产品的生产加工单领料情况自动生成相应的材料出库单，如图7-108所示。

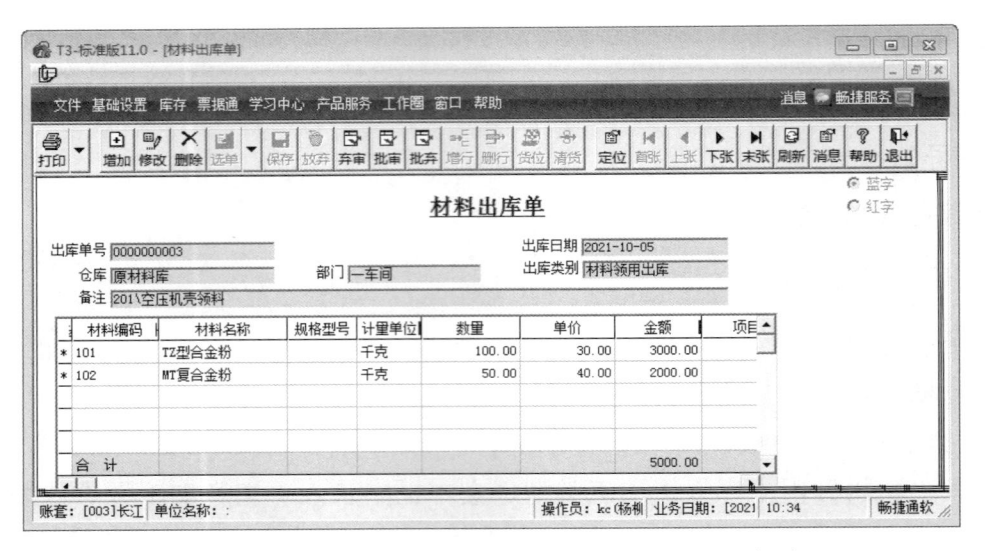

图 7-108　根据生产加工单生成材料出库单（空压机壳）

2. 审核材料出库单

进入库存管理系统，单击"材料出库单"图标，打开"材料出库单"窗口。由库存主管杨柳进行操作。

分别找到空压机壳、机床保护壳的材料出库单，单击"审核"按钮。

3. 进入核算管理系统

10 月 5 日，进入核算管理系统，记账并生成凭证。由会计李鸿飞进行操作。

（1）单击"正常单据记账"图标，进行记账。

（2）单击"购销单据制单"图标，单击"材料出库单"图标，单击"确认"按钮，打开"选择单据"窗口，单击"全选"按钮，再单击"确定"按钮，进入"生成凭证"窗口，注意存货科目和存货名称要一致，生成凭证，如图 7-109 所示。注意不同产品的对应数据，最好生成两张不同的凭证。

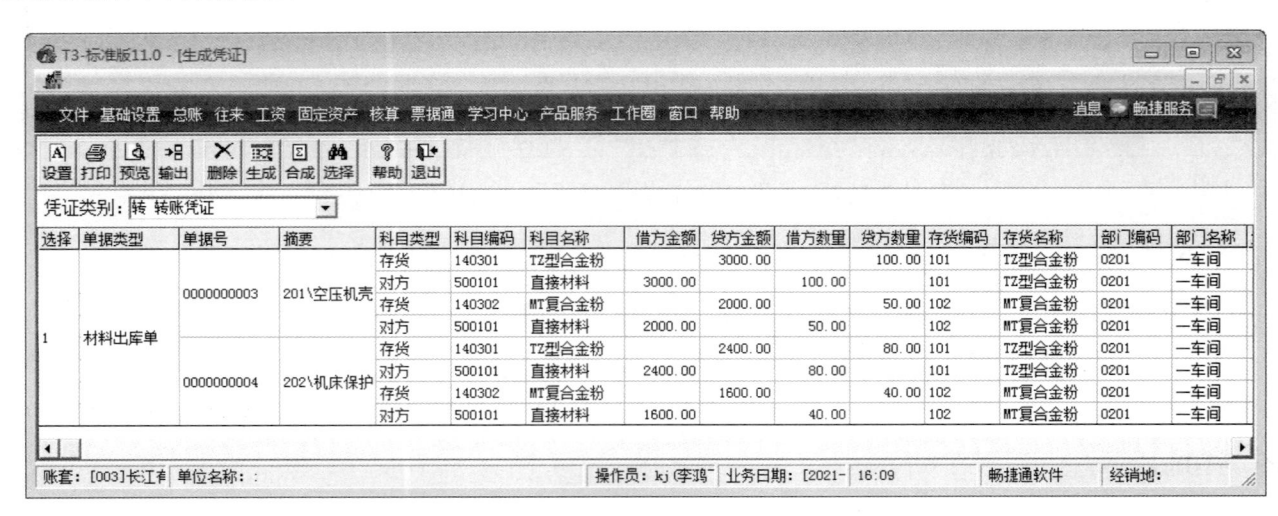

图 7-109　"生成凭证"窗口

> 提示：
●由于原材料库的材料发出时采用先进先出法，所以记账后能立即生成凭证。如果材料发出时采用全月平均法，记账后不能立即生成凭证，需等到月末进行核算处理后才能生成凭证。

（二）其他出库业务

1. 进入库存管理系统

10月16日，进入库存管理系统，单击"其他出库单"图标，进入"其他出库单"界面，单击"增加"按钮。

（1）表头"入库单号""入库日期"自动生成，"仓库"选择"原材料库"，"入库类别"选择"其他出库"。

（2）表体中"存货编码"选择"102"，在"数量"文本框中录入"1 000"，先后单击"保存""审核"按钮，之后退出。

2. 进入核算管理系统

10月16日，进入核算管理系统，记账并生成凭证。由会计李鸿飞进行操作。

（1）单击"正常单据记账"图标，进行记账。

（2）单击"购销单据制单"图标，单击"其他出库单"图标，单击"确认"按钮，打开"选择单据"窗口，单击"全选"按钮，再单击"确定"按钮，进入"生成凭证"窗口，注意存货科目的修改，同时在空白科目文本框中录入"6711"，再单击"生成"按钮，生成凭证。

3. 进入总账管理系统，录入销项税额

按照规定，自产产品对外捐赠，视同销售行为，需按照售价计算增值税销项税额。本题销项税额为50×1000×13%=6500，分录如下。

借：营业外支出　　　　　　6500
　　贷：应交税费——应交增值税（销项税额）　6500

（三）产成品入库及产品成本分配业务

1. 分配制造费用

由会计李鸿飞进行操作。

（1）进入总账管理系统，查询制造费用发生额及余额表。

执行"总账"→"账簿查询"→"余额表"命令，进入"发生额及余额查询条件"对话框，"科目"选择"5101 制造费用"，左下角选中"包含未记账凭证"复选框，单击"确认"按钮，打开制造费用的"发生额及余额"窗口，如图7-110所示。

图 7-110 "发生额及余额表"窗口

(2) 查询完毕，在空压机壳和机床保护壳之间采用工时法进行分配。

(3) 在总账管理系统中形成分录。

2. 录入产成品入库单

由库存主管杨柳进行操作。

(1) 进入库存管理系统，单击"产成品入库单"图标，打开"产成品入库单"窗口，单击"增加"按钮。

(2) 表头中"入库单号""入库日期"自动生成，"入库类别"选择"产成品入库"，"仓库"选择"产成品库"，"部门"选择"一车间"。

(3) 表体中在"产品编码"文本框中录入"201"，"数量"文本框中录入"50"，下一行"产品编码"文本框中录入"202"，"数量"文本框中录入数量"40"，之后先后单击"保存""审核"按钮，如图 7-111 所示。

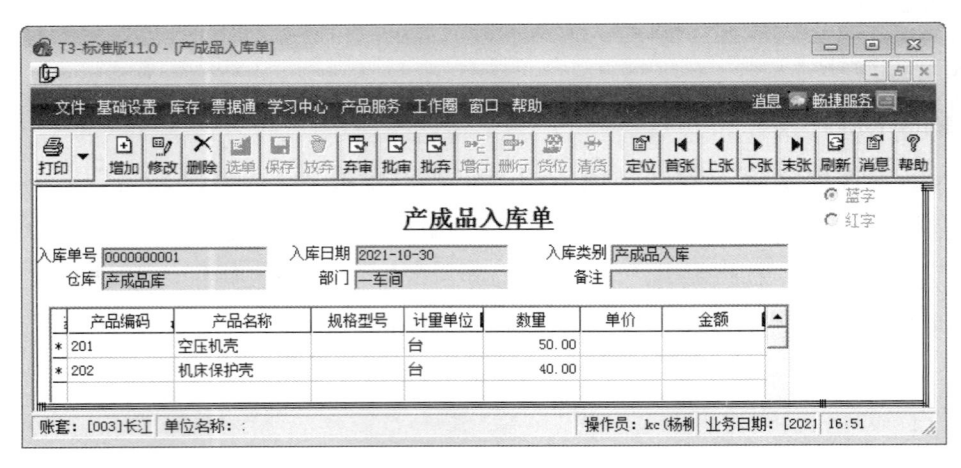

图 7-111 "产成品入库单"填制示意图

3. 进入核算管理系统，进行产品分配

（1）首先要查询资料，寻找相关数据，完善两张产品成本计算单，从而求出产成品成本。

① 进入总账管理系统，查询项目总账，如图 7-112 所示，"项目"选择"空压机壳"，"部门"选择"一车间"，选中"包含未记账凭证"复选框。同时科目范围要包括"500101 直接材料""500102 直接人工""500103 制造费用"，单击"确定"按钮，进入"项目总账（详细）"窗口，查询项目总账数据，如图 7-113 所示。同理，可查出机床保护壳的项目总账数据。

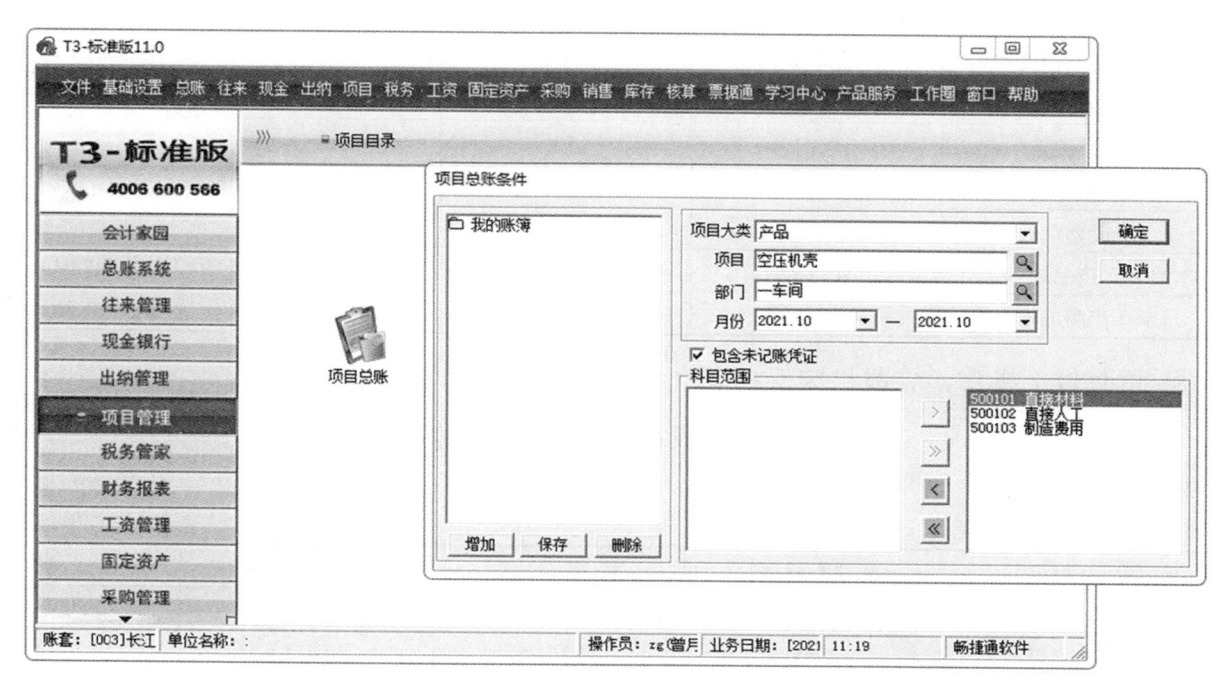

图 7-112　"项目总账"查询条件示意图（空压机壳）

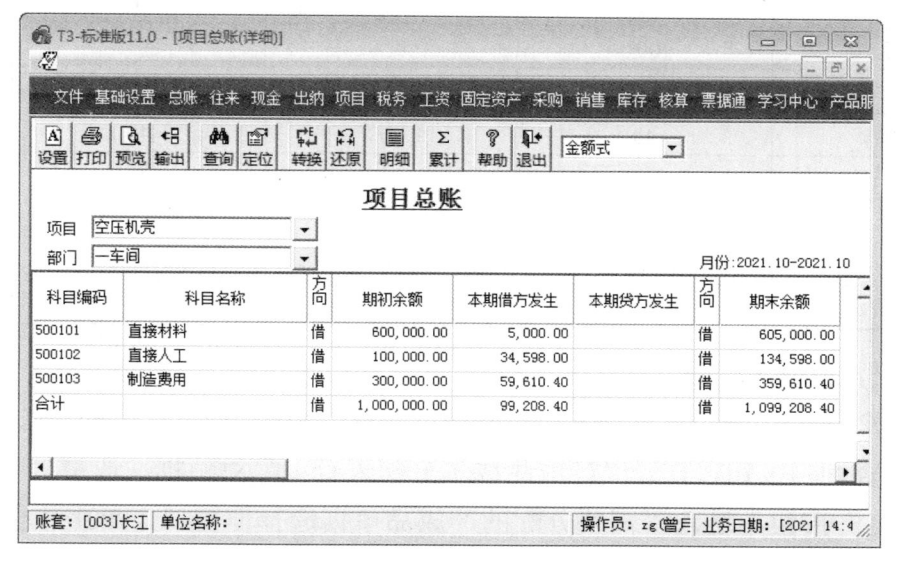

图 7-113　"项目总账"数据（空压机壳）

② 根据"项目总账"数据（空压机壳），采用相关计算方法，完善产品成本计算单，如表 7-17 所示。

表 7-17　产品成本计算单（空压机壳）

产成品数量：50　　产品名称：空压机壳　　在产品数量：10　　单位：元

项　目	直接材料	直接人工	制造费用	合　计
月初在产品成本	600 000	100 000	300 000	1 000 000
本月生产费用	5 000	34 598	59 610.4	99 208.4
生产费用合计	605 000	134 598	359 610.4	1 099 208.4
在产品数量	10	10	10	
在产品完工程度	100%	50%	50%	
在产品当月产量	10	5	5	
完工产品数量	50	50	50	
约当产量合计	60	55	55	
分配率	10 083.33	2 447.24	6 538.37	
本月完工产品成本	504 166.67	122 361.82	326 918.55	953 447.04
月末在产品成本	100 833.33	12 236.18	32 691.85	145 761.36

③ 重复以上操作，完成机床保护壳产成品成本计算，如表 7-18 所示。

表 7-18　产品成本计算单（机床保护壳）

产成品数量：40　　产品名称：机床保护壳　　在产品数量：10　　单位：元

项　目	直接材料	直接人工	制造费用	合　计
月初在产品成本	500 000	100 000	200 000	800 000
本月生产费用	4 000	36 351.5	89 415.6	129 767.1
生产费用合计	504 000	136 351.5	289 415.6	929 767.1
在产品数量	10	10	10	
在产品完工程度	100%	50%	50%	
在产品约当产量	10	5	5	
完工产品数量	40	40	40	
约当产量合计	50	45	45	
分配率	10 080	3 030.03	6 431.46	
本月完工产品成本	403 200	121 201.33	257 258.31	781 659.64
月末在产品成本	100 800	15 150.17	32 157.29	148 107.46

（2）进行产成品成本分配。

① 执行"核算管理"→"核算"→"产成品成本分配"命令，进入"产成品成本分配表"窗口。

② 单击"查询"按钮，打开"产成品成本分配表查询"对话框，选中"产成品库"复选框，单击"确定"按钮，进入"需要分配的产成品单据选择"窗口，单击"全选"按钮，如图 7-114 所示。

③ 进入"产成品成本分配表"窗口，在"空压机壳"行"金额"文本框中录入"953 447.04"，在"机床保护壳"行"金额"文本框中录入"781 659.64"，单击"分配"按钮，再单击"确定"按钮，如图 7-115 所示。

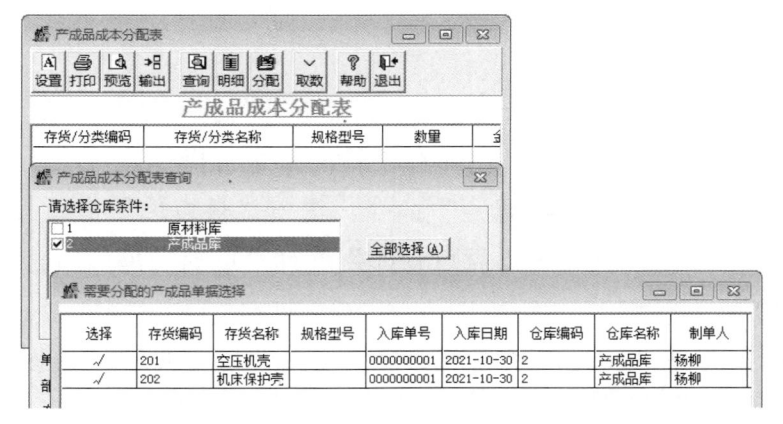

图 7-114　产成品成本分配表查询示意图

图 7-115　"产成品成本分配表"界面

（3）进行正常单据记账。

执行"产成品库"→"产成品入库单"命令，单击"确定"按钮。

（4）生成凭证。

① 执行"核算管理"→"购销单据制单"命令，单击"选择"按钮，"查询条件"选择"产成品入库单"，单击"确定"按钮。

② "选择单据"窗口中单击"全选"按钮，再单击"确定"按钮。

③ 打开"生成凭证"窗口，注意根据存货名称修改存货科目，单击"生成"按钮。进入凭证录入界面，按照表 7-17、表 7-18 产品成本计算单中产成品各成本项目对贷方数据进行拆分，还要注意项目辅助核算的选填，之后单击"保存"按钮，如图 7-116 所示。

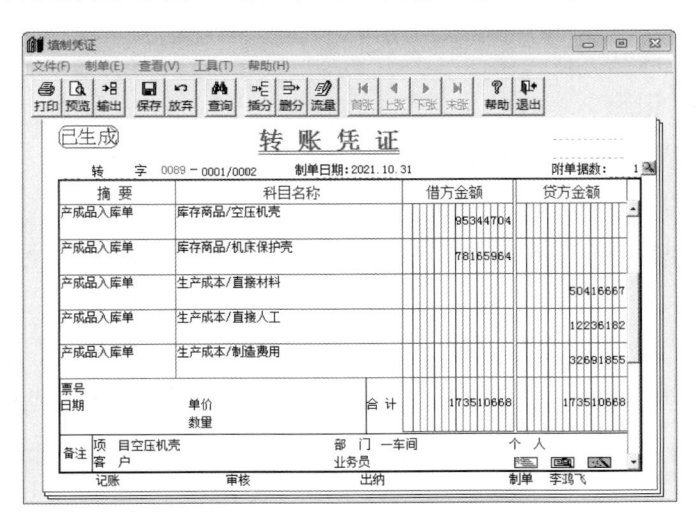

图 7-116　"产成品入库"凭证

（四）盘点业务

1. 进入库存管理系统

10月31日，进入库存管理系统。由库存主管杨柳进行操作。

（1）执行"库存管理"→"库存盘点"命令，进入"盘点单"窗口。

（2）单击"增加"按钮，表头中"盘点仓库"选择"原材料库"，在"盘点日期"文本框中录入"2021-10-30"。

（3）"存货编码"选择"102"，系统自动给出账面数量"90505"和盘点数量"90505"，将盘点数量改为"90485"，系统自动显示盈亏数量、盈亏金额，单击"保存"按钮，再单击"审核"按钮，如图7-117所示。

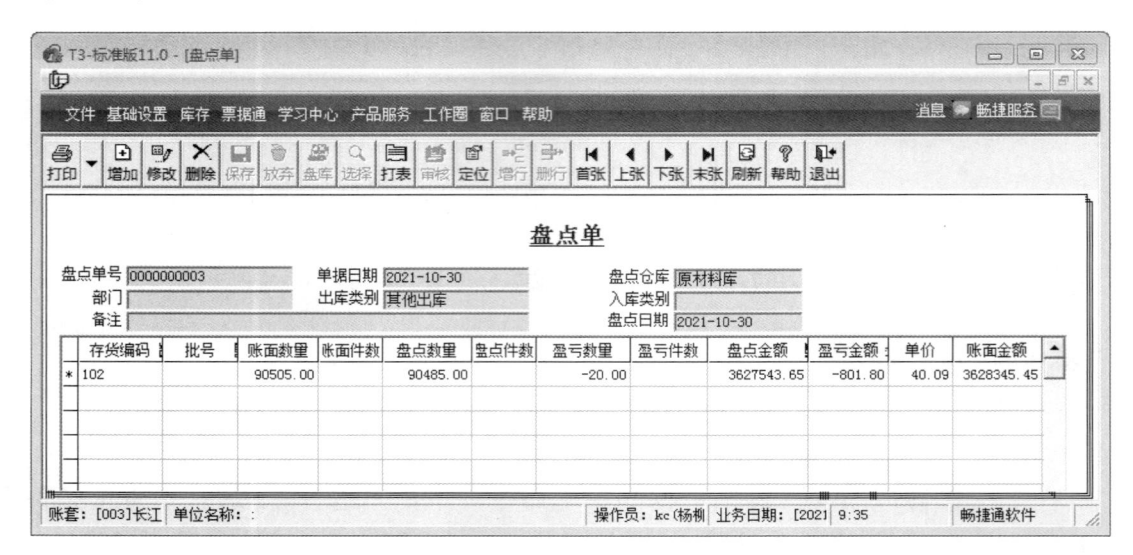

图7-117 盘点单

（4）执行"库存管理"→"其他出库单"命令，找到相应的出库单，单击"审核"按钮，之后退出。

2. 进入核算管理系统

由会计李鸿飞进行操作。

（1）进行正常单据记账。

① 执行"核算管理"→"正常单据记账"命令，"仓库"选择"原材料库"，"单据类型"选择"其他出库单"，单击"确定"按钮。

② 进入"正常单据记账"窗口，单击"全选"按钮，再单击"记账"按钮，之后退出。

（2）生成凭证。

执行"核算管理"→"购销单据制单"命令，打开"生成凭证"窗口，单击"选择"按钮，"查询条件"选择"其他出库单"，单击"确定"按钮。在"生成凭证"窗口中，注意根据存货名称修改存货科目，单击"生成"按钮，单击"保存"按钮。

> **提示：**
> - 对于存货的盘盈，相应地要生成"其他入库单"，需要对其审核，并由它生成相应的凭证。
> - 此处所讲的只是存货盘盈盘亏发生时的处理，至于企业对盘盈盘亏结果的事后处理，因为涉及费用，所以须在总账管理系统中来处理。
> - 库存管理中还有一类业务为存货调拨业务。库存管理模块中提供了"调拨单"用于处理部门之间或仓库之间的存货调拨业务。"调拨单"录入保存后，系统自动生成"其他入库单"和"其他出库单"，不得修改和删除。另外，调拨后的存货，若科目不发生变化，则不需要生成记账凭证；若科目发生变化，则需要生成相应的记账凭证。

【业务实训】

（1）认真跟着老师学习操作，并看完教学视频，完成并掌握本业务活动教学内容操作。

（2）完成项目七实训七相关实训操作，见附录 A。

任务五　核算管理系统业务处理

核算管理系统起着桥梁作用，把购销存管理系统的业务通过制单传递到总账管理系统。

其主要功能如下：对采购入库单、销售出库单、材料出库单、产成品入库单、其他入库单和其他出库单等进行正常单据记账；对库存管理系统审核过的调拨单、组装单、形态转化单等进行特殊单据记账；对暂估入库的采购入库单进行暂估成本录入、暂估成本处理；对库存管理系统的产成品入库单进行产成品成本分配；对库存管理系统审核过的单据进行购销单据制单；对采购管理系统的供应商往来业务进行供应商往来制单；对销售管理系统的客户往来业务进行客户往来制单；具有账表查询和联查功能（采购账表——供应商往来账表）；具有结账和反结账功能。

业务活动 7-11　核算管理系统月末处理

【资料准备】

长江有限责任公司 2021 年 10 月发生的库存业务如下。

（1）10 月 31 日，执行产成品库的月末处理，在全月平均法下进行发出存货成本的结转。

（2）10 月 31 日，执行原材料库的月末处理，生成暂估业务蓝字回冲单。

【操作指导】

（一）全月平均法下发出存货成本的结转

1. 进行采购管理系统结账

由财务主管曾月进行操作。

（扫描二维码，观看微课）

执行"采购管理"→"月末结账"命令,进入"月末结账"界面,选中"10月",单击"结账"按钮。系统提示结账完毕之后退出。

2. 进行销售管理系统结账

由财务主管曾月进行操作。

执行"销售管理"→"月末结账"命令,进入"月末结账"界面,选中"10月",单击"结账"按钮。系统提示结账完毕之后退出。

3. 进行库存管理系统结账

由财务主管曾月进行操作。

执行"库存管理"→"月末结账"命令,进入"月末结账"界面,选中"10月",单击"结账"按钮。系统提示结账完毕之后退出。

4. 进行核算管理系统结账

(1)进行"产成品库"的月末处理,由会计李鸿飞进行操作。

执行"核算管理"→"月末处理"命令,打开"期末处理"对话框,"未期末处理仓库"选项卡下选择"产成品库"选项,单击"确定"按钮,系统弹出"您将对所选仓库进行期末处理,确认进行吗?"信息提示框,单击"确定"按钮,系统弹出"还有未记账的单据,继续进行吗?"信息提示框,单击"是"按钮,进入"成本计算表"界面,单击"显示"按钮,再单击"确定"按钮,系统提示"期末处理完毕",如图7-118所示。

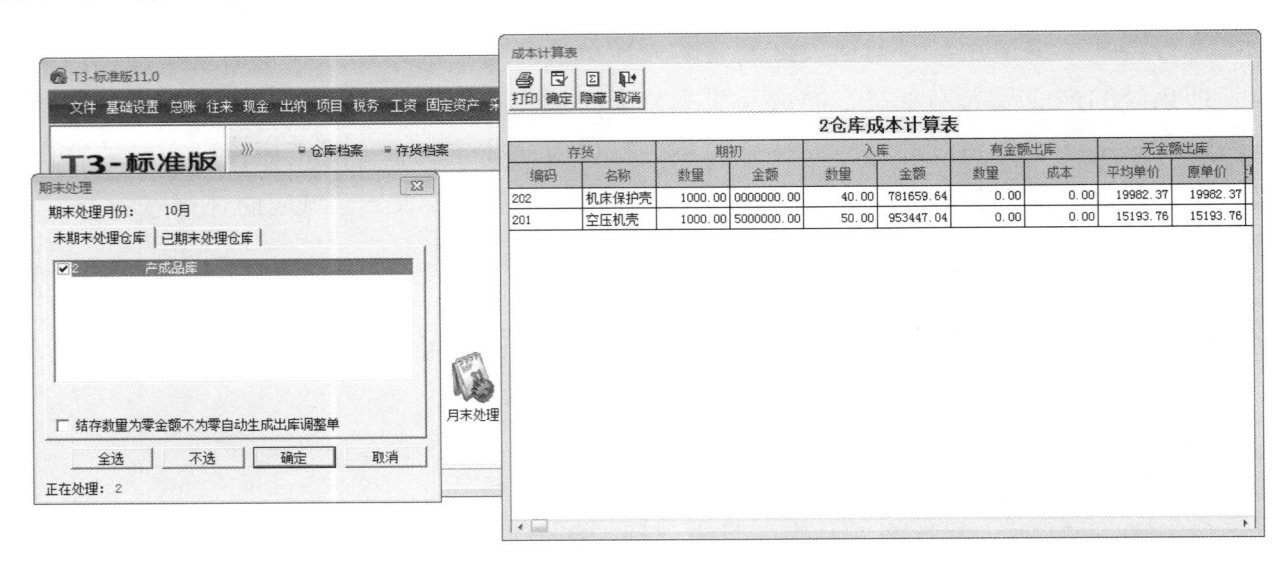

图7-118 月末处理示意图

(2)进入核算管理系统,进行正常单据记账和购销单据制单。由会计李鸿飞进行操作。

① 执行"核算管理"→"购销单据制单"命令,打开"生成凭证"窗口,单击"选择"按钮,打开"查询条件"对话框,单击"全选"按钮,单击"确认"按钮,打开"选择单据"窗口,单击"全选"按钮,再单击"确定"按钮,进入"生成凭证"窗口。

② "生成凭证"窗口的单据类型有两类:一是其他出库单,主要是指赠送产品成本的

结转，需在空白科目文本框中录入"销售费用"科目；二是销售出库单，主要是销售引起的产品成本的结转，需在空白科目文本框中录入"主营业务成本"科目，如果该科目分明细科目，注意根据存货名称调整会计科目，使存货名称和科目名称一致，单击"合成"按钮，再单击"生成"按钮，生成凭证，单击"保存"按钮，退出，如图7-119、图7-120所示。

图7-119 "生成凭证"窗口

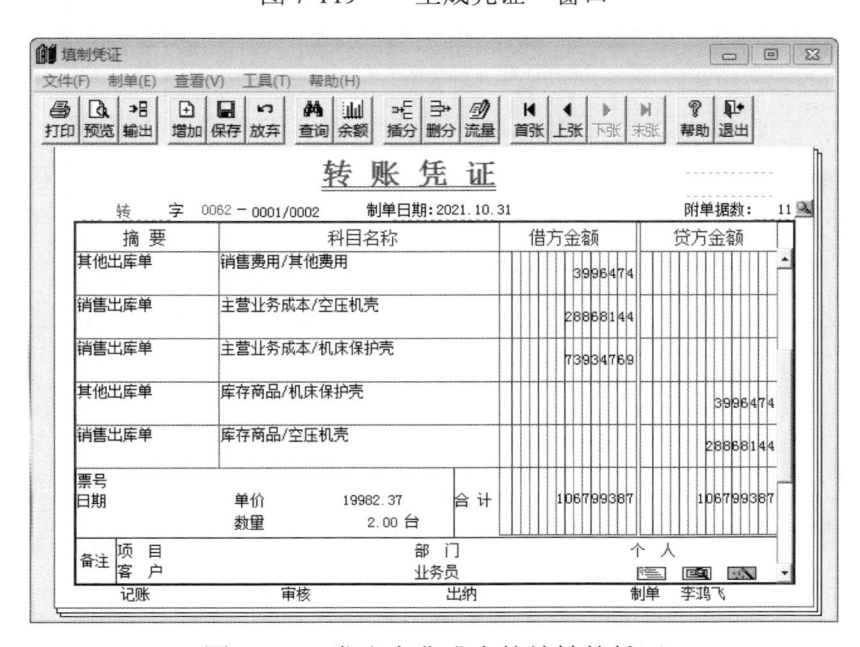

图7-120 发出存货成本的结转的凭证

> **提示：**
>
> ● 由于产成品库的存货发出时采用全月平均法，所以记账后不能立即生成凭证，需等到月末采购管理系统记账、销售管理系统结账、库存管理系统结账、核算管理系统月末对产成品库进行月末处理后才能生成凭证。

（二）暂估业务蓝字回冲单

1. 进入核算管理系统，进行月末处理

由会计李鸿飞进行操作。

执行"核算管理"→"月末处理"命令，打开"期末处理"对话框，在"已期末处理仓库"选项卡下选择"原材料库"选项，单击"确定"按钮，系统弹出"您将对所选仓库进行期末处理，确认进行吗？"信息提示框，单击"确定"按钮，系统弹出"还有未记账的单据，继续进行吗？"信息提示框，选择"是"按钮，进入"成本计算表"界面，单击"显示"按钮，再单击"确定"按钮，系统提示"期末处理完毕"。

2. 生成凭证

执行"核算管理"→"购销单据制单"命令，打开"生成凭证"窗口，单击"选择"按钮，打开"查询条件"对话框，选中"蓝字回冲单（暂估）"复选框，如图 7-121 所示，单击"确认"按钮，打开"选择单据"窗口，单击"全选"按钮，再单击"确定"按钮，进入"生成凭证"窗口。如果该科目分明细科目，注意跟存货名称调整会计科目。单击"生成"按钮，生成凭证，单击"保存"按钮，退出，如图 7-122 所示。

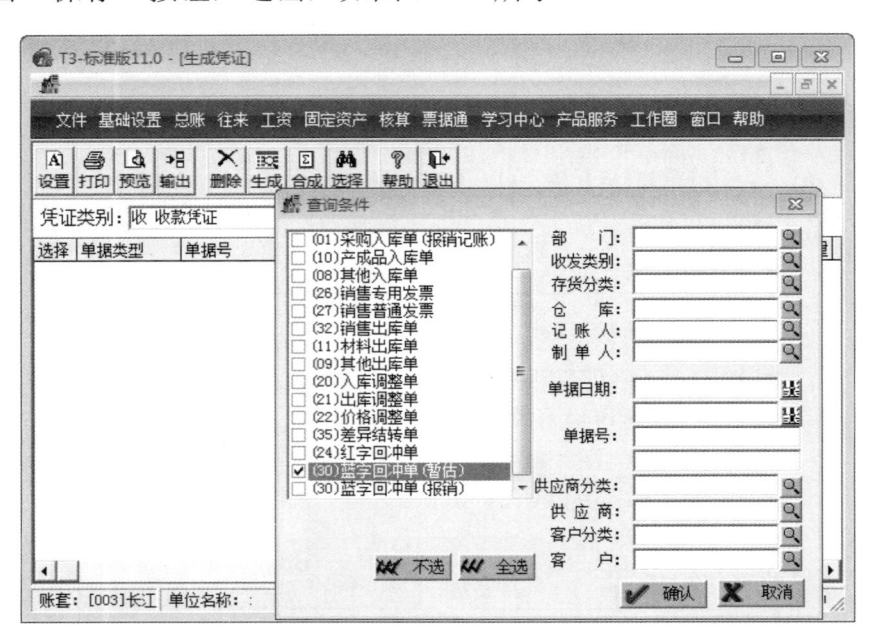

图 7-121　"查询条件"对话框

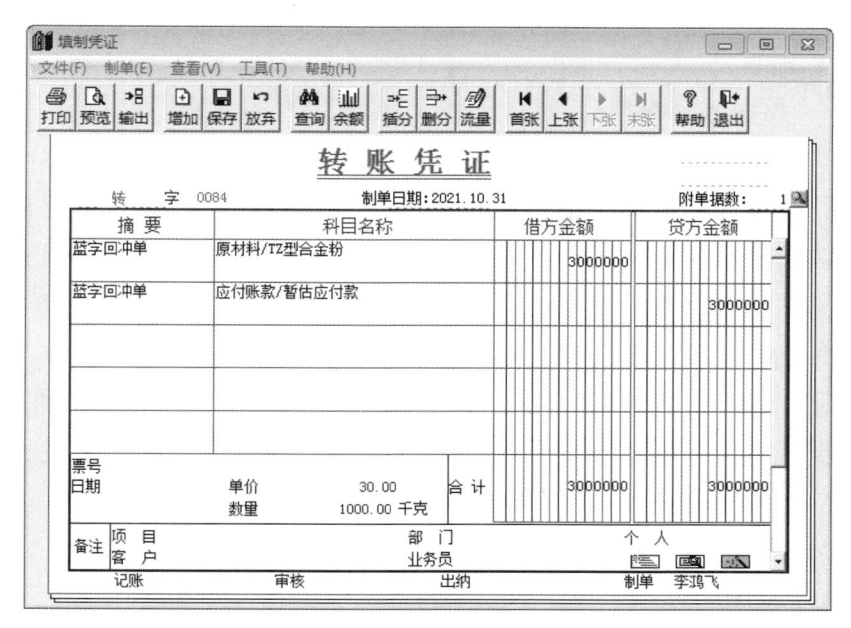

图 7-122 "蓝字回冲单的冲回"生成凭证

【业务实训】
（1）认真跟着老师学习操作，并看完教学视频，完成并掌握本业务活动教学内容操作。
（2）完成项目七实训八相关实训操作，见附录 A。

业务活动 7-12　购销存管理系统数据备份

【操作任务】
将长江公司 10 月份购销存业务备份至"D:\长江公司\10 月份购销存"文件夹内。
【操作指导】
略。

业务活动 7-13　购销存管理系统及总账管理系统结账

一、购销存管理系统结账

【资料准备】
10 月 31 日，进行购销存管理系统月末结账。
【操作指导】
进行完"月末处理"后，执行"核算管理"→"月末结账"命令，完成结账。由财务主管曾月进行操作。

二、总账结账

由于整个购销存管理系统数据是引入固定资产管理系统数据后而生的，固定资产管理系统数据是引入工资系统数据后而生的，工资系统数据是引入总账管理系统初始设置数据而生的，因此不包括总账日常凭证、期末相关自动转账凭证的相关数据。期间固定资产、工资管理系统已结账，现在要对总账管理系统进行结账。

对总账管理系统进行结账之前要完成以下工作。

（1）期末采用自动转账结转期间损益并生成凭证。观察"本年利润"账户期末余额方向，确定是否计算企业所得税。如果需要计算企业所得税，要算出数据并生成相关凭证后，结转"本年利润"账户。

（2）检查无误后，然后进行出纳签字、审核签字并记账。

（3）由主管进行结账。

提示：

● 如果购销存管理系统和固定资产管理系统、工资管理系统、总账管理系统集成使用时，一般情况下，工资、固定资产管理系统结账没有顺序限制，购销存管理系统中，采购管理系统必须先结账，之后是销售管理系统结账，然后是库存管理系统结账，最后核算管理系统才能结账。工资、固定资产、采购、销售、库存、核算管理系统全部结账后，总账管理系统才能结账。需要重点说明的是，在总账管理系统结账前一定要进行增值税、城市维护建设税附加、企业所得税的账务处理，最后还要结转损益，否则总账管理系统是不允许结账的。

● 如果是系统集成使用的，各系统取消结账的顺序和正常结账的顺序正好相反。无论取消哪个系统的结账状态，必须先取消总账管理系统的结账状态；总账管理系统结账状态取消后，工资、固定资产管理系统取消结账状态无顺序限制，购销存管理系统中，核算管理系统必须先取消结账状态，库存管理系统才能取消结账状态，之后销售管理系统才能取消结账状态，最后采购管理系统才能取消结账状态。

【业务实训】

（1）认真跟着老师学习操作，并看完教学视频，完成并掌握本业务活动教学内容操作。

（2）完成项目七实训九相关实训操作，见附录A。

项目八
税务管家管理系统

税务管家可以为企业财务人员、管理人员提供税务鉴定、涉税处理、生成电子数据、涉税分析及涉税风险预警服务,帮助企业规范和简化涉税核算、管理和控制,可以直接读取财务数据,使税务申报工作更加便捷、准确。

学习任务

1. 了解税务管家的组成。
2. 熟悉税务鉴定、涉税处理、生成电子数据、涉税分析的操作流程。

能力目标

1. 掌握增值税申报取数数据的生成。
2. 掌握企业所得税申报取数数据的生成。

任务一 税务鉴定

首先引入恢复"D:\长江公司\10月份购销存"文件夹内的数据。

【资料准备】

长江有限责任公司为工业企业,所在行业为生产金属制品业中的金属包装容器制造。会计核算执行"2007年企业会计新准则",公司为增值税一般纳税人,增值税税率为13%,企业所得税税率为25%。

单位名称:长江有限责任公司,简称长江公司。

税号:1334562476321489。

注册类型:有限责任公司。

国民经济行业:金属包装容器制造。

登记类型:内资企业。

财务报表类型:工业。

生产经营地址:河北省博野县。

注册地址：河北省博野县。

开户银行：中国工商银行保定分行博野支行。

银行账号：136900000100616750。

法定代表人：苏锦达。

开户日期：2000-01-01。

【操作指导】

由财务主管曾月进行操作。

执行"税务管家"→"税务鉴定"命令，打开"税务鉴定"窗口。

（1）单击"纳税人基本信息"标签。

纳税人识别号：系统自动读取账套纳税人的税号，用户也可对其进行修改，为必录入项。

纳税人征管码：可直接录入。

纳税人名称：系统自动读取账套企业名称，用户也可对其进行修改，为必录入项。

注册类型：用户可从下拉列表中选择。

国民经济行业：用户可从下拉列表中选择。

纳税类型：用户可从下拉列表中选择。

登记类型：用户可从下拉列表中选择。

财务报表类型：用户可从下拉列表中选择。

省、市：用户可从下拉列表中选择。

生产经营地址：可直接录入。

注册地址：可直接录入。

开户银行：可直接录入。

银行账号：可直接录入。

法定代表人：可直接录入。

开户日期：用户可从下拉列表中选择。

（2）单击"纳税维护"标签。

① 税种：预制增值税、企业所得税（预缴）。

纳税期限：用户可从下拉列表中选择。企业所得税（预缴）选择"按月"。

经营项目：用户可从下拉列表中选择。选择企业所得税月（季）度纳税申报表（A类）时必选。企业所得税（预缴）选择"工业生产"。

征收方式：用户可从下拉列表中选择。企业所得税月（季）度纳税申报表选择"查账征收"。

预缴方式（必选）：用户可从下拉列表中选择。企业所得税月（季）度纳税申报表选择"按照实际利润预缴"。

② 申报项目。

申报项目名称：系统预制，用户可根据申报情况勾选。

本案例选择增值税（一般纳税人）、企业所得税（A 类），单击"保存"按钮。

（3）单击"预警设置"标签。

单击"产业类别"后的选择器，从中选择适合本案例的"金属制品业"，由系统自动带出各分析指标的预警值，也可根据当地行业的平均水平修改，单击"保存"按钮。

【业务实训】

（1）认真跟着老师学习操作，并看完教学视频，完成并掌握本业务活动教学内容操作。

（2）完成项目八要求 1 相关实训操作，见附录 A。

任务二　涉税处理

【资料准备】

引入恢复"D:\长江公司\10 月份购销存"文件夹内的数据。

【操作指导】

由财务主管曾月进行操作。

执行"税务管家"→"涉税处理"命令，打开"涉税处理"窗口。系统会出现需要申报的报表，可单击进入相关界面。

（一）增值税申报

1. 附表一的填制

单击"增值税纳税申报及附表"按钮，打开"增值税申报表"窗口，报表选择"附表一"，进入"增值税纳税申报表附列资料（一）"界面。

（1）13%税率业务。

光标调至"项目及栏次"下"一般计税方法征税"的"全部征税项目"栏下"13%税率的货物及加工修理修配劳务"和"开具增值税专用发票"的相交的"销售额"处，查询并打开"应交税费——应交增值税（销项税额）"明细账，如图 8-1 所示。查看"摘要"栏中"开出 13%税率专用发票"对应的税额，并单击工具栏里的"凭证"按钮，将凭证上是"主营业务收入"的数据相加后，查询"主营业务收入"发生额及余额表，如图 8-2 所示，对照一下两数是否一致，如果一致填入"销售额"处，不一致要查明原因，分析为什么两者不相等。一般情况下两者是相等的，本案例中两者相等。此数填好了，"销项（应纳）税额"文本框中会自动生成数据。

图 8-1 "应交税费——应交增值税(销项税额)"明细账

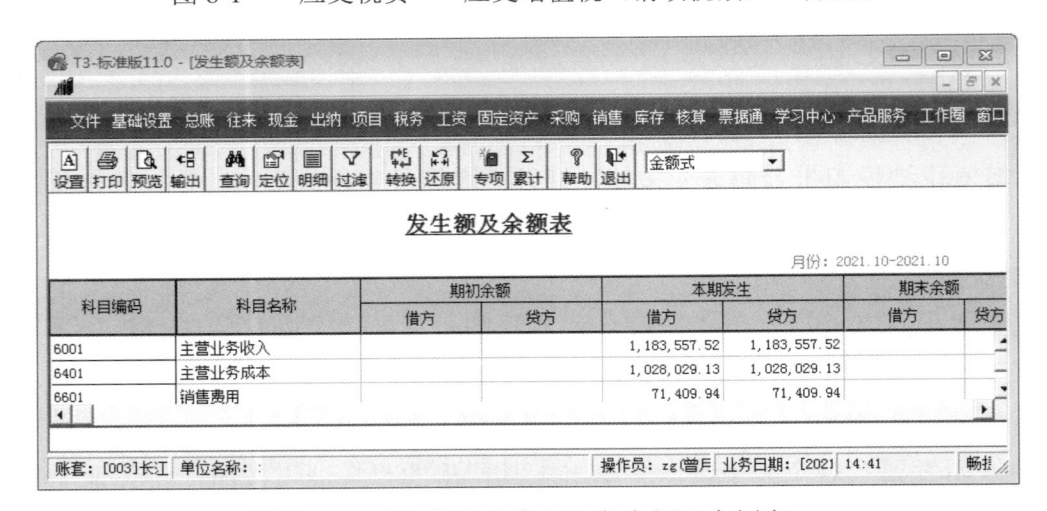

图 8-2 "主营业务收入"发生额及余额表

（2）其他税率的业务。

查询并打开"应交税费——应交增值税(销项税额)"明细账，其中"摘要"中"变价收入开出税率9%专票"栏对应的税额为90 000，单击工具栏中的"凭证"按钮，贷方科目不是"主营业务收入"科目，经查发现是销售不动产的业务，而且税率是9%，我们在"9%税率的服务、不动产和无形资产"和"开具增值税专用发票"相交的"销售额"文本框中录入"1 000 000"，"销项(应纳)税额"文本框中自动生成数据"90 000"，如图 8-3 所示。

（3）未开票业务。

查询并打开"应交税费——应交增值税（销项税额）"明细账，其中"摘要"中是"捐赠（赠送）视同销售未开票"的有两笔税额，分别单击工具栏中的"凭证"按钮，贷方科目不是"主营业务收入"科目，经查发现是捐赠或赠送视同销售产生的税额，推出相应的视同收入金额加总为"96 000"，不需要开具增值税发票，所以在"一般计税方法征税"的"全部征税项目"栏下"13%税率的货物及加工修理修配劳务"与"未开具发票"的相交的"销售额"文本框中录入"96 000"，"销项（应纳）税额"文本框中自动生成数据"12 480"，如图 8-3 所示。

增值税纳税申报表附列资料（一）
（本期销售情况明细）
税款所属时间：2021年10月1日至2021年10月31日

纳税人名称：长江有限责任公司   金额单位：元至角分

项目及栏次		开具增值税专用发票		开具其他发票		未开具发票		纳税检查调整		合计		价税合计	服务、不动产和无形资产扣除项目本期实际扣除金额	扣除后	
		销售额	销项（应纳）税额	销售额	销项（应纳）税额	销售额	销项（应纳）税额	销售额	销项（应纳）税额	销售额	销项（应纳）税额			含税（免税）销售额	销项（应纳）税额
		1	2	3	4	5	6	7	8	9=1+3+5+7	10=2+4+6+8	11=9+10	12	13=11-12	14=13÷(100%+税)
一、一般计税方法计税	全部征税项目	13%税率的货物及加工修理修配劳务 1	1183557.52	153862.48			96000.00	12480.00			1279557.52	166342.48	——		——	
		13%税率的服务、不动产和无形资产 2														
		9%税率的货物及加工修理修配劳务 3											——		——	
		9%税率的服务、不动产和无形资产 4	1000000.00	90000.00							1000000.00	90000.00	1090000.00			
		6%税率 5														

图 8-3 附表一的填制

提示：

● 填制附表一时，主要是将"应交税费——应交增值税（销项税额）"明细账和"主营业务收入"科目余额表结合起来分析填列。实际上，在进行账务处理时，有些"主营业务收入"科目对应的是视同销售不开票，有的开的是普通发票，还有的税率不是 13%，这就要求我们写分录时在摘要中一定要对不开票、开普通发票、开其他税率的专用发票等相关事项写清楚，这样我们很容易根据摘要填写相关内容了。

2. 附表二的填制

（1）产生进项税额金额取数。

至于产生进项税额，应查询"应交税费——应交增值税（进项税额）"明细账，如图 8-4 所示。将"摘要"栏"认证相符抵扣"对应的进项税额汇总相加，得出总数，填入附表二"申报抵扣的进项税额"下"本期认证相符且本期申报抵扣"栏相应的"税额"文本框中；数一数份数，填入附表二"申报抵扣的进项税额"下"本期认证相符且本期申报抵扣"栏相应的"份数"文本框中；至于金额，就需要我们选中每一个进项税额，然后单击工具栏"凭证"按钮，把产生进项税额的相应金额汇总相加，填入附表二"申报抵扣的进项税额"下"本期认证相符且本期申报抵扣"栏相应的"金额"文本框中，如图 8-5 所示。

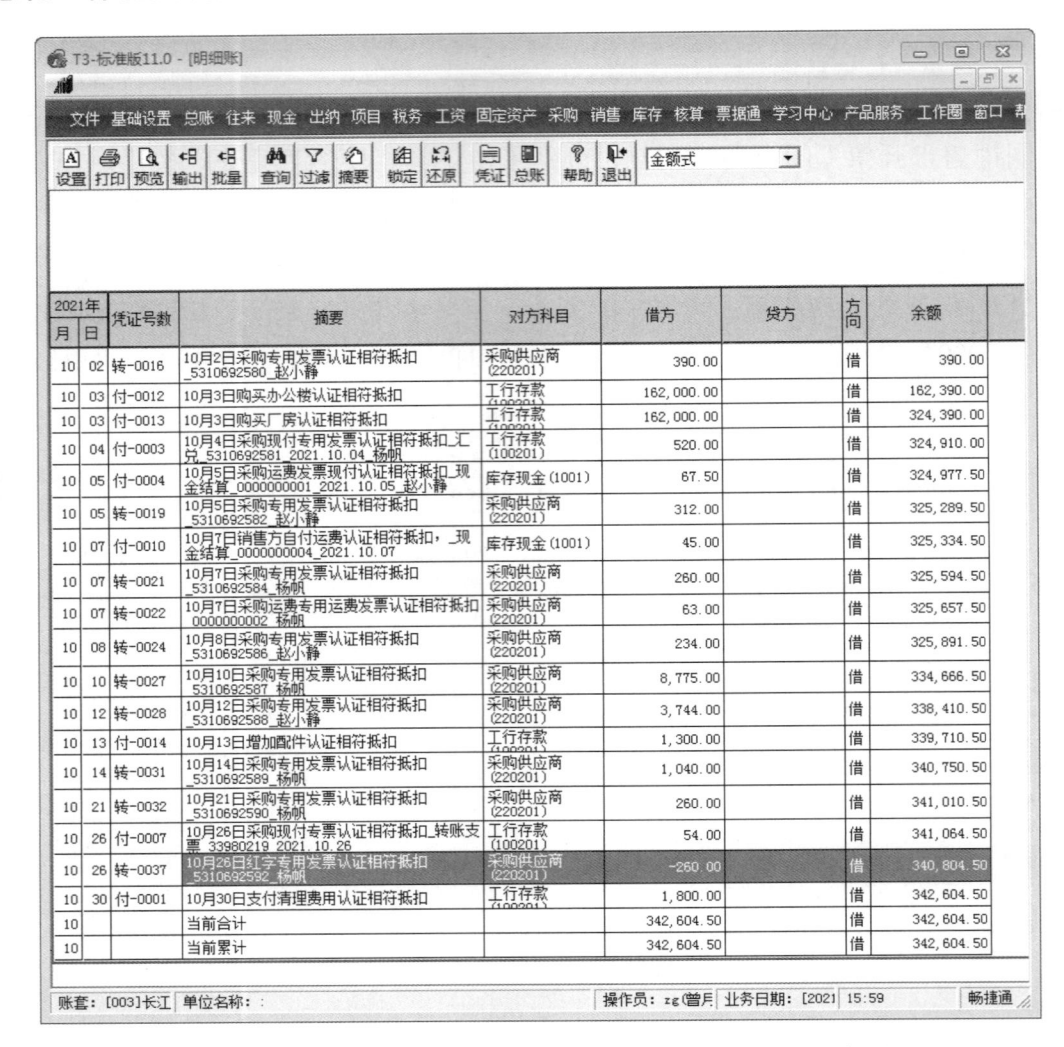

2021年		凭证号数	摘要	对方科目	借方	贷方	方向	余额
月	日							
10	02	转-0016	10月2日采购专用发票认证相符抵扣_5310692580_赵小静	采购供应商(220201)	390.00		借	390.00
10	03	付-0012	10月3日购买办公楼认证相符抵扣	工行存款(100201)	162,000.00		借	162,390.00
10	03	付-0013	10月3日购买厂房认证相符抵扣	工行存款(100201)	162,000.00		借	324,390.00
10	04	付-0003	10月4日采购现付专用发票认证相符抵扣_汇兑_5310692581_2021.10.04_杨帆	工行存款(100201)	520.00		借	324,910.00
10	05	付-0004	10月5日购运费现付认证相符抵扣_现金结算_0000000001_2021.10.05_赵小静	库存现金(1001)	67.50		借	324,977.50
10	05	转-0019	10月5日采购专用发票认证相符抵扣_5310692582_赵小静	采购供应商(220201)	312.00		借	325,289.50
10	07	付-0010	10月7日销售方自付运费认证相符抵扣_现金结算_0000000004_2021.10.07	库存现金(1001)	45.00		借	325,334.50
10	07	转-0021	10月7日采购专用发票认证相符抵扣_5310692584_杨帆	采购供应商(220201)	260.00		借	325,594.50
10	07	转-0022	10月7日采购专用运费发票认证相符抵扣_0000000002_杨帆	采购供应商(220201)	63.00		借	325,657.50
10	08	转-0024	10月8日采购专用发票认证相符抵扣_5310692586_赵小静	采购供应商(220201)	234.00		借	325,891.50
10	10	转-0027	10月10日采购专用发票认证相符抵扣_5310692587_杨帆	采购供应商(220201)	8,775.00		借	334,666.50
10	12	转-0028	10月12日采购专用发票认证相符抵扣_5310692588_赵小静	采购供应商(220201)	3,744.00		借	338,410.50
10	13	付-0014	10月13日增加配件认证相符抵扣	工行存款(100201)	1,300.00		借	339,710.50
10	14	转-0031	10月14日采购专用发票认证相符抵扣_5310692589_杨帆	采购供应商(220201)	1,040.00		借	340,750.50
10	21	转-0032	10月21日采购专用发票认证相符抵扣_5310692590_杨帆	采购供应商(220201)	260.00		借	341,010.50
10	26	付-0007	10月26日采购现付专票认证相符抵扣_转账支票_33980219_2021.10.26	工行存款(100201)	54.00		借	341,064.50
10	26	转-0037	10月26日红字专用发票认证相符抵扣_5310692592_杨帆	采购供应商(220201)	-260.00		借	340,804.50
10	30	付-0001	10月30日支付清理费用认证相符抵扣	工行存款(100201)	1,800.00		借	342,604.50
10			当前合计		342,604.50		借	342,604.50
10			当前累计		342,604.50		借	342,604.50

图 8-4 "应交税费——应交增值税(进项税额)"明细账

提示：

● 填制附表二时，主要根据"应交税费——应交增值税(进项税额)"明细账分析填列。"应交税费——应交增值税(进项税额)"包括根据增值税专用发票认证相符抵扣的和自行计算抵扣(采购农产品、飞机票、火车票、客运车票)的两种，所以我们写分录时在摘要中一定要对于认证相符抵扣、自行计算抵扣(采购农产品、飞机票、火车票、客运车票)的发生缘由写清楚，这样我们就很容易根据摘要填写相关内容了。根据增值税专用发票认证抵扣的进项税额，我们在"认证相符的防伪税控增值税发票"栏下填列；自行计算抵扣不需要认证的(采购农产品、飞机票、火车票、客运车票)进项税额，我们在"其他扣税凭证"栏下填列。

(2) 进项税额转出取数。

查询"应交税费——应交增值税(进项税额转出)"明细账，选中某一转出税额，查看摘要明确发生原因，填入附表二中"进项税额转出额"下相应的"税额"栏中。本案例为"非正常损失"栏里的内容，如图 8-5 所示。

所有数据填完后，单击"保存"按钮。

增值税纳税申报表附列资料（二）				
（本期进项税额明细）				
税款所属时间：2021 年 10 月 1 日至 2021 年 10 月 31 日				
纳税人名称：长江有限责任公司			金额单位：元至角分	
一、申报抵扣的进项税额				
项目	栏次	份数	金额	税额
（一）认证相符的增值税专用发票	1=2+3	18	3750050.00	342604.50
其中：本期认证相符且本期申报抵扣	2	18	3750050.00	342604.50
前期认证相符且本期申报抵扣	3			
（二）其他扣税凭证	4=5+6+7+8a+8b			
其中：海关进口增值税专用缴款书	5			
农产品收购发票或者销售发票	6			
代扣代缴税收缴款凭证	7		——	
加计扣除农产品进项税额	8a	——	——	
其他	8b			
（三）本期用于购建不动产的扣税凭证	9			
（四）本期用于抵扣的旅客运输服务扣税凭证	10			
（五）外贸企业进项税额抵扣证明	11	——	——	
当期申报抵扣进项税额合计	12=1+4+11	18	3750050.00	342604.50
二、进项税额转出额				
项目	栏次			税额
本期进项税额转出额	13=14至23之和			15.60
其中：免税项目用	14			
集体福利、个人消费	15			
非正常损失	16			15.60
简易计税方法征税项目用	17			
免抵退税办法不得抵扣的进项税额	18			
纳税检查调减进项税额	19			
红字专用发票信息表注明的进项税额	20			
上期留抵税额抵减欠税	21			
上期留抵税额退税	22			
其他应作进项税额转出的情形	23			
三、待抵扣进项税额				
项目	栏次	份数	金额	税额
（一）认证相符的增值税专用发票	24	——	——	
期初已认证相符但未申报抵扣	25			
本期认证相符且本期未申报抵扣	26			
期末已认证相符但未申报抵扣	27			
其中：按照税法规定不允许抵扣	28			
（二）其他扣税凭证	29=30至33之和			
其中：海关进口增值税专用缴款书	30			
农产品收购发票或者销售发票	31			
代扣代缴税收缴款凭证	32		——	
其他	33			
	34			
四、其他				
项目	栏次	份数	金额	税额
本期认证相符的增值税专用发票	35	18	3750050.00	342604.50
代扣代缴税额	36	——	——	

图 8-5 附表二的填制

提示：

● 进项税额转出取数主要根据"应交税费——应交增值税（进项税额转出）"明细账填列。进项税额的转出原因有很多，所以我们写分录时在摘要中一定要将进项税额的转出缘由写清楚，这样我们就很容易根据摘要填写相关内容了。

3．附表三的填制

附表三的内容主要是服务、不动产、无形资产等内容，本案例从附表一中看到有不动产销售事项，因此要把其价税款填入本表"9%税率的项目"文本框中，如图 8-6 所示。

4．其他附表的填制

其他附表为税额抵减情况表、增值税减免税申报明细表、农产品收购发票和普通发票明细表，本案例未涉及，直接单击"保存"按钮即可。

5．主表的填制

单击"增值税纳税申报及附表"按钮，打开"增值税纳税申报表"窗口，报表选择"主表"，大部分数据自动从其他附表中采取。值得说明的是"销售额"中"（一）按适用税率计税销售额"下的"应税货物销售额"指的是商品之类的货物，不包括不动产、无形资产，这个数需要自己计算填入，本案例中此处数等于计税销售额减去不动产销售数，即 2 279 557.52-

1 000 000=1 279 557.52。还有重要一点就是主表中本期应纳税额（期末留抵税额）应该与"应交税费——应交增值税"明细账的期末余额一致。经查本案中两数据一致，如图8-7所示。

增值税纳税申报表附列资料（三）
（服务、不动产和无形资产扣除项目明细）

税款所属时间： 2021 年 10 月 1 日至 2021年 10 月 31 日
纳税人名称：(公章)长江有限责任公司　　　　　　　　　　　　金额单位：元至角分

项目及栏次		本期服务、不动产和无形资产价税合计额（免税销售额）	服务、不动产和无形资产扣除项目				
			期初余额	本期发生额	本期应扣除金额	本期实际扣除金额	期末余额
		1	2	3	4=2+3	5(5≤1且5≤4)	6=4-5
13%税率的项目	1						
9%税率的项目	2	1090000.00					
6%税率的项目（不含金融商品转让）	3						
6%税率的金融商品转让项目	4						
5%征收率的项目	5						
3%征收率的项目	6						
免抵退税的项目	7						
免税的项目	8						

图 8-6　附表三的填制

增值税纳税申报表
（一般纳税人适用）

根据国家税收法律法规及增值税相关规定制定本表。纳税人不论有无销售额，均应按税务机关核定的纳税期限填写本表，并向当地税务机关申报。

税款所属时间：自 2021年10月1日至 2021年10月31日填表日期：2021年10月31日　　金额单位：元至角分

纳税人识别号： 1 3 5 7 9 2 4 6 8 9
纳税人名称：长江有限责任公司（公章）　　法定代表人姓名：　　注册地址：　　所属行业：　　生产经营地址：
开户银行及账号：　　登记注册类型：　　电话号码：

	项　目	栏次	一般项目		即征即退项目	
			本月数	本年累计	本月数	本年累计
销售额	（一）按适用税率计税销售额	1	2279557.52			
	其中：应税货物销售额	2	1279557.52			
	应税劳务销售额	3				
	纳税检查调整的销售额	4				
	（二）按简易办法计税销售额	5				
	其中：纳税检查调整的销售额	6				
	（三）免、抵、退办法出口销售额	7			— —	— —
	（四）免税销售额	8			— —	— —
	其中：免税货物销售额	9				
	免税劳务销售额	10				
税款计算	销项税额	11	256342.48			
	进项税额	12	342604.50			
	上期留抵税额	13			— —	— —
	进项税额转出	14	15.60			
	免、抵、退应退税额	15			— —	— —
	按适用税率计算的纳税检查应补缴税额	16				
	应抵扣税额合计	17=12+13-14	342588.90	— —		
	实际抵扣税额	18（如17<11，则为17）	256342.48			
	应纳税额	19=11-18				
	期末留抵税额	20=17-18	86246.42		— —	— —
	简易计税办法计算的应纳税额	21				
	按简易计税办法计算的纳税检查应补缴税额	22				
	应纳税额减征额	23				
	应纳税额合计	24=19+21-23				
税款缴纳	期初未缴税额（多缴为负数）	25				
	实收出口开具专用缴款书退税额	26			— —	— —
	本期已缴税额	27=28+29+30				
	①分次预缴税额	28		— —		
	②出口开具专用缴款书预缴税额	29		— —		
	③本期缴纳上期应纳税额	30				
	④本期缴纳欠缴税额	31				
	期末未缴税额（多缴为负数）	32=24+25+26-27				
	其中：欠缴税额（≥0）	33=25+26-27			— —	— —
	本期应补(退)税额	34=24-28-29			— —	— —
	即征即退实际退税额	35	— —			
	期初未缴查补税额	36			— —	— —
	本期入库查补税额	37			— —	— —
	期末未缴查补税额	38=16+22+36-37			— —	— —

授权声明	如果你已委托代理人申报，请填写下列资料： 为代理一切税务事宜，现授权　　　（地址）为本纳税人的代理申报人，任何与本申报表有关的往来文件，都可寄予此人。 授权人签字：	申报人声明	本纳税申报表是根据国家税收法律法规及相关规定填报的，我确定它是真实的、可靠的、完整的。 声明人签字：

图 8-7　主表的填制

(二)企业所得税的申报

单击"企业所得税月(季)度纳税申报表(A 类)"按钮,进入"企业所得税月(季)度预缴纳税申报表(A 类)"界面,表中"营业收入""营业成本""利润总额"包括本期金额和累计金额。

本期金额的计算要单击"财务取数"按钮,进行账务取数或者直接修改数据,营业收入的取数公式为主营业务收入和其他业务收入的贷方发生数之和,如图 8-8 所示,同理,营业成本的取数公式为主营业务成本和其他业务成本的借方发生数之和,利润总额的取数公式为本年利润期末数本期贷方发生数减借方发生数,其他数据根据本表数据的逻辑关系自动生成。之后单击"保存"按钮退出。由于利润总额是负数,表示亏损,即当月无所得,所以当月应纳所得税额是 0,如图 8-9 所示。

图 8-8 "营业收入"取数公式

累计金额计算:假设 1~9 月营业收入累计为 1 000 000 元,营业成本累计为 800 000 元,利润总额累计 100 000 元,此时到 10 月份营业收入累计为 2 183 557.52 元,营业成本累计为 1 828 029.13 元,利润总额累计 9 879.62 元,累计应纳税所得为 2 469.61 元,但是 1~9 月累计已缴纳 25 000 元,所以当月应纳所得税额是零,如图 8-9 所示。

中华人民共和国企业所得税月(季)度预缴纳税申报表(A类)

税款所属期间:	2021年10月01日	至	2021年10月31日	
纳税人识别号:	1334562476321489			
纳税人名称:	长江有限责任公司		金额单位：人民币元（列至角分）	

行次	项目	本期金额	累计金额
1	一、按照实际利润额预缴		
2	营业收入	1183557.52	2183557.52
3	营业成本	1028029.13	1828029.13
4	利润总额	-90120.38	9879.62
5	加：特定业务计算的应纳税所得额		
6	减：不征税收入		
7	免税收入		
8	弥补以前年度亏损		
9	实际利润额（4行+5行-6行-7行-8行）		9879.62
10	税率(25%)	0.25	0.25
11	应纳所得税额	0.00	2469.91
12	减：免所得税额		
13	减：实际已预缴所得税额	——	25000.00
14	减：特定业务预缴（征）所得税额		
15	应补（退）所得税额（11行-12行-13行-14行）		
16	减：以前年度多缴在本期抵缴所得税额		
17	本期实际应补（退）所得税额	——	0.00
18	二、按照上一纳税年度应纳税所得额的平均额预缴		
19	上一纳税年度应纳税所得额		
20	本月(季)应纳税所得额（19行×1/4或1/12）		
21	税率(25%)	0.25	0.25
22	本月(季)应纳所得税额（20行×21行）		
23	三、按照税务机关确定的其他方法预缴		
24	本月(季)确定预缴的所得税额		
25	总分机构纳税人		
26	总机构 总机构应分摊所得税额（15行或22行或24行×总机构应分摊预缴比例）		
27	财政集中分配所得税额		
28	分支机构应分摊所得税额（15行或22行或24行×分支机构应分摊比例）		
29	其中：总机构独立生产经营部门应分摊所得税额		

图8-9 "企业所得税月（季）度预缴纳税申报表（A类）"的填制

【业务实训】

（1）认真跟着老师学习操作，并看完教学视频，完成并掌握本业务活动教学内容操作。

（2）完成项目八要求2相关实训操作，见附录A。

（3）完成项目八要求3相关实训操作，见附录A。

任务三　生成电子数据

执行"税务管家"→"生成电子数据"命令，进入"生成电子数据"界面。系统会出现需要生成电子数据的报表，可选需要生成电子数据的报表，并选择保存路径。然后将数据导入报税系统，进行税务申报即可。

任务四　涉税分析

执行"税务管家"→"涉税分析"→"分析报告"→"涉税分析报告"命令，即可生成企业某月的涉税分析报告，从主要税款缴纳情况、主要财税指标分析、重点监控指标分析、主要税种税负率分析、分析图五个方面进行，帮助企业找出涉税方面的风险和存在的问题，以求改善管理。

项目九
财务分析管理系统

学习任务

1. 了解财务分析管理系统的主要功能。
2. 熟悉财务分析管理系统的业务流程。
3. 掌握财务分析管理系统初始化设置的各项操作。

能力目标

1. 掌握财务分析管理系统初始化报表初始、指标初始的操作。
2. 掌握基本财务指标分析、报表结构分析。

由财务会计转向管理会计,是当今会计的发展趋势,管理会计的内容也变得越来越被人们所关注。财务分析管理系统提供了简单的管理会计的内容,是利用已有的账务数据对企业过去的财务状况、经营成果及未来前景进行评价。

财务分析最基本的功能是将大量报表数据转换成对特定决策有用的信息,降低决策的不确定性。财务分析的起点是财务报表,分析使用的数据大部分来自财务报表,因此财务分析的前提是正确的财务报表。财务分析的目的是对企业偿债能力、盈利能力和抵抗风险能力做出评价,或找出存在的问题。

任务一 财务分析管理系统初始化

财务分析管理系统包括基本项目、报表初始、指标初始、预算初始、现金收支、产品毛利率、项目毛利率、调用报表几个部分。可以根据自己的实际情况,调整相应的项目。

【资料准备】

引入恢复"D:\长江公司\10月份购销存"文件夹内的数据。

业务活动 9-1　修改"报表初始"中的公式

【操作内容】

修改资产负债表中的"未分配利润"公式，使"未分配利润"="未分配利润"+"本年利润"。

【操作指导】

进入财务分析管理系统，执行"财务分析"→"系统初始"→"报表初始"命令，进入"报表"对话框，选择"资产负债表"选项，选中"未分配利润"项目，单击"修改"按钮，进入"修改项目公式"对话框，在"公式"文本框中录入"+"，单击"选定"按钮，选定"本年利润（40101）"科目，单击"确认"按钮，如图9-1所示。

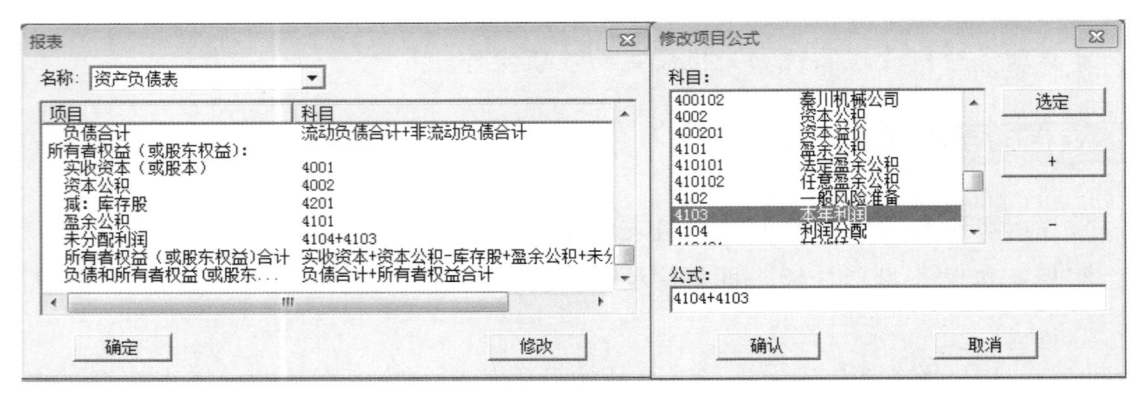

图 9-1　"修改公式"对话框

【业务实训】

（1）认真跟着老师学习操作，并看完教学视频，完成并掌握本业务活动教学内容操作。

（2）完成项目九要求 1 相关实训操作，见附录 A。

业务活动 9-2　指标初始

【操作内容】

对长江有限责任公司的指标进行初始化操作。

【操作指导】

进入财务分析管理系统，执行"财务分析"→"系统初始"→"指标初始"命令，进入"指标"对话框，选中"医药行业指标"的"流动比率""速动比率"两个指标外的所有指标，单击"选定"按钮，如图9-2所示。

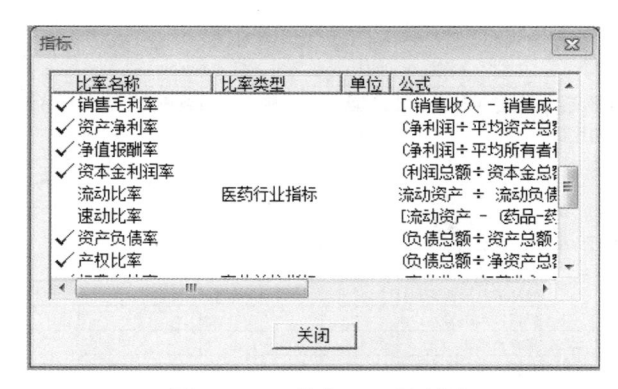

图 9-2 "指标"对话框

【业务实训】
（1）认真跟着老师学习操作，并看完教学视频，完成并掌握本业务活动教学内容操作。
（2）完成项目九要求 1 相关实训操作，见附录 A。

任务二　指标分析

指标分析是指将同一期财务报表上的相关项目进行比较，求出它们的比率，以说明财务报表上所列项目与项目之间的关系，从而揭示企业的财务状况，是财务分析的核心。财务指标分析主要包括四类：变现能力比率分析、资产管理比率分析、负债比率分析、盈利能力比率分析。此外还有产品毛利率分析、项目毛利率分析。

业务活动 9-3　基本财务指标分析

【资料准备】
引入恢复"D:\长江公司\10 月份购销存"文件夹内的数据。

【操作指导】
进入财务分析管理系统，执行"财务分析"→"指标分析"命令，进入"基本指标分析"对话框，"比较日期"选择"年初"，单击"确定"按钮，打开"基本财务指标一览表"对话框，如图 9-3 所示。

（1）变现能力比率需要和同行业的平均水平相对比进行分析，从而进行判断。

通常，流动比率越高，短期偿债能力越强，计算出的流动比率只有和同行业平均流动比率、本企业历史流动比率进行比较，才能确定是高还是低。

一般情况下，速动比率越高，短期偿债能力越强，但速动比率过高，会因为占用现金及应收账款过多而增加企业的机会成本。

基本财务指标一览表

日期：2021.10

比率类型	比率名称	单位	本期	本年年初	比率
变现能力比率	流动比率		54.84	61.34	-6.50
	速动比率		9.51	12.11	-2.60
资产管理比率	存货周转率	次	0.02		0.02
	存货周转天数	天	1,500.00		1,500.00
	应收账款周转率	次	5.64		5.64
	应收账款周转天数	天	5.32		5.32
	营业周期	天	1505.32		1,505.32
	流动资产周转率	次	0.02		0.02
	总资产周转率	次	0.02		0.02
负债比率	资产负债率	%	2.75	2.65	0.10
	产权比率	%	2.82	2.73	0.09
盈利能力比率	销售净利率	%	-3.63		-3.63
	销售毛利率	%	13.14		13.14
	资产净利率	%	-0.07		-0.07
	净值报酬率	%	-0.07		-0.07
	资本金利润率	%	-0.21		-0.21
医药行业指标	资产负债率		2.75	2.65	0.10
	产权比率		2.82	2.73	0.09
事业单位指标	经费自给率	%			
	资产负债率				
股份制企业指标	每股收益	元			
	市盈率				
	每股账面价值	元			
	产权比率	%	2.82		
	净值报酬率	%	-0.07		
	每股净资产	元			

核算单位：长江有限责任公司　　　　打印日期：2021年10月31日
制表：曾月　　　　　　　　　　　　[畅捷通软件]

图 9-3　基本财务指标一览表

（2）资产管理比率的存货周转率越高、周转天数越少，表明管理水平越好。

本案例中存货周转率为 0.02，周转天数为 1 500 天，表明存货变现较慢，导致营业周期较长，管理水平有待提高。

应收账款周转率为 5.64，周转天数为 5.32，表明应收账款变现较快。

流动资产、总资产周转率都为 0.02，表明变现较慢。

总体来看，存货变现较慢，占用资金较多。应采取的措施就是提高生产能力，促进存货的生产消耗。资产管理比率需要和同行业的平均水平相对比进行分析，从而进行判断。

（3）负债比率的资产负债率越低，企业偿债越有保证，贷款越安全。通过分析得出企业负债不是太多，结合资产管理比率考虑，在经营中可以适当举借债务，购置固定资产，提高生产能力。

（4）盈利能力比率越高，表明企业的经营绩效越高。

本案例中销售毛利率虽为正值，但不是太大，说明销售成本占的比重较大，需要寻求降低生产成本的办法。

销售净利率为负值，说明净利润为负值，这意味着销售成本占的比重较大，需要进一步分析，查明原因。

【业务实训】

（1）认真跟着老师学习操作，并看完教学视频，完成并掌握本业务活动教学内容操作。

（2）完成项目九要求 2 相关实训操作，见附录 A。

任务三 报表分析

本系统提供了五大分析表：资产负债表、利润表、收入分析表、成本费用分析表和调用报表。应用的分析方法主要是绝对数分析法、定基分析法、环比分析法、对比分析法和结构分析法。

绝对数分析法是将不同时期、相同项目的绝对金额排列成行，以观察其绝对金额的变化趋势。

定基分析法是以某一期的报表数据作为基数，将其他各期与之对比，计算百分比，以观察各期相对于基数的变化趋势。

环比分析法是将某一期的数据和上期的数据进行比较，计算趋势百分比，以观察每年的增减变化情况。

对比分析法是把两个任意日期实际执行数进行对比。

结构分析法用于考核各部门在总体中所占的比重，或各项费用在总体费用中所占的比重。

本案例中由于长江有限责任公司没有以前的数据，所以不便于进行绝对数分析、定基分析、环比分析、对比分析，这里我们以结构分析法为例来进行说明。

业务活动 9-4 报表结构分析

一、资产负债表结构分析

【资料准备】

引入恢复"D:\长江公司\10月份购销存"文件夹内的数据。

【操作指导】

进入财务分析管理系统，执行"财务分析"→"报表分析"→"资产负债表"→"结构分析"命令，进入"结构分析选择"窗口，"比较日期"选择"年初"，单击"确定"按钮，打开"结构资产负债表"，如图 9-4 所示。

（1）资产结构分析：2021 年 10 月，流动资产占总资产的 81.89%，其中存货占 67.69%，货币资金占 13.8%；非流动资产占总资产的 18.11%。明显的流动资产在总资产中占绝对优势，固定资产才占总资产的 17.96%，这种资产结构是很不合理的，固定资产设施少，会造成企业的生产能力不足，存货过多造成大量存货积压。解决办法：可购置生产设备，加大存货的生产消耗，或者出售大量积压闲置的存货，以换取现金。

（2）负债所有者权益结构分析：2021 年 10 月，所有者权益占 97.25%，负债占 2.75%。企业在允许的情况下，可以适当地增加债务，购置固定资产，提高生产能力。

项目	2021.10		年初		结构增减
	金额	结构	金额	结构	
资　产					
流动资产：					
货币资金	8,762,917.45	13.80%	10,488,857.28	16.52%	-2.72%
交易性金融资产					
应收票据					
应收账款	229,995.00	0.36%	189,500.00	0.30%	0.06%
预付账款	19,771.00	0.03%	100,000.00	0.16%	-0.13%
应收利息					
应收股利					
其他应收款	600.00		600.00		
存货	42,982,109.83	67.69%	43,810,000.00	68.99%	-1.30%
一年内到期的长期债权投资					
其它流动资产	937.40				
流动资产合计	51,996,330.68	81.89%	54,588,957.28	85.97%	-4.08%
非流动资产：					
可供出售金融资产					
持有至到期投资					
长期应收款					
长期股权投资					
投资性房地产					
固定资产	11,403,550.80	17.96%	8,811,895.00	13.88%	4.08%
在建工程					
工程物资					
固定资产清理					
生产性生物资产					
油气资产					
无形资产	99,000.00	0.16%	99,000.00	0.16%	
开发支出					
商誉					
长期待摊费用					
递延所得税资产					
其他非流动资产					
非流动资产合计	11,502,550.80	18.11%	8,910,895.00	14.03%	4.08%
资产总计	63,498,881.48	100.00%	63,499,852.28	100.00%	
流动负债：					
短期借款	90,000.00	0.14%	90,000.00	0.14%	
交易性金融负债					
应付账款	214,807.00	0.34%	240,000.00	0.38%	-0.04%
预收账款			10,000.00	0.02%	-0.02%
应付职工薪酬	179,589.00	0.28%			0.28%
应交税费	467,753.58	0.73%	550,000.00	0.87%	-0.14%
应付利息					
应付股利					
其他应付款					
一年内到期的非流动负债					
其他流动负债					
流动负债合计	948,149.58	1.49%	890,000.00	1.40%	0.09%
非流动负债：					
长期借款	795,000.00	1.25%	795,000.00	1.25%	
应付债券					
长期应付款					
专项应付款					
预计负债					
递延所得税负债					
其他非流动负债					
非流动负债合计	795,000.00	1.25%	795,000.00	1.25%	
负债合计	1,743,149.58	2.75%	1,685,000.00	2.65%	0.10%
所有者权益（或股东权益）：					
实收资本（或股本）	20,000,000.00	31.50%	20,000,000.00	31.50%	
资本公积	3,031,000.00	4.77%	3,000,000.00	4.72%	0.05%
减：库存股					
盈余公积	540,000.00	0.85%	540,000.00	0.85%	
未分配利润	38,184,731.90	60.13%	38,274,852.28	60.28%	-0.15%
所有者权益（或股东权益）合计	61,755,731.90	97.25%	61,814,852.28	97.35%	-0.10%
负债和所有者权益（或股东权益）总计	63,498,881.48	100.00%	63,499,852.28	100.00%	

核算单位：长江有限责任公司　　　　　　　　　　　　　　打印日期：2021年4月12日
制表：普月　　　　　　　　　　　　　　　　　　　　　　[畅捷通软件]

图 9-4　结构资产负债表

二、利润表结构分析

【资料准备】

引入恢复"D:\长江公司\10月份购销存"文件夹内的数据。

【操作指导】

进入财务分析管理系统,执行"财务分析"→"报表分析"→"利润表"→"结构分析"命令,进入"结构分析选择"窗口,"比较日期"选择"年初",单击"确定"按钮,打开"结构利润表",如图9-5所示。

结构利润表

项目	2021.10 金额	结构
一、主营业务收入	1,183,557.52	100%
减：主营业务成本	1,028,029.13	86.86%
营业税金及附加		
销售费用	71,409.94	6.03%
管理费用	82,872.50	7%
财务费用（收益以"-"号填列）	-3333.67	-0.28%
资产减值损失	1,000.00	0.08%
加：公允价值变动净收益（净损失以"-"号填列）		
投资净收益（净损失以"-"号填列）		
资产处置损益	-47,200.00	-4%
二、营业利润（亏损以"-"号填列）	-43,620.38	-3.67%
营业外收入		
减：营业外支出	46,500.00	3.93%
其中：非流动资产处置净损失		
三、利润总额（亏损总额以"-"号填列）	-90,120.38	-7.61%
减：所得税		
四、净利润（净亏损以"-"号填列）	-90,120.38	-7.61%

核算单位：长江有限责任公司　　打印日期：2021年10月31日
制表：曾月　　　　　　　　　　　[畅捷通软件]

图9-5 结构利润表

利润表结构分析主要是分析构成利润总额的各项要素与主营业务收入的比例关系。从结构利润表中可以看出主营业务成本与主营业务收入的比值最大,也就意味着主营业务成本在利润总额的计算中过于突出,主营业务成本过高,也就意味着生产成本过高,所以在生产过程中就要想办法节约成本,降低生产费用,可以对生产成本构成要素进行分析,找到其中的关键因素,寻求降低生产成本的办法。

提示：

- 除以上所讲内容,财务分析还包括预算管理、现金收支、因素分析等内容。
- 预算管理的内容包括精细部门预算分析表、精细项目预算分析表、科目预算分析表、收入预算分析表、成本费用预算分析表、利润预算分析表。
- 现金收支分析反映了引起现金变化的会计科目,即现金的流入流出渠道的增减变化状况。通过此项分析,企业能随时了解现金收支状况。这里的现金是广义现金,即在"系统初始""基本项目"中定义的现金类科目,包括库存现金、银行存款、其他货币资金等一级借方科目。
- 因素是指反映企业整体经营状况、财务状况、组成结构的所有因素,如利润总额、总资产、总负债、现金净流量、科目结构、部门结构等。因素分析是给不太熟悉财务的人员使用的。利用因素分析，系统可以自动生成各个相关科目的综合数据，从而使企业管理人员掌握本企业的整体情况。

财务分析管理系统提供三类因素分析。

因素趋势分析：提供一些常用的会计因素，如利润总额、总资产、总负债、现金净流量及总账科目各月的趋势分析，并按分析期间计算平均数。

科目结构分析：在企业科目结构中，选定任一非末级科目为总体，以该科目下一级为部分，计算百分比，进行科目结构分析。

部门结构分析：用于分析各部门下各科目的比重及各科目下各部门的比重。

【业务实训】

（1）认真跟着老师学习操作，并看完教学视频，完成并掌握本业务活动教学内容操作。

（2）完成项目九要求3相关实训操作，见附录A。

附录 A　会计信息化业财税管一体化各项目单项实训

附录 B　会计信息化业财税管一体化综合实训